G 12660

Paris
1829

Guizot, François-Pierre-Guillaume

Cours d'histoire moderne

Volume 3

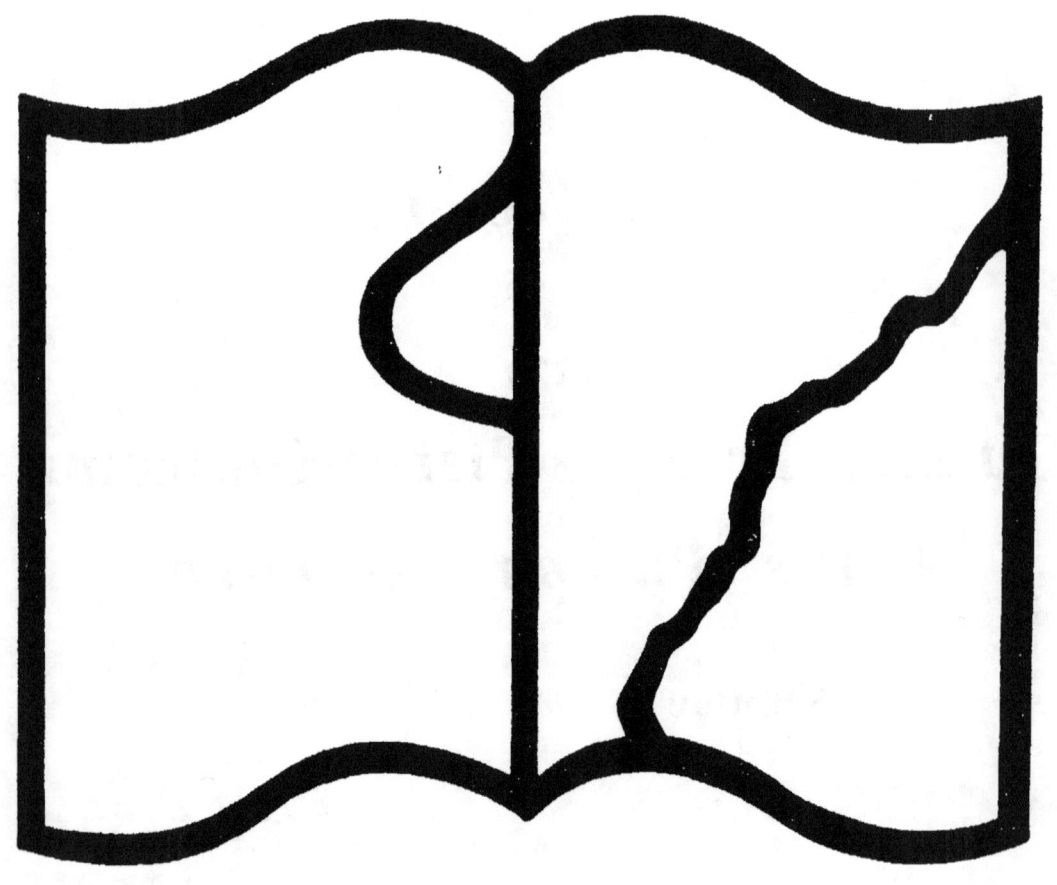

Symbole applicable
pour tout, ou partie
des documents microfilmés

Texte détérioré — reliure défectueuse

NF Z 43-120-11

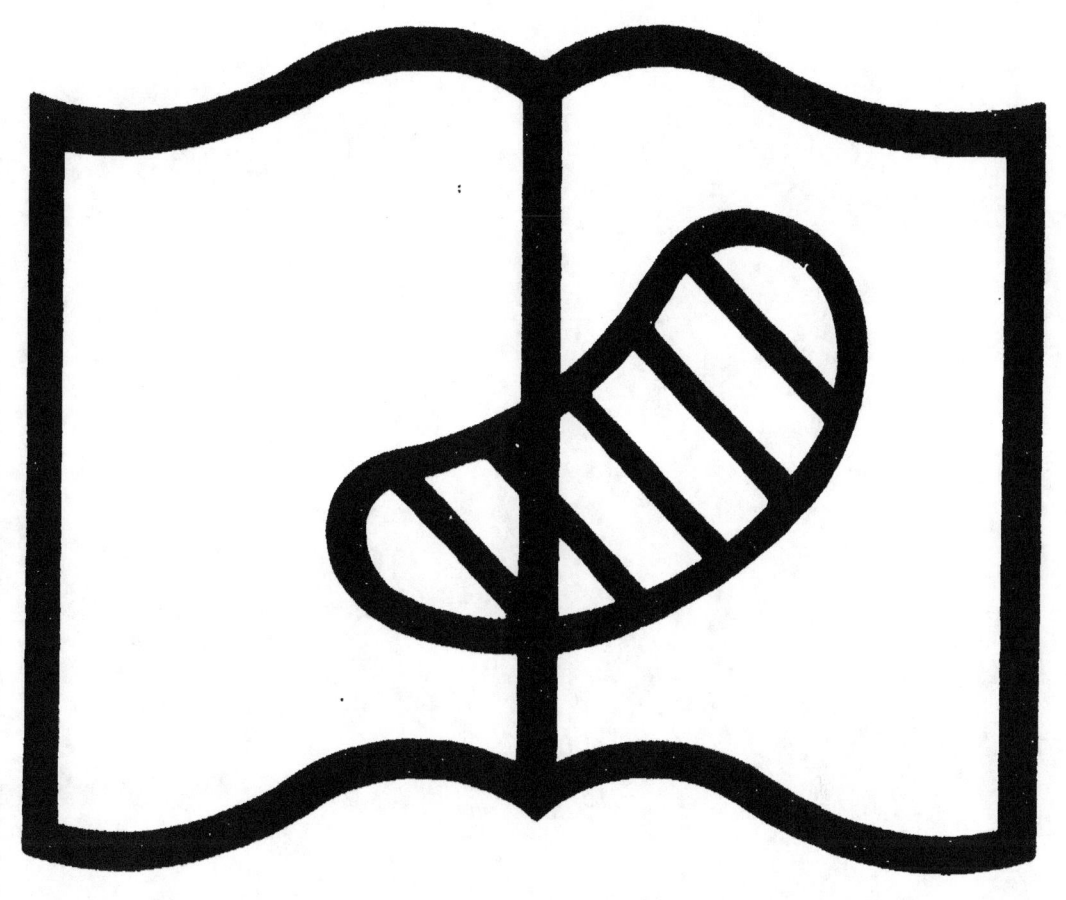

Symbole applicable
pour tout, ou partie
des documents microfilmés

Original illisible

NF Z 43-120-10

G 1434
G. 3.

COURS
D'HISTOIRE
MODERNE.

—⚭—

(COURS DE 1829.)

Librairie de Pichon et Didier.

LETTRES DE FAMILLE
SUR L'ÉDUCATION,

Par Madame Guizot,

OUVRAGE COURONNÉ PAR L'ACADÉMIE FRANÇAISE COMME LE PLUS UTILE AUX MŒURS.

Deuxième édition. 2 vol. in-8, ornés d'un Portrait. 1828. Prix..... 14 fr.

CONSEILS DE MORALE,

OU ESSAIS SUR L'HOMME, LES CARACTÈRES, LE MONDE, LES FEMMES, L'ÉDUCATION, ETC.

Ouvrage inédit.

Par Madame Guizot.

Précédé d'une Notice par M. CHARLES DE REMUSAT.

2 vol in-8, ornés d'un portrait. 1828. Prix... 14 fr.

UNE FAMILLE,
SUIVIE DE NOUVEAUX CONTES MORAUX,

OUVRAGE INÉDIT A L'USAGE DE LA JEUNESSE,

Par Madame Guizot.

2 vol. in-12, ornés de gravures. 1828. Prix.... 8 fr.

NOUVEAUX CONTES,

Par Madame Guizot.

2 vol. in-12, ornés de jolies gravures, nouvelle édition. Prix..... 9 fr.

IMPRIMERIE DE A. BARBIER,
RUE DES MARAIS S. G. N. 17.

COURS D'HISTOIRE MODERNE,

PAR M. GUIZOT,

PROFESSEUR A LA FACULTÉ DES LETTRES DE PARIS.

HISTOIRE DE LA CIVILISATION EN FRANCE,

DEPUIS LA CHUTE DE L'EMPIRE ROMAIN
JUSQU'EN 1789.

TOME II.

PARIS,

PICHON ET DIDIER, ÉDITEURS,
LIBRAIRES-COMMISSIONNAIRES, SUCCESSEURS DE BÉCHET AÎNÉ,
QUAI DES AUGUSTINS, N. 47.

1829.

TABLE DES SOMMAIRES

DE

LA TREIZIÈME A LA VINGT-QUATRIÈME LEÇON.

TREIZIÈME LEÇON.

Page 1.

De l'organisation et de l'état intérieur de l'Église Gallo-Franque du VIe au VIIIe siècle. — Faits caractéristiques de l'état de l'Église Gauloise au Ve siècle. — Que deviennent-ils après l'invasion ? — La domination exclusive du clergé dans la société religieuse continue. — Faits qui la modifient : 1° Séparation de l'ordination et de la tonsure ; clers non ecclésiastiques ; 2° Patronage des laïques sur les églises qu'ils ont fondées ; 3° Des oratoires ou chapelles particulières ; 4° Des avocats des églises. — Tableau de l'organisation générale de l'Église. — Des paroisses et de leurs prêtres. — Des archi-prêtres et des archi-diacres. — Des évêques. — Des métropolitains. — Tentatives pour établir le patriarchat en Occident. — Chute des métropolitains. — Prépondérance et despotisme de l'épiscopat. — Lutte des prêtres de paroisse contre les évêques. — Les évêques l'emportent. — Le despotisme les corrompt. — Décadence du clergé séculier. — Nécessité d'une réforme.

QUATORZIÈME LEÇON.

Page 45.

Histoire du Clergé régulier, ou des moines, du IVe au VIIIe siècle. — Que les moines ont été d'abord des laïques. — Importance de ce fait. — Origine et développement progressif de la vie monastique en Orient. — Premières règles. — Importation des moines en Occident. — Ils y sont mal reçus. — Leurs premiers progrès. — Différence entre les monastères orientaux et occidentaux. — Opinion de saint Jérôme sur les égaremens de la vie monastique. — Causes générales de son extension. — De l'état des moines en Occident, au Ve siècle. — Leur puissance et leur incohérence. — Saint Benoît. — Sa vie. — Il fonde le monastère du mont Cassin. — Analyse et appréciation de sa règle. — Elle se répand dans tout l'Occident, et y gouverne presque tous les monastères.

QUINZIÈME LEÇON.

Page 85.

Des rapports des moines avec le clergé du IVe au VIIIe siècle. — Leur indépendance primitive. — Son origine. — Causes de son déclin. — 1° A mesure que le nombre et le pouvoir des moines augmentent, les évêques étendent sur eux leur juridiction. — Canons des conciles. — 2° Les moines demandent et obtiennent des priviléges. — 3° Ils aspirent à entrer dans le clergé. — Dissidence et lutte à ce sujet parmi les moines eux-mêmes. — Les évêques repoussent d'abord cette prétention. — Ils y cèdent. — En entrant dans le clergé, les moines perdent leur indépendance. — Tyrannie des évêques sur les monastères. — Résistance des moines. — Chartes concédées par les évêques à quelques monastères. — Les moines recourent à la protection des rois, à celle des papes. — Caractère et limites de cette intervention. — Similitude de la lutte des monastères contre les évêques, et de celle des communes contre les seigneurs féodaux.

SEIZIÈME LEÇON.

Page 115.

Du VI° au VIII° siècle, toute littérature profane disparaît: la littérature sacrée reste seule. — Cela est évident dans les écoles et dans les écrits de cette époque. — 1° Des écoles en Gaule du VI° au VIII° siècle. — Écoles cathédrales. — Écoles de campagne. — Écoles monastiques. — Ce qu'on y enseignait. — 2° Des écrits. — Caractère général de la littérature. — Elle cesse d'être spéculative et de rechercher surtout la science ou les jouissances intellectuelles ; elle devient pratique ; le savoir, l'éloquence, les écrits, sont des moyens d'action. — Influence de ce caractère sur l'idée qu'on s'est formée de l'état intellectuel de cette époque. — Elle n'a produit presque point d'ouvrages ; elle n'a point de littérature proprement dite ; cependant les esprits ont été actifs.— Sa littérature consiste en sermons et en légendes. — Évêques et missionnaires. — 1° De saint Césaire, évêque d'Arles. — De ses sermons. — 2° De saint Colomban, missionnaire et abbé de Luxeuil. —Caractère de l'éloquence sacrée à cette époque.

DIX-SEPTIÈME LEÇON.

Page 151.

Préface des Puritains de Walter Scott.— Robert Patterson. — Préface de la vie de saint Marcellin, évêque d'Embrun, écrite au commencement du VI⁰ siècle. — Saint Céran, évêque de Paris. — Ardeur des chrétiens de ce temps à recueillir les traditions et les monumens de la vie des saints et des martyrs. — Statistique de cette branche de la littérature sacrée. — Collection des Bollandistes. — Causes du nombre et de la popularité des légendes.— Elles satisfont presque seules, à cette époque, 1° aux besoins de la nature morale de l'homme ; —Exemples : — Vie de saint Bavon, — de saint Waudrégisile,—de saint Valery. — 2° Aux besoins de la nature sensible ; — Exemples : — Vie de saint Germain de

Paris, — de saint Wandrégisile, — de sainte Rustioule, — de saint Sulpice de Bourges. — 3° Aux besoins de l'imagination ; — Exemples : — Vie de saint Seine, — de saint Austrégisile. — Défauts et mérites littéraires des légendes.

DIX-HUITIÈME LEÇON.

Page 183.

De quelques débris de littérature profane du VI° au VIII° siècle. — De leur véritable caractère. — 1° Des prosateurs. — Grégoire de Tours. — Sa vie. — Son *Histoire ecclésiastique des Francs.* — L'influence de l'ancienne littérature latine s'allie à celle des croyances chrétiennes. — Mélange de l'histoire civile et religieuse. — Frédégaire. — Sa *Chronique.* — 2° Des poètes. — St. Avite, évêque de Vienne. — Sa vie. — Ses poèmes sur la création, — le péché originel, — la condamnation de l'homme, — le déluge, — le passage de la Mer-Rouge, — l'éloge de la virginité. — Comparaison des trois premiers avec le *Paradis Perdu* de Milton. — Fortunat, évêque de Poitiers. — Sa vie. — Ses relations avec sainte Radegonde. — Ses poésies. — Leur caractère. — Premières origines de la littérature française.

DIX-NEUVIÈME LEÇON.

Page 225.

Des causes et du caractère de la révolution qui substitua les Carlovingiens aux Mérovingiens. — Résumé de l'histoire de la civilisation en France sous les rois mérovingiens. — De l'État Franc dans ses rapports avec les peuples voisins. — De l'État Franc dans son organisation intérieure. — L'élément aristocratique y prévaut, mais sans ensemble ni régularité. — De l'état de l'Église Franque. — L'épiscopat y prévaut, mais est tombé lui-même en décadence. — Deux puissances nouvelles s'élèvent. — 1° Des Francs Austrasiens. — Des maires du palais. — De la famille des Pepin. — 2° De la papauté. — Circonstances favorables à ses progrès. — Causes qui rapprochent et lient les Francs Austrasiens et les papes. — De la conversion des Germains d'outre-Rhin. — Relations des missionnaires anglo-saxons, d'une part avec les papes, de l'autre avec les maires du palais d'Austrasie. — St. Boniface. — Les papes ont besoin des Francs Austrasiens contre les Lombards. — Pepin-le-bref a besoin du pape pour se faire roi. — De leur alliance et de la direction nouvelle qu'elle imprime à la civilisation. — Conclusion de la première partie du Cours.

VINGTIÈME LEÇON.

Page 261.

Règne de Charlemagne. — Grandeur de son nom. — Est-il vrai qu'il n'ait rien fondé, que tout ce qu'il avait fait ait péri avec lui ? — De l'action des grands hommes. — Ils jouent un double rôle. — Ce qu'ils font, en vertu du premier, est durable ; ce qu'ils tentent, sous le second, passe comme eux. — Exemple de Napoléon. — De la nécessité de bien savoir l'histoire des évènemens sous Charlemagne, pour comprendre celle de la civilisation. — Comment on peut résumer les évènemens en tableaux. — 1° De Charlemagne, comme guerrier et conquérant. — Tableau de ses principales expéditions. — De leur sens et de leurs résultats. — 2° De Charlemagne comme administrateur et législateur. — Du gouvernement des provinces. — Du gouvernement central. — Tableau des assemblées nationales sous son règne. — Tableau de ses capitulaires. — Tableau des actes et documens qui nous restent de cette époque. — 3° De Charlemagne comme protecteur du développement intellectuel. — Tableau des hommes célèbres contemporains. — Appréciation des résultats généraux et du caractère de son règne.

VINGT-UNIÈME LEÇON.

Page 309.

Objet de la leçon. — Des capitulaires en général. — Tableau des capitulaires des rois francs Carlovingiens. — Des deux formes sous lesquelles les capitulaires nous sont parvenus. — 1° Capitulaires épars. — 2° Recueil d'Anségise et du diacre Benoît. — De l'édition des capitulaires, par Baluze. — Idée fausse qu'on se forme en général des capitulaires. — Ce ne sont pas toujours des lois. — Grande variété de ces actes. — Essai de classification. — Tableau du contenu des capitulaires de Charlemagne.

— 1° Législation morale. — 2° Législation politique. — 3° Législation pénale. — 4° Législation civile. — 5° Législation religieuse. — 6° Législation canonique. — 7° Législation domestique. — 8° Législation de circonstance. — Du véritable caractère général des capitulaires.

VINGT-DEUXIÈME LEÇON.

Page 341.

De la décadence intellectuelle dans la Gaule-Franque du Ve au VIIIe siècle. — De ses causes. — Elle cesse sous le règne de Charlemagne. — Difficulté de peindre l'état de l'esprit humain à cette époque. — Alcuin en est le représentant le plus complet et le plus fidèle. — Vie d'Alcuin. — De ses travaux pour la restauration des manuscrits. — Pour la restauration des écoles. — De son enseignement dans l'école du palais. — De ses relations avec Charlemagne. — De sa conduite comme abbé de Saint-Martin de Tours. — De ses ouvrages : — 1° théologiques; — 2° philosophiques et littéraires; — 3° historiques; — 4° poétiques. — De son caractère général.

VINGT-TROISIÈME LEÇON.

Page 387.

Classification des hommes célèbres du siècle de Charlemagne. — 1° de Leidrade, archevêque de Lyon. — Sa lettre à Charlemagne sur ce qu'il a fait dans son diocèse. — 2° de Théodulf, évêque d'Orléans. — Ses mesures pour l'instruction du peuple. — Son poëme intitulé : *Exhortation aux juges*. — 3° de Smaragde, abbé de S.-Mihiel. — Son traité de morale pour les rois, intitulé : *Via regia*. — 4° d'Éginhard. — Son prétendu mariage avec une fille de Charlemagne. — Leurs relations. — Ce qu'il devint après la mort de ce prince. — Ses lettres. — *Sa vie de Charlemagne*. — Résumé.

VINGT-QUATRIÈME LEÇON.

Page 423.

De la marche et des causes du démembrement de l'Empire de Charlemagne. — 1° État de cet Empire en 843, après le traité de Verdun — État intérieur du royaume de France à cette époque. — 2° En 888, après la mort de Charles-le-Gros. — Sept royaumes. — Établissement définitif de l'hérédité des fiefs en France. — Vingt-neuf petits états ou fiefs importans fondés à la fin du IX° siècle. — 3° En 987, à la chute des Carlovingiens. — Quatre royaumes. — En France cinquante-cinq fiefs importans. — Explications de ce démembrement. — Leur insuffisance. — Une seule, la diversité des races, développée par M. Thierry, est vraisemblable. — Elle est encore incomplète. — La vraie cause est l'impossibilité d'un grand État à cette époque, et la naissance progressive des sociétés locales qui ont formé la confédération féodale.

FIN DE LA TABLE.

COURS D'HISTOIRE MODERNE.

TREIZIÈME LEÇON.

De l'organisation et de l'état intérieur de l'Église Gallo-Franque du VIe au VIIIe siècle. — Faits caractéristiques de l'état de l'Église Gauloise au Ve siècle. — Que deviennent-ils après l'invasion? — La domination exclusive du clergé dans la société religieuse continue. — Faits qui la modifient : 1° Séparation de l'ordination et de la tonsure; clercs non ecclésiastiques; 2° Patronage des laïques sur les églises qu'ils ont fondées; 3° Des oratoires ou chapelles particulières; 4° Des avocats des églises. — Tableau de l'organisation générale de l'Église. — Des paroisses et de leurs prêtres. — Des archi-prêtres et des archi-diacres. — Des évêques. — Des métropolitains. — Tentatives pour établir le patriarchat en Occident. — Chute des métropolitains. — Prépondérance et despotisme de l'épiscopat. — Lutte des prêtres de paroisse contre les évêques. — Les évêques l'emportent. — Le despotisme les corrompt. — Décadence du clergé séculier. — Nécessité d'une réforme.

MESSIEURS,

Vous savez quels furent, dans la Gaule-Franque, du VIe au VIIIe siècle, les rapports de l'Église avec l'État, et leurs principales modifications. Examinons aujourd'hui l'organisation propre et intérieure de l'Église, à la même époque : elle est curieuse et pleine de vicissitudes.

Une société religieuse peut, vous vous le rappelez, être constituée d'après deux principaux systèmes. Dans l'un, les fidèles, les laïques prennent, comme les prêtres, part au gouvernement; la société religieuse n'est point sous l'empire exclusif de la société ecclésiastique. Dans l'autre système, le pouvoir appartient au clergé seul; les laïques y sont étrangers; c'est la société ecclésiastique qui gouverne la société religieuse.

Cette distinction fondamentale une fois établie, nous avons reconnu que, dans l'un et l'autre de ces deux grands systèmes, peuvent se développer des modes d'organisation très-divers : là, par exemple, où la société religieuse se gouverne elle-même, il se peut : 1° qu'elle forme un seul corps, que toutes les associations locales soient réunies en une église générale, sous la direction d'une ou de plusieurs assemblées, où les ecclésiastiques et les laïques soient réunis ; 2° qu'il n'y ait point d'église générale et unique ; que chaque congrégation particulière, chaque église locale se gouverne elle-même ; 3° qu'il n'y ait point de clergé proprement dit, point d'hommes investis d'un pouvoir spirituel permanent ; que les laïques s'acquittent eux-mêmes des fonctions religieuses. Ces trois modes d'organisation ont été réalisés par les Presbytériens, les Indépendans et les Quakers.

Si le clergé domine seul, si la société religieuse est soumise à la société ecclésiastique, celle-ci peut être constituée et gouvernée monarchiquement, aristocratiquement ou démocratiquement, par la papauté, l'épiscopat ou des assemblées de prêtres, égaux entre eux. L'exemple de ces constitutions diverses se rencontre également dans l'histoire.

En fait, dans l'église gauloise du V° siècle, deux de ces principes avaient déjà prévalu : 1° la séparation de la société religieuse et de la société ecclésiastique, du clergé et du peuple, était consommée; le clergé seul gouvernait l'Église; domination atténuée cependant par quelque reste de l'intervention des fidèles dans l'élection des évêques. 2° Dans le sein du clergé, le système aristocratique l'emportait; l'épiscopat dominait seul; domination également atténuée, d'un côté par l'intervention des simples clercs dans l'élection des évêques, de l'autre par l'activité des conciles, source de liberté dans l'Église, quoique les évêques y siégeassent seuls.

Tels étaient, au moment de l'invasion, les faits dominans, les traits caractéristiques de l'église gauloise : que sont-ils devenus après l'invasion? ont-ils persisté ou disparu? quelles modifications ont-ils subies du VI° au VIII° siècle? Ce sont les questions qui doivent nous occuper aujourd'hui.

I. Et d'abord, nul doute que la séparation du clergé et du peuple, la domination exclusive des ecclésiastiques sur les laïques ne se soit maintenue. Immédiatement après l'invasion, elle parut fléchir un moment; dans le péril commun, le clergé se rapprocha du peuple. Ce fait n'est positivement écrit et visible nulle part; mais on l'entrevoit, on le sent partout : en parcourant les documens de cette époque, on est frappé de je ne sais quelle intimité nouvelle entre les prêtres et les fidèles : ceux-ci vivent pour ainsi dire dans les églises; en mille occasions l'évêque les réunit, leur parle, les consulte : la gravité des temps, la communauté des sentimens et des destinées obligent le gouvernement à s'établir au milieu de la population : elle soutient le pouvoir qui la protége; en le soutenant elle y prend part.

Cet effet est de courte durée. Vous vous rappelez à quelle cause principale j'ai attribué la domination exclusive du clergé sur le peuple : elle m'a paru surtout amenée par l'extrême infériorité du peuple, infériorité d'intelligence, d'énergie, d'influence. Après l'invasion, ce fait ne changea point, il s'aggrava plutôt. Les misères du temps firent tomber plus bas encore la masse de la population Gallo-Romaine. De leur côté, les prêtres, quand une fois les vainqueurs se furent convertis, ne sentirent plus le même besoin de se tenir étroitement unis aux vaincus; le peuple perdit donc cette importance momentanée qu'il semblait avoir acquise. Les Barbares n'en héritèrent point : ils n'étaient nullement capables de s'associer au gouvernement de l'Église; ils n'en avaient nulle envie; et les rois furent bientôt les seuls laïques qui y prissent part.

Plusieurs faits cependant combattirent cet isolement de la société ecclésiastique dans la société religieuse, et donnèrent aux laïques de l'influence à défaut de pouvoir.

1° Le premier, beaucoup trop peu remarqué, à mon avis, et qui a eu de longues et importantes conséquences, fut la séparation de l'ordination et de la tonsure. Jusqu'au VIe siècle, la tonsure avait lieu au moment de l'entrée dans les ordres ; aussi était-elle regardée comme le signe de l'ordination, *signum ordinis*. A partir du VIe siècle, on voit la tonsure conférée sans aucune admission dans les ordres ; au lieu d'être *signum ordinis*, elle est dite *signum destinationis ad ordinem*. Le principe de l'Église avait été jusque-là *tonsura ipsa est ordo*, « la tonsure est l'ordre même ; » on maintient ce principe, mais en l'expliquant ; la tonsure est l'ordre même, dit-on, mais dans le plus large sens du terme, et comme une certaine préparation au service divin[1]. Tout atteste en un mot que, dès lors, la tonsure et l'ordination furent distinctes, et que beaucoup d'hommes

---

Largo sensu vocabuli et prout est quædam dispositio ad divinum officium.

étaient tonsurés sans entrer dans les ordres, devenaient clercs sans devenir ecclésiastiques [1].

Ils voulaient participer aux immunités de l'Église; elle les recevait dans ses rangs comme elle ouvrait ses temples aux proscrits. Elle y gagnait d'étendre son crédit et ses forces; mais la société religieuse y gagnait de son côté un moyen d'action sur la société ecclésiastique; ces simples tonsurés ne partageaient complètement ni les intérêts ni l'esprit de corps, ni la vie du clergé proprement dit; ils conservaient en une certaine mesure les habitudes, les sentimens de la population laïque, et les faisaient pénétrer dans l'Église. Plus nombreuse qu'on ne le pense communément, cette classe d'hommes a joué dans l'histoire du moyen âge un rôle considérable. Liée

---

[1] M. Planck dit même qu'on donnait souvent la tonsure à des enfans; et il renvoye au 6e canon du xe concile de Tolède, tenu en 656, qui défend qu'elle soit conférée avant l'âge de dix ans. Mais il y a en ceci quelque confusion. Il ne s'agit dans ce canon que des enfans élevés dans les monastères, et que la tonsure vouait à la vie religieuse. Ce fait n'a aucune analogie avec celui dont nous nous occupons, et à l'appui duquel M. Planck l'invoque. (*Hist. de la Constit. de l'Église Chrét.*, t. 2, p. 78, not. 8. — Labbe, Conc., t. vi, col. 463).

à l'Église sans lui appartenir, jouissant de ses priviléges sans tomber sous le joug de ses intérêts et de ses mœurs, protégée et non asservie, c'est dans son sein que s'est développé cet esprit de liberté que nous verrons éclater vers la fin du XIe siècle et dont Abailard fut alors le plus illustre interprète. Dès le VIIe, elle atténua cette séparation du clergé et du peuple qui était le caractère dominant de l'époque, et l'empêcha de porter tous ses fruits.

2° Un second fait concourut au même résultat. Depuis que le christianisme était devenu puissant, c'était, vous le savez, un usage fréquent de fonder et de doter des églises. Le fondateur jouissait, dans l'église qui lui devait son origine, de certains priviléges, d'abord purement honorifiques ; on inscrivait son nom dans l'intérieur de l'église, on priait pour lui ; on lui accordait même quelque influence sur le choix des prêtres chargés de l'office divin. Il arriva que des évêques voulurent fonder ainsi des églises hors de leur diocèse, soit dans leur ville natale, soit au milieu de quelque domaine, ou par tout autre motif. On leur reconnut sans hésiter le droit de choisir les prêtres appelés à les desservir ; plusieurs conciles s'occupèrent de régler l'exercice de ce droit, et les rapports de l'évêque fondateur avec celui dans le diocèse duquel était située la fondation :

« Si un évêque, dit le Concile d'Orange, veut bâtir une église dans le territoire d'une cité, soit pour l'intérêt de ses domaines, soit pour l'utilité de l'église, soit pour quelque autre convenance, qu'après en avoir obtenu la permission, qu'on ne saurait lui refuser sans crime, il ne s'ingère pas à en faire la dédicace, laquelle est absolument réservée à l'évêque du territoire où l'église nouvelle se trouve située. Mais cette grâce sera accordée à l'évêque fondateur, que l'évêque du lieu ordonnera les clercs qu'il désirera voir dans sa fondation, ou s'ils sont déjà ordonnés, ledit évêque du lieu les acceptera [1]. »

Ce patronage ecclésiastique amena bientôt un patronage laïque de même nature. Les fondations par des laïques devenaient de plus en plus fréquentes. Les conditions et les formes en étaient très-variées : quelquefois le fondateur se réservait une part des revenus dont il dotait son église ; il alla même jusqu'à stipuler qu'il entrerait en partage des offrandes et de tous les biens que l'église pourrait acquérir d'ailleurs ; en sorte qu'on fondait et dotait des églises par spéculation, par entreprise, pour courir les

---

[1] Concile d'Orange, en 441, c. x.

chances de leur fortune et s'associer à leur prospérité future. Les conciles prirent des mesures contre de tels abus; mais ils reconnurent et consacrèrent le droit des fondateurs, laïques aussi bien qu'ecclésiastiques, à influer sur le choix des prêtres desservans :

« Mus par une pieuse compassion, disent les évêques d'Espagne, réunis en concile à Tolède, nous avons décidé que, tant que vivront les fondateurs d'églises, il leur sera permis d'en avoir soin, et que surtout ils devront faire attention à présenter à l'ordination des évêques de dignes recteurs pour ces églises; que s'ils n'en donnent pas de tels, alors ceux que l'évêque du lieu aura jugés agréables à Dieu, seront consacrés à son culte, et avec le consentement des fondateurs, desserviront leur église. Que si, au mépris des fondateurs, l'évêque fait une ordination, elle sera nulle, et il sera contraint, à sa honte, d'ordonner, pour le même lieu, les sujets convenables choisis par les fondateurs [1]. »

A ce titre donc, des laïques exercèrent, dans l'Église, une certaine influence et prirent quelque part à son gouvernement.

3° En même temps, et à mesure que l'état social

---

[1] ıxᵉ Conc. de Tolède, tenu en 655, c. 2. Je citerai souvent les conciles espagnols, parce qu'ils ont rédigé plus explicitement et plus clairement des faits qui avaient lieu aussi en Gaule.

prenait un peu de fixité, s'introduisait parmi les grands propriétaires, dans les campagnes et même dans les villes, l'usage d'instituer chez eux, dans l'intérieur de leur maison, un oratoire, une chapelle, et d'avoir un prêtre pour la desservir. Ces chapelains devinrent bientôt, pour les évêques, le sujet d'une vive sollicitude. Ils étaient placés sous la dépendance de leur patron laïque bien plus que sous celle de l'évêque voisin ; ils devaient participer à l'esprit de la maison où ils vivaient, et se séparer plus ou moins de l'Église. C'était d'ailleurs, pour les laïques puissans, un moyen de se procurer les secours de la religion, et d'en remplir les devoirs sans dépendre absolument de l'évêque du diocèse. Aussi voit-on les conciles de cette époque surveiller avec soin ce clergé non enrégimenté, disséminé dans la société laïque, et dont ils semblent craindre tantôt la servitude, tantôt l'indépendance :

« Si quelqu'un, ordonne le concile d'Agde, veut avoir sur ses terres un oratoire, autre que l'église de la paroisse où est la réunion ordinaire et légitime, nous permettons et trouvons bon que, dans les fêtes ordinaires, il y fasse dire la messe pour la commodité des siens ; mais Pâques, Noël, l'Épiphanie, l'Ascension, la Pentecôte, la naissance de Saint-Jean Baptiste et les autres jours encore qui seraient tenus pour de grandes fêtes, ne doivent être célébrés que dans les cités ou les paroisses. Les clercs qui, sans l'ordre ou la permission de l'évêque, aux fêtes ci-dessus désignées, diraient ou entendraient la messe dans des oratoires, seraient exclus de la communion [1].

Si des paroisses, dit le concile d'Orléans, sont établies dans la maison d'hommes puissans, et que les clercs qui les desservent, avertis par l'archidiacre de la cité, négligent, à la faveur de la puissance du maître de la maison, d'accomplir ce que, suivant le degré de leur ordre, ils doivent à la maison du Seigneur, qu'ils soient corrigés suivant la discipline ecclésiastique. Et si [2] par les agens des seigneurs ou par les seigneurs eux-mêmes, lesdits clercs sont empêchés dans l'accomplissement de quelque devoir ecclésiastique, que les auteurs d'une telle iniquité soient éloignés des saintes cérémonies, jusqu'à ce que, s'étant amendés, ils soient rentrés dans la paix de l'Église [2].

Plusieurs de nos frères et évêques, dit également le concile de Châlons, ont porté plainte au saint Synode, au sujet des oratoires construits, il y a long-temps, dans les maisons de campagne des grands. Ceux à qui appartiennent ces maisons disputent aux évêques les biens qui ont été donnés à ces oratoires, et ne souffrent même pas que les clercs qui les desservent soient sous la juridiction de l'archidiacre; il importe de réformer cela; ainsi donc que les biens de ces oratoires, et les clercs qui les desservent, soient en la puissance de l'évêque, afin qu'il puisse s'acquitter de ce

---

[1] Concile d'Agde, en 506, c. 21.
[2] Concile d'Orléans, en 541, c. 26.

qui est dû à ces oratoires et au service divin ; et si quelqu'un s'y oppose, qu'il soit excommunié suivant la teneur des anciens canons [1].

Ce n'était pas sans raison que les évêques, dans l'intérêt de leur pouvoir, voyaient ce clergé domestique avec tant de méfiance ; un exemple s'en est rencontré dans les temps modernes qui nous en révèle les effets. En Angleterre, sous le règne de Charles Ier, avant l'explosion de la révolution, pendant la lutte de l'église anglicane et du parti puritain, les évêques chassèrent des cures tous les ecclésiastiques soupçonnés d'opinions puritaines. Qu'arriva-t-il ? les gentilshommes, les grands propriétaires qui partageaient ces opinions, prirent chez eux, à titre de chapelains, les ministres expulsés. Une grande partie du clergé, dont les évêques se méfiaient, se plaça ainsi sous le patronage de la société laïque, et y exerça une influence redoutable au clergé officiel. En vain l'Église anglicane poursuivit ses adversaires jusques dans l'intérieur des familles ; quand la tyrannie est obligée de pénétrer si avant, elle s'énerve bientôt, ou se précipite vers sa ruine : la petite noblesse, la haute

---

[1] Concile de Châlons, en 650, c. 14.

bourgeoisie d'Angleterre défendirent leurs chapelains avec la plus persévérante énergie ; on les cachait, on les échangeait de maison à maison ; on éludait ou on bravait les anathêmes épiscopaux. Les évêques avaient beau ruser, opprimer ; ils n'étaient plus le clergé unique, nécessaire ; la population recélait dans son sein un clergé étranger à l'Église légale, et de plus en plus ennemi. Du VIe au VIIIe siècle, le danger n'était pas le même ; les évêques n'avaient à craindre ni schisme, ni insurrection. Cependant l'institution des chapelains avait un effet analogue : elle tendait à former un petit clergé moins étroitement uni au corps de l'Église, plus rapproché des laïques, plus disposé à partager leurs mœurs, à faire enfin cause commune avec le siècle et le peuple. Aussi ne cessèrent-ils de surveiller et de réprimer attentivement les chapelains. Ils ne parvinrent cependant point à les détruire, ils n'osèrent pas le tenter : le développement du régime féodal donna même à cette institution une fixité qui lui avait manqué d'abord ; et ce fut encore là une des voies par lesquelles les laïques ressaisirent, dans le gouvernement de la société religieuse, une influence que leur refusait sa constitution légale et extérieure.

4° Les évêques furent eux-mêmes contraints de

leur en ouvrir une autre. L'administration des affaires temporelles et des biens des Églises était souvent pour eux une source d'embarras et de périls : ils avaient non-seulement des différens à vider, des procès à soutenir ; mais dans l'épouvantable désordre des temps, les biens de l'Église étaient exposés à de continuelles dévastations, engagés et compromis dans une foule de querelles, de guerres privées ; et lorsqu'il fallait s'en défendre, lorsque l'Église avait, à l'occasion de ses domaines ou de ses droits, quelque brigandage à repousser, quelque épreuve légale, peut-être même, en certains cas, un combat judiciaire à soutenir, les menaces pieuses, les exhortations, les excommunications même ne suffisaient pas toujours ; les armes temporelles et mondaines lui manquaient. Elle eut, pour se les procurer, recours à un expédient. Depuis long-temps déjà, certaines églises, notamment en Afrique, étaient dans l'usage de se choisir des défenseurs qui, sous le nom de *causidici, tutores, vicedomini*, se chargeaient de paraître pour elles en justice et de les protéger *adversus potentias divitum*. Une nécessité analogue et bien plus pressante amena les églises de la Gaule Franque à chercher parmi leurs voisins laïques un patron qui, sous le nom d'*advocatus*, prît en main leur cause et se fît leur homme, non-seulement dans les débats judiciaires où elles auraient besoin de lui, mais contre les brigandages qui pouvaient les menacer. Les *avocats* de l'Église n'apparaissent pas encore, du VI° au VIII° siècle, avec les développemens ni sous les formes qu'ils reçurent plus tard, au sein du régime féodal; on ne distingue pas encore les *advocati sagati*, ou armés, des *advocati togati*, chargés simplement des affaires civiles. Mais l'institution n'en est pas moins déjà réelle et efficace; on voit une foule d'églises se choisir des *advocats*; elles ont soin de prendre des hommes puissans et braves; les rois en donnent eux-mêmes quelquefois aux églises qui n'en ont pas encore, et des laïques sont ainsi appelés à partager l'administration temporelle de l'Église, et à exercer sur ses affaires une assez grande influence.

Ordinairement, c'était en leur accordant certains priviléges, surtout en leur donnant l'usufruit de quelque domaine, que les églises sollicitaient ainsi l'appui et payaient les services de quelque puissant voisin.

Voilà déjà, Messieurs, si je puis ainsi parler, quatre portes ouvertes à la société religieuse pour entrer dans la société ecclésiastique, et y exercer quelque pouvoir : la séparation de l'ordination et de la tonsure, c'est-à-dire l'introduction, dans l'Église, d'un grand nombre de clercs non ecclésiastiques ; les droits attachés à la fondation et au patronage des églises; l'institution des oratoires particuliers; enfin, l'intervention des avocats dans l'administration des intérêts temporels de l'Église; telles sont les principales causes qui ont combattu, à l'époque dont nous nous occupons, la domination exclusive de la société ecclésiastique sur la société religieuse, et atténué ou retardé ses effets. J'en pourrais indiquer plusieurs autres que j'omets, parce qu'elles furent moins générales et moins évidentes. *A priori* un tel fait était facile à présumer : cette séparation des gouvernans et des gouvernés ne pouvait être aussi absolue que les institutions officielles de l'Église, à cette époque, donneraient lieu de le croire. S'il en eût été ainsi, si le peuple des fidèles eût été à ce point étranger au corps des prêtres, et dépourvu de toute action sur son gouvernement, le gouvernement, à son tour, se serait bientôt trouvé étranger à son peuple, et dépourvu de tout pouvoir. Il ne faut pas croire que la servitude soit complète partout où se rencontrent les formes et même les principes de la tyrannie. La Providence ne permet pas que le mal se développe dans toute la rigueur de ses conséquences; et la nature humaine, souvent si faible, si aisément vaincue par quiconque la veut opprimer, a pourtant des habiletés infinies et une force merveilleuse pour échapper au joug qu'elle semble accepter. Nul doute que, du VI° au VIII° siècle, la société religieuse ne portât celui de la société ecclésiastique, et que la séparation du clergé et du peuple, source déjà de beaucoup de mal, ne dût un jour leur coûter fort cher à tous deux; mais elle était beaucoup moins complète qu'elle ne paraissait; elle n'avait lieu qu'avec une foule de restrictions et de modifications qui la rendaient seules possible et peuvent seules l'expliquer.

II. Entrons maintenant dans le sein de la société ecclésiastique même, et voyons ce que devint, du VI° au VIII° siècle, son organisation intérieure, spécialement cette prépondérance de l'épiscopat qui en était, au V° siècle, le caractère dominant.

L'organisation du clergé, Messieurs, était complète à cette époque, et à peu près telle, du moins dans ses formes essentielles, qu'elle est restée jusqu'aux temps modernes. Je puis donc la mettre sous vos yeux dans son ensemble; vous en suivrez mieux les variations.

Le clergé comprenait deux ordres, les ordres mineurs et les ordres majeurs. Les premiers étaient au nombre de quatre : les acolytes, les portiers, les exorcistes et les lecteurs. On appelait ordres majeurs les sous-diacres, les diacres et les prêtres. L'inégalité était profonde : les quatre ordres mineurs n'étaient guères conservés que de nom et par respect pour les anciennes traditions ; quoiqu'on les comptât dans le clergé, à vrai dire, ils n'en faisaient pas partie ; on ne leur imposait point, ou ne leur recommandait même pas le célibat ; ils étaient considérés comme des serviteurs plutôt que comme des membres du clergé. Lors donc qu'on parle du clergé et du gouvernement ecclésiastique, à cette époque, c'est uniquement des ordres majeurs qu'il s'agit.

Même dans les ordres majeurs, l'influence des deux premiers, des sous-diacres et des diacres, était faible ; les diacres s'occupaient plutôt de l'administration des biens de l'Église et de la distribution de ses aumônes que du gouvernement religieux proprement dit. C'est dans l'ordre des prêtres, à vrai dire, que ce gouvernement était renfermé ; ni les ordres mineurs, ni les deux autres ordres majeurs n'y participaient réellement.

Le corps des prêtres subit, dans les six premiers siècles, de nombreuses et importantes vicissitudes. L'évêque doit en être considéré, à mon avis, comme l'élément primitif et fondamental; non que les mêmes fonctions, les mêmes droits aient toujours été indiqués par ce mot; l'épiscopat du II® siècle différait grandement de celui du VI®; il n'en est pas moins le point de départ de l'organisation ecclésiastique. L'évêque était, dans l'origine, l'inspecteur, le chef de la congrégation religieuse de chaque ville. L'Église chrétienne est née dans les villes; les évêques ont été ses premiers magistrats.

Quand le christianisme se répandit dans les campagnes, l'évêque municipal ne suffit plus. Alors parurent les chorévêques ou évêques des campagnes, évêques mobiles, ambulans, *episcopi vagi*, considérés, tantôt comme les délégués, tantôt comme les égaux, les rivaux même des évêques de villes, et que ceux-ci s'efforcèrent d'abord de soumettre à leur pouvoir, ensuite d'abolir.

Ils y réussirent: les campagnes une fois chrétiennes, les chorévêques à leur tour ne suffirent plus: il fallait une institution plus fixe, plus régulière, moins contestée par les magistrats les plus influens de l'Église, c'est-à-dire par les évêques des cités. Alors se formèrent les paroisses; chaque agglomération chrétienne un peu considérable devint une paroisse et eut pour chef religieux un prêtre, subordonné naturel de l'évêque de la cité voisine, de qui il recevait et tenait tous ses pouvoirs; car il paraît que, dans l'origine, les prêtres de paroisse n'agissaient absolument que comme représentans, comme délégués des évêques, et non en vertu de leur propre droit.

La réunion de toutes les paroisses agglomérées autour d'une ville, dans une circonscription long-temps vague et variable, forma le diocèse.

Au bout d'un certain temps, et pour porter dans les relations du clergé diocésain plus de régularité et d'ensemble, on forma de plusieurs paroisses une petite association connue sous le nom de *chapitre rural*, et à la tête du chapitre rural fut mis un archi-prêtre. Plus tard, on réunit plusieurs chapitres ruraux dans une nouvelle circonscription, appelée *district*, et qui fut dirigée par un archi-diacre. Cette dernière institution naissait à peine à l'époque dont nous traitons; on trouve, il est vrai, long-temps auparavant les archi-diacres dans les diocèses; mais il n'y en a qu'un, et il ne préside point à une circonscription territoriale; établi dans la ville épiscopale, à côté de l'évêque, il le remplace, soit dans l'exercice de sa juridiction, soit pour la visite du diocèse. Ce fut seulement à la fin du VII*, ou même au commencement du VIII* siècle, qu'on vit dans le même diocèse plusieurs archi-diacres, résidant loin de l'évêque, et placés chacun à la tête d'un district. On rencontre encore dans la Gaule-Franque, à cette époque, quelques chorévêques; mais le nom et la charge ne tardèrent pas à disparaître.

L'organisation diocésaine fut alors complète et définitive. L'évêque, vous le voyez, en avait été la source comme il en était resté le centre. Il avait beaucoup changé lui-même; mais c'était autour de lui et sous son influence que s'étaient opérés presque tous les autres changemens.

Tous les diocèses compris dans la province civile formaient la province ecclésiastique, sous la direction du métropolitain ou archevêque, c'est-à-dire de l'évêque de la métropole provinciale. La qualité de métropolitain n'a été que l'expression de ce fait. La métropole civile était d'ordinaire plus riche, plus peuplée que les autres villes de la province; son évêque eut plus d'influence; on se réunit autour de lui dans les occasions importantes; sa résidence devint le chef-lieu du concile provincial; il le convoqua; il en fut le président. Il était de plus chargé de confirmer et de sacrer les évêques nouvellement élus dans la province ; de recevoir les accusations intentées contre les évêques, et les appels de leurs décisions, et de les porter, après en avoir fait un premier examen, au concile provincial, qui avait seul droit de les juger véritablement. Les métropolitains s'efforçaient sans cesse d'envahir ce droit, et de s'en faire un pouvoir personnel. Ils y réussirent assez souvent : mais, à vrai dire, et dans toutes les grandes circonstances, c'était au concile provincial qu'il appartenait ; les métropolitains n'étaient chargés que d'en surveiller l'exécution.

Dans certains États enfin, surtout en Orient, l'organisation de l'Église s'étendit au-delà des métropolitains. De même qu'on avait constitué les paroisses en diocèse, et les diocèses en province, on entreprit de constituer les provinces en église nationale, sous la direction d'un patriarche. L'entreprise réussit en Syrie, en Palestine, en Égypte, dans l'empire d'Orient ; il y eut un patriarche à Antioche, à Jérusalem, à Alexandrie, à Constantinople ; il fut, à l'égard des métropolitains, ce qu'étaient les métropolitains à l'égard des évêques ; et l'organisation ecclésiastique correspondit, sur tous les degrés de la hiérarchie, à l'organisation politique.

La même tentative eut lieu en Occident, non-seulement de la part des évêques de Rome, qui travaillèrent de très-bonne heure à devenir les patriarches de l'Occident tout entier, mais indépendamment de leurs prétentions, et même contre eux. Il n'y a presque aucun des États formés après l'invasion, qui n'ait essayé, du VIᵉ au VIIIᵉ siècle, de se constituer en église nationale, et de se donner un patriarche. En Espagne, le métropolitain de Tolède; en Angleterre, celui de Cantorbéry; dans la Gaule-Franque, les archevêques d'Arles, de Vienne, de Lyon, de Bourges, ont porté le titre de primat ou patriarche des Gaules, de la Grande-Bretagne, de l'Espagne, et tenté d'en exercer tous les droits. Mais la tentative échoua partout: les États d'Occident naissaient à peine; leurs limites, leur gouvernement, leur existence même étaient sans cesse en question. Les Gaules en particulier étaient partagées entre plusieurs peuples, et dans le sein de chaque peuple, entre les fils des rois; les évêques d'un royaume ne voulaient pas reconnaître l'autorité d'un primat étranger; le gouvernement civil s'y opposait également. L'évêque de Rome, d'ailleurs, déjà en possession d'une grande influence là même où sa suprématie officielle n'était pas reconnue, combattait avec ardeur l'établissement des patriarches; dans les

Gaules, son habileté consista à faire passer la primatie d'un métropolitain à l'autre, à empêcher qu'elle ne se fixât long-temps sur le même siège; il favorisa les prétentions tantôt du métropolitain de Vienne, tantôt de celui d'Arles, plus tard de celui de Lyon, plus tard encore de celui de Sens; et dans cette mobilité de l'ordre religieux et civil, l'institution ne put jamais acquérir ni force ni fixité.

Les mêmes causes qui la firent échouer portèrent plus loin leur influence; comme elles avaient empêché le système du patriarchat de prévaloir, elles affaiblirent et ruinèrent le système archiépiscopal. Du VI⁰ au VIII⁰ siècle, les métropolitains tombèrent de chute en chute, si bien qu'à l'avènement des Carlovingiens, ils n'existaient presque plus. La seule circonstance du morcellement des Gaules en États différens leur devait être fatale. La circonscription de la société religieuse ne cadrait plus avec celle de la société civile. A la province du métropolitain de Lyon, par exemple, appartenaient des évêques dépendant du royaume des Visigoths et de celui des Francs, et qui saisissaient avec empressement ce moyen d'échapper à son pouvoir, bien sûrs d'être soutenus par le souverain temporel. La prépondérance des métropolitains était née d'ailleurs, vous venez de le voir, de celle des villes où ils résidaient, et de leur ancienne qualification de métropoles. Or dans le bouleversement de l'invasion, l'importance relative des villes changea; des cités riches, considérables, de vraies métropoles s'appauvrirent et se dépeuplèrent. D'autres, moins maltraitées du sort, conservèrent plus de force et d'influence. Ainsi disparut la cause qui avait fait de tel ou tel évêque un métropolitain, et ce mot devint un mensonge, grand péril pour le pouvoir qu'il exprimait. Enfin il était dans la nature de l'institution qu'elle fût attaquée à la fois d'un côté par les évêques qui ne se souciaient pas d'avoir un supérieur, de l'autre par l'évêque de Rome, qui ne voulait pas de rivaux. Ce fut en effet ce qui arriva. Les évêques aimaient bien mieux avoir pour métropolitain général l'évêque de Rome, éloigné et soigneux de les ménager, car il ne les dominait pas encore. Ainsi en butte à deux ennemis, attaqués en haut et en bas, les métropolitains déclinèrent de jour en jour; les évêques cessèrent d'écouter leurs injonctions ou leurs conseils, les fidèles de recourir à leur intervention; et lorsqu'en 744 Pepin-le-Bref consulta le pape Zacharie sur les moyens de remettre l'ordre dans l'Église bouleversée, une des premières questions qu'il lui adressa fut celle de savoir comment il fallait s'y prendre pour que les métropolitains fussent honorés par les évêques et les prêtres de paroisse.

C'était, en effet, dans les évêques et les prêtres que résidait, à cette époque, le gouvernement de l'Église : ils en étaient les seuls membres actifs et puissans. Quelles étaient leurs relations, et comment était réparti entre eux le pouvoir ?

Le fait général, évident, c'est la domination exclusive et, on peut le dire, despotique des évêques. Recherchons-en de près les causes; c'est le meilleur moyen de bien connaître la situation de l'Église.

1° Et d'abord la chute des métropolitains laissa les évêques sans supérieurs, ou à peu près. Avec le chef de la province ecclésiastique déchut le synode provincial, qu'il convoquait et présidait. Ces assemblées, véritables supérieurs des évêques, devant lesquelles on appelait de leurs jugemens, où se portaient toutes les affaires qui ne pouvaient être décidées par eux seuls, devinrent rares et peu actives. Il se tint en Gaule, dans le cours du VI° siècle, cinquante-quatre conciles de tout genre, vingt seulement dans le VII° siècle, sept seulement dans la première moitié du VIIIe; encore cinq de ceux-ci se tinrent-ils en Belgique

TABLEAU des conciles de Gaule au VIe siècle.

DATES.	LIEU.	ASSISTANS.
A.C. 506	Agde.	25 évêques, 8 prêtres, 2 diacres pour leurs évêques.
507	Toulouse.	
511	Orléans.	32 évêques.
515	Saint-Maurice.	4 évêques, 8 comtes.
516	Lyon.	
517	Lieu incertain.	16 évêques.
517	*Epaonense*.	25 évêques.
517	Lyon.	11 évêques.
524	Arles.	14 évêques, 4 prêtres.
527	Carpentras.	16 évêques.
529	Orange.	14 évêques, 8 *viri illustres*.
529	Valence.	
529	Vaisons.	11 ou 12 évêques.
530	Angers.	5 évêques.
533	Orléans.	26 évêques, 5 prêtres.
535	Clermont.	15 évêques.
538	Orléans.	19 évêques, 7 prêtres.
540	Orléans.	
541	Orléans.	38 évêq., 12 prêtres, 1 abbé.
545	Arles.	
549	Orléans.	50 évêq., 21 prêtr., archidiacres ou abbés.
549	Arles.	10 évêques.
550	Toul.	
550	Metz.	
554	Arles.	12 évêques, 8 prêtres, diacres ou archidiacres.
555	Lieu incertain en Bretagne.	
555	Paris.	27 évêques.
557	Paris.	16 évêques.
563	Saintes.	
567	Lyon.	8 évêq., 5 prêtres, 1 diacre.

ou sur les bords du Rhin. Sans supérieurs individuels, sans assemblées de leurs égaux, les évêques se trouvèrent donc presque indépendans.

De plus, le système des élections épiscopales changea. Vous avez vu que l'élection par le clergé et le peuple, bien que légale et fréquente encore à l'époque qui nous occupe, était cependant bien plus incertaine et bien moins réelle.

567	Tours.	7 évêques.
573	Paris.	32 évêques, 1 prêtre.
575	Lyon.	
577	Paris.	
578	Auxerre.	L'évêque d'Auxerre, 7 abbés, 34 prêtres, 3 diacres, tous du diocèse d'Auxerre.
579	Châlons.	
579	Saintes.	
580	Braines.	
581	Lyon.	
581	Mâcon.	21 évêques.
583	Lyon.	8 évêques, 12 délégués d'évêques.
584	Valence.	
585	Mâcon.	43 évêques, 15 délégués, 16 évêques sans siège.
587	Andelot.	
588	Clermont.	
588	lieu incertain.	
589	Souroy près de Soissons.	
589	Châlons.	
589	Narbonne.	7 évêques.
590	Sur les confins de l'Auvergne, du Rouergue et du Gevaudan.	
590	Poitiers.	6 évêques.
590	Metz.	
591	Nanterre.	
594	Châlons.	

Une force étrangère, la royauté, y intervenait sans cesse, pour y porter le trouble ou l'impuissance : sans cesse les rois nommaient directement les évêques, malgré les protestations continuelles de l'Église, et, dans tous les cas, l'élu avait besoin de leur confirmation. Les liens qui unissaient les évêques à leurs prêtres, se trou-

TABLEAU des conciles de Gaule au VIIe siècle.

DATE.	LIEU.	ASSISTANS.
A.C. 603	Châlons.	
615	Paris.	
Peu après.	Lieu incertain.	
625	Rheims.	41 évêques.
627	Mâcon.	
628	Clichy.	Évêques et grands laïques.
633	Clichy.	16 évêq., Dagobert, grands.
638	Paris.	9 évêq., Dagobert, grands.
648	Bourges.	
650 ou 645	Orléans.	
650	Châlons.	38 évêq., 5 abbés, 1 archidiacre.
658	Nantes.	
664	Paris.	25 évêques.
669	Clichy.	Évêques et grands.
670	Sens.	30 évêques.
670	Autun.	
679	Lieu incertain.	
684 ou 685	Dans le palais du Roi.	
688	Ibid.	
692 ou 682	Rouen.	16 évêq., 4 abbés, 1 légat, 3 archidiacres, beaucoup de prêtres et de diacres.

vèrent ainsi fort affaiblis ; c'était presque uniquement par l'élection que le clergé influait encore sur l'épiscopat, et cette influence fut, sinon détruite, du moins énervée et contestée.

2° Il en résulta une autre circonstance qui sépara encore plus les évêques de leurs prêtres. Quand le clergé les élisait, il les prenait dans son sein; il choisissait des hommes déjà connus et accrédités dans le diocèse. Quand, au contraire, une foule d'évêques reçurent leur titre des rois, la plupart arrivèrent étrangers, inconnus, sans affection comme sans crédit dans le clergé qu'ils avaient à gouverner. Pris même dans le diocèse, ils y étaient souvent dépourvus de considération; c'étaient des intrigans

---

TABLEAU des conciles de Gaule dans la première moitié du VIIIe siècle.

DATE.	LIEU.	ASSISTANS.
A.C. 719	Maestricht.	
742	En Germanie.	
743	Leptines.	
744	Soissons.	23 évêq., beaucoup de prêtres et de grands laïques.
745	En Germanie.	
748	Ibid.	
752	Vermerie.	

qui avaient réussi par des voies honteuses, ou même à prix d'argent, à obtenir la préférence royale. Ainsi se brisaient encore les liens qui unissaient les évêques au clergé; ainsi le pouvoir épiscopal, qu'aucun pouvoir supérieur ne contenait plus guères, s'affranchissait également de l'influence de son peuple; et de même que le clergé s'était séparé de la population laïque, de même l'épiscopat se séparait du clergé.

3° Ce n'est pas tout : le clergé lui-même déclinait; non-seulement il perdait son pouvoir, mais sa position, et, pour ainsi dire, sa qualité s'abaissait. Vous avez vu qu'un grand nombre d'esclaves entraient, à cette époque, dans l'Église, et par quelles causes. Les évêques s'aperçurent bientôt qu'un clergé ainsi formé était sans racines, sans force, bien plus facile à gouverner et à vaincre, s'il tentait de résister. Aussi, dans beaucoup de diocèses, eurent-ils soin de le recruter à la même source, d'aider eux-mêmes au cours naturel des choses; et cette origine subalterne d'une foule de prêtres contribua long-temps à la souveraineté de l'épiscopat.

4° En voici une quatrième cause, plus puissante encore et plus étendue. Les évêques étaient seuls administrateurs des biens de l'Église. Ces biens étaient de deux sortes : d'une part, les biens-fonds, chaque jour plus considérables, puisque c'était sous cette forme que se faisaient la plupart des donations aux églises; de l'autre, les offrandes des fidèles dans les églises mêmes. Je dirai un mot, en passant, d'une troisième espèce de revenus ecclésiastiques, qui a joué plus tard un grand rôle, mais qui, au VIIe siècle, n'était pas encore bien établie, je veux dire la dîme. Depuis les premiers siècles, le clergé fait de continuels efforts pour ramener ou généraliser cette institution hébraïque; il la prêche, il la loue; il rappelle les traditions et les mœurs juives. Deux conciles gaulois du VIe siècle, celui de Tours, en 567, et celui de Mâcon, en 585, en font l'objet de dispositions formelles. Mais on sent, à leur ton même, que ces dispositions sont plutôt des exhortations que des lois:

« Nous vous avertissons instamment, » écrit aux fidèles le concile de Tours, « que, suivant les leçons d'Abraham, » vous ne manquiez pas d'offrir à Dieu la dîme de tous vos » biens, afin de conserver tout le reste [1]. »

et ces exhortations sont de peu d'effet. Ce fut plus tard, et seulement sous les Carlovingiens,

---

[1] Labbe, T. V, col. 868.

qu'avec l'aide de la puissance civile, le clergé atteignit son but, et rendit la dîme générale et régulière. A l'époque dont nous traitons, les biens-fonds et les offrandes étaient ses seuls revenus. Or, ne croyez pas, Messieurs, que ces revenus appartinssent à l'église spéciale, à la paroisse où en était la source : le produit de tous les domaines situés, de toutes les offrandes reçues dans le diocèse, formait une masse dont l'évêque avait seul la disposition :

« Que les domaines, les terres, les vignes, les esclaves,
» le pécule..., qui sont donnés aux paroisses, dit le con-
» cile d'Orléans, demeurent dans la puissance de l'évê-
» que [1]. »

Chargé de pourvoir à la dépense du culte et à l'entretien des prêtres, dans tout le diocèse, c'était l'évêque qui déterminait la part afférente à chaque paroisse. Certaines règles, à la vérité, s'établirent bien tôt à cet égard : on faisait ordinairement, des revenus d'une paroisse, trois parts; un tiers était affecté aux clercs qui la desservaient, un second tiers aux dépenses du culte, et le dernier revenait à l'évêque. Mais, en dépit de cette injonction légale, souvent rappelée par

---

[1] Conc. d'Orléans, en 611, c. 14, 15.

les canons, la centralisation des revenus ecclésiastiques persistait ; l'administration générale appartenait à l'évêque, et il est aisé de pressentir l'étendue de ce moyen de pouvoir.

5° Il disposait des personnes à peu près comme des choses; et la liberté des prêtres de paroisse n'était guère mieux garantie que leur revenu. Le principe de la servitude de la glèbe, si je puis ainsi parler, s'introduisit dans l'Église; on lit dans les actes des conciles :

« Il est dit dans la loi sur les colons des champs, que chacun doit rester là où il a commencé de vivre. Les canons ordonnent pareillement que les clercs qui travaillent dans le champ de l'Église, demeurent là où ils ont commencé[1]. »

« Qu'aucun évêque n'élève en grade un clerc étranger[2]. »

« Que nul n'ordonne le clerc qui n'aura pas d'abord promis de rester au lieu où on l'aura mis[3]. »

Jamais pouvoir sur les personnes n'a été plus expressément établi.

6° Les progrès de l'importance politique des évêques tournèrent également au profit de leur

---

[1] Conc. de Séville, en 619, c. 3.
[2] Conc. d'Angers, en 453, c. 9.
[3] Conc. de Valence, en 524, c. 6.

domination religieuse. Ils entraient dans les assemblées nationales ; ils entouraient et conseillaient les rois. Comment de pauvres prêtres auraient-ils lutté avec avantage contre de tels supérieurs. Tels étaient d'ailleurs le désordre des temps et la difficulté comme la nécessité de maintenir quelque lien général, quelque unité dans l'administration de l'Église, que le cours des choses, d'accord avec les passions des hommes, tendait à fortifier le pouvoir central. Le despotisme de l'aristocratie épiscopale prévalut par les mêmes causes qui firent prévaloir celui de l'aristocratie féodale ; c'était peut-être, à cette époque, le besoin commun et dominant, le seul moyen de maintenir la société.

Mais c'est l'honneur et le salut de la nature humaine que le mal, même inévitable, ne s'accomplit jamais sans résistance, et que la liberté, en protestant et luttant sans cesse contre la nécessité, prépare l'affranchissement, au moment même où elle subit le joug. Les évêques abusèrent étrangement de leur immense pouvoir : les prêtres et les revenus de leurs diocèses furent en proie à des violences et à des exactions de tout genre : les actes des conciles, composés d'évêques seuls, sont, à cet égard, le témoin le plus irrécusable.

Nous avons appris, dit le concile de Tolède, que les évêques traitent leurs paroisses, non épiscopalement, mais cruellement; et tandis qu'il a été écrit : « Ne dominez pas sur l'héritage du Seigneur; mais rendez-vous les modèles du troupeau, » ils accablent leurs diocèses de pertes et d'exactions. C'est pourquoi, que toutes les choses que s'approprient les évêques leur soient refusées, à l'exception de ce que leur accordent les anciennes constitutions; que les clercs, soit paroissiaux, soit diocésains, qui seront tourmentés par l'évêque, portent leurs plaintes au métropolitain, et que le métropolitain ne tarde pas à réprimer de tels excès [1].

Ceux qui ont déjà obtenu les degrés ecclésiastiques, c'est-à-dire les prêtres, dit le concile de Braga, ne doivent point être sujets à recevoir des coups, si ce n'est pour des fautes graves et mortelles. Il ne convient pas que chaque évêque, à son gré et selon qu'il lui plaît, frappe de coups et fasse souffrir ses honorables membres, de peur qu'il ne perde ainsi le respect que lui doivent ceux qui lui sont soumis [2].

Les clercs ne perdirent pas tout respect des évêques, mais ils n'acceptèrent pas non plus toute leur tyrannie. Un fait important, et trop peu remarqué, se révèle çà et là dans le cours de cette époque : c'est la lutte des prêtres de paroisse contre les évêques. Trois symptômes prin-

---

[1] Conc. de Tolède, en 589, c. 20.
[2] Conc. de Braga, en 675, c. 7.

cipaux, consignés dans les actes des conciles, ne permettent pas de le méconnaître :

1° Les prêtres de paroisse, les clercs inférieurs se liguent entr'eux pour résister ; ils forment, contre l'évêque, des *conjurations*, semblables à ces conjurations, à ces communes que formèrent plus tard les bourgeois des villes contre leurs seigneurs :

Si quelques clercs, comme cela est arrivé naguères en beaucoup de lieux, à l'instigation du diable, rebelles à l'autorité, se réunissent en conjuration, se prêtent entre eux des sermens, ou se donnent des écrits, que sous aucun prétexte une telle audace ne demeure cachée, et que, la chose une fois connue, lorsqu'on viendra au synode, les évêques alors rassemblés punissent les coupables, suivant le rang et la qualité des personnes [1].

Si des clercs, afin de se révolter, se lient en conjuration soit par des sermens, soit par des écrits, et tendent artificieusement des pièges à leur évêque, et si, avertis de renoncer à ces pratiques, ils dédaignent d'obéir, qu'ils soient dépouillés tout-à-fait de leur rang [2].

2° Les prêtres ont sans cesse recours, contre leur évêque, à l'appui des laïques, probablement

---

[1] Conc. d'Orléans, en 538, c. 21.
[2] Conc. de Rheims, en 625, c. 2 ; voyez aussi concile de Narbonne, en 589, c. 5.

du patron de la paroisse, ou de tout autre homme puissant avec lequel ils sont en relation : « Que les clercs ne s'élèvent point contre » leur évêque, au moyen des puissans du siècle[1] ; » telle est l'injonction sans cesse répétée des conciles.

3° Mais en répétant cette injonction, en proscrivant les *conjurations* de prêtres, les conciles eux-mêmes essayent de porter au mal quelque remède : des plaintes leur arrivent de toutes parts, et ils se sentent obligés d'en tenir compte. Quelques textes, puisés dans leurs actes, en diront plus à cet égard que tous les commentaires :

Comme il nous est parvenu des plaintes sur ce que certains évêques s'emparent des choses données par certains fidèles aux paroisses, de telle sorte qu'ils n'en laissent que bien peu ou presque rien aux églises auxquelles elles ont été données, il nous a paru juste et raisonnable que, si l'église de la cité où réside l'évêque est si bien pourvue qu'avec la grâce du Christ, elle ne manque de rien, tout ce qui reste aux paroisses soit distribué aux clercs qui les desservent ou employé à la réparation de leurs églises. Mais si l'évêque a beaucoup de dépenses à faire, et pas assez de revenu pour y suffire, qu'on laisse aux paroisses plus riches ce qui convient raisonnablement, soit pour les clercs, soit pour l'entretien des bâtimens, et que l'é-

---

[1] Conc. de Clermont, en 535, c. 4.

vêque emploie à son usage, afin de pourvoir à ses dépenses, ce qu'il y aura de surplus [1].

Si des offrandes ont été faites aux basiliques établies dans les cités, en terres, ou meubles, ou autres choses quelconques, qu'elles soient à la disposition de l'évêque, et qu'il soit libre d'en employer ce qui convient, soit aux réparations de la basilique, soit à l'entretien des clercs qui la desservent. Quant aux biens des paroisses ou des basiliques établies dans les bourgs dépendant des cités, qu'on observe la coutume de chaque lieu [2].

Il a été décidé qu'aucun évêque, dans la visite de son diocèse, ne recevrait, de chaque église, rien au-delà de ce qui lui est dû, comme marque d'honneur pour son siége; il ne prendra point le tiers de toutes les offrandes du peuple dans les églises de paroisse, mais ce tiers restera pour les luminaires de l'église et pour les réparations; et chaque année il en sera tenu compte à l'évêque. Car si l'évêque prend ce tiers, il enlève à l'église ses luminaires et l'entretien de son toit [3].

L'avarice est la racine de tous les maux, et cette soif coupable s'empare même du cœur des évêques. Beaucoup de fidèles, par amour pour le Christ et les martyrs, élèvent des basiliques dans les paroisses des évêques et y déposent des offrandes; mais les évêques s'en emparent et les détournent à leur usage. De là suit que les clercs manquent pour célébrer les saints offices, car ils ne reçoivent pas leurs honoraires. Les basiliques délabrées ne sont point

---

[1] Conc. de Carpentras en 527.
[2] Conc. d'Orléans en 538, c. 5.
[3] Conc. de Braga en 572, c. 2.

réparées, parce que l'avidité sacerdotale a enlevé toutes les ressources. Le présent concile ordonne donc que les évêques gouvernent leurs diocèses sans recevoir rien de plus que ce qui leur est dû, d'après les anciens décrets, c'est-à-dire le tiers des offrandes et des revenus des paroisses; que s'ils prennent quelque chose de plus, le concile le fasse rendre à la demande, soit des fondateurs des églises, soit de leurs parens. Que les fondateurs des basiliques sachent cependant qu'ils ne conservent aucun pouvoir sur les biens qu'ils confèrent auxdites églises; et que, selon les canons, la dotation de l'église, ainsi que l'église elle-même, est sous la juridiction de l'évêque [1].

Entre les choses qu'il nous convient de régler d'un commun accord, il importe surtout de satisfaire sagement aux plaintes des prêtres paroissiaux de la province de Galice; plaintes qui ont pour objet la rapacité de leurs évêques, et que la nécessité les a poussés enfin à soumettre à un examen public. Ces évêques, en effet, comme l'a évidemment manifesté une enquête, accablent d'exactions leurs églises paroissiales, et pendant qu'ils vivent eux-mêmes avec un riche superflu, il est prouvé qu'ils ont réduit presque à la ruine certaines basiliques. Afin donc que de tels abus ne se renouvellent point, nous ordonnons que, selon le synode de Braga, chacun des évêques de ladite province ne reçoive annuellement, de chacune des basiliques de son diocèse, pas plus de deux *solidi*... Et lorsque l'évêque visita son diocèse, qu'il ne soit à charge à personne, par la multitude de ses serviteurs, et que le nombre de ses

---

[1] Conc. de Tolède, en 633, c. 33.

voitures ne soit pas de plus de cinq, et qu'il ne demeure pas plus d'un jour dans chaque basilique ,.

En voilà plus qu'il n'en faut sans doute pour prouver l'oppression et la résistance, le mal et la tentative d'y porter remède. La résistance échoua; le remède fut inefficace; le despotisme épiscopal continua de se déployer. Aussi, au commencement du VIIIe siècle, l'Église était-elle tombée dans un désordre presque égal à celui de la société civile. Sans supérieurs et sans inférieurs à redouter, dégagés de la surveillance des métropolitains comme des conciles, et de l'influence des prêtres, une foule d'évêques se livraient aux plus scandaleux excès. Maîtres des richesses toujours croissantes de l'Église, rangés au nombre des grands propriétaires, ils en adoptaient les intérêts et les mœurs : ils abandonnaient leur caractère ecclésiastique pour mener la vie laïque; ils avaient des chiens, des faucons de chasse; ils marchaient entourés de serviteurs armés; ils allaient eux-mêmes à la guerre; bien plus, ils faisaient, contre leurs voisins, des expéditions de violence et de brigandage. Une crise était inévitable; tout préparait, tout pro-

---

[1] Conc. de Tolède, en 646, c. 4.

clamait la nécessité d'une réforme. Vous verrez qu'elle fut tentée en effet, peu après l'avènement des Carlovingiens, par la puissance civile. Mais l'Église elle-même en contenait le germe : à côté du clergé séculier, s'était développé un autre ordre, réglé par d'autres principes, animé d'un autre esprit, et qui semblait destiné à prévenir cette dissolution dont l'Église était menacée. Je veux parler des moines. Leur histoire, du VIe au VIIIe siècle, sera l'objet de notre prochaine réunion.

QUATORZIÈME LEÇON.

Histoire du Clergé régulier, ou des moines, du IV° au VIII° siècle. — Que les moines ont été d'abord des laïques. — Importance de ce fait. — Origine et développement progressif de la vie monastique en Orient. — Premières règles. — Importation des moines en Occident. — Ils y sont mal reçus. — Leurs premiers progrès. — Différence entre les monastères orientaux et occidentaux. — Opinion de saint Jérôme sur les égaremens de la vie monastique. — Causes générales de son extension. — De l'état des moines en Occident, au V° siècle. — Leur puissance et leur incohérence. — Saint Benoît. — Sa vie. — Il fonde le monastère du mont Cassin. — Analyse et appréciation de sa règle. — Elle se répand dans tout l'Occident, et y gouverne presque tous les monastères.

MESSIEURS,

Depuis que nous avons repris l'histoire de la société religieuse dans la Gaule-Franque, nous avons considéré : 1° le fait général, dominant, qui a caractérisé l'Église du VI° au VIII° siècle, c'est-à-dire son unité; 2° ses rapports avec l'État; 3° son organisation intérieure, la situation réciproque des gouvernans et des gouvernés, la constitution du gouvernement, c'est-à-dire du clergé.

Nous avons reconnu que, vers le milieu du VIII° siècle, le gouvernement de l'Église, le clergé était tombé dans un état de grand désordre et de décadence. Nous avons pressenti la nécessité d'une crise, d'une réforme : j'ai indiqué qu'un principe de réforme existait déjà dans le sein du clergé lui-même; j'ai nommé le clergé régulier, les moines. C'est de leur histoire, à la même époque, que nous avons à nous occuper aujourd'hui.

Ces mots *clergé régulier*, Messieurs, sont d'un effet trompeur. Il semble, à les entendre, que les moines aient toujours été des ecclésiastiques, qu'ils aient fait essentiellement partie du clergé. Telle est en effet l'idée générale qu'on s'en est formée, et qu'on leur applique indistinctement, sans égard aux temps, aux lieux, aux modifications successives de l'institution. Et non-seulement on regarde les moines comme des ecclésiastiques, mais on est tenté de les regarder, pour ainsi dire, comme les plus ecclésiastiques de tous, les plus complètement séparés de la société civile, les plus étrangers à ses intérêts, à ses mœurs. C'est là, si je ne me trompe, l'impression qui, à leur nom seul, aujourd'hui et depuis long-temps, s'éveille naturellement dans les esprits.

Impression pleine d'erreur, Messieurs : à leur origine, et au moins pendant deux siècles, les moines n'ont point été des ecclésiastiques; c'étaient de purs laïques, réunis sans doute par une croyance religieuse, dans un sentiment et un dessein religieux, mais étrangers, je le répète, à la société ecclésiastique, au clergé proprement dit.

Et non-seulement telle a été l'institution à son origine; mais ce caractère primitif, qu'on perd si communément de vue, a influé sur toute son histoire, et en explique seul les vicissitudes.

J'ai déjà eu occasion[1] de dire quelques mots sur l'établissement des monastères en Occident, surtout dans le midi de la Gaule. Je reprendrai aujourd'hui les faits de plus haut, et les suivrai de plus près dans leur développement.

C'est en Orient, personne ne l'ignore, que les moines ont pris naissance. Ils y ont été, en commençant, bien éloignés de la forme qu'ils ont re-

---

[1] Voyez la 4ᵐᵉ leçon de ce Cours, t. 1, p. 153.

vêtue depuis, et sous laquelle l'esprit a coutume de se les représenter. Dès les premiers temps du christianisme, quelques hommes plus exaltés que d'autres, s'imposaient des sacrifices, des rigueurs extraordinaires. Ce n'était point-là une innovation chrétienne ; elle se rattachait non-seulement à un penchant général de la nature humaine, mais aux mœurs religieuses de tout l'Orient, et à certaines traditions judaïques. Les *ascètes*, (c'était le nom qu'on donnait à ces pieux enthousiastes; ασκησις, *exercice, vie ascétique*,) sont le premier degré des moines. Ils ne se séparaient point encore de la société civile ; ils ne fuyaient point dans les déserts ; ils se condamnaient seulement au jeûne, au silence, à toutes sortes d'austérités, surtout au célibat.

Bientôt ils se retirèrent du monde : ils allèrent vivre loin des hommes, absolument seuls, au milieu des bois, au fond de la Thébaïde. Les ascètes devinrent des *ermites*, des *anachorètes*; c'est le second degré de la vie monastique.

Au bout de quelque temps, et par des causes qui n'ont point laissé de traces, cédant peut-être au pouvoir d'attraction de quelque solitaire plus célèbre, de saint Antoine, par exemple, ou peut-être simplement lassés d'un complet isolement, les ermites se rapprochèrent, bâtirent leurs huttes les unes près des autres, et continuant de vivre chacun dans la sienne, se livrèrent cependant ensemble aux exercices religieux, et commencèrent à former une véritable communauté. Ce fut alors, à ce qu'il paraît, qu'ils reçurent le nom de *moines*.

Ils firent un pas de plus. Au lieu de rester dans des huttes séparées, ils se rassemblèrent sous le même toit, dans un seul édifice; l'association fut plus étroite, la vie commune plus complète. Ils devinrent des *cœnobites*. C'est le quatrième degré de l'institut monastique; il atteignit alors sa forme définitive, celle à laquelle devaient s'adapter tous ses nouveaux développemens.

A peu près vers cette époque on voit naître, pour les maisons des cœnobites, pour les monastères, une certaine discipline convenue, des règles écrites qui déterminent les pratiques de ces petites sociétés, les obligations de leurs membres. Parmi ces règles primitives des moines d'Orient, les plus célèbres sont celles de saint Antoine, de saint Macaire, de saint Hilarion, de saint Pachôme. Aucune n'est longue ni détaillée; on y trouve des prescriptions spéciales, accidentelles, mais nulle prétention de dominer et de diriger la vie entière. Ce sont des préceptes plutôt que des institutions, des coutumes plutôt que des lois. Les *ascètes*, les *ermites* et toutes les différentes sortes de moines continuaient de subsister en même temps que les *cœnobites*, et dans toute l'indépendance de leur premier état.

Le spectacle d'une telle vie, tant de rigidité et d'enthousiasme, de sacrifice et de liberté, ébranla fortement l'imagination des peuples. Les moines se multiplièrent avec une rapidité prodigieuse, et se diversifièrent à l'infini. Je n'entrerai pas, vous le pensez bien, dans le détail de toutes les formes que prit, sous ce nom, l'exaltation des fidèles ; j'indiquerai seulement les termes extrêmes, pour ainsi dire, de la carrière qu'elle parcourut, et ses deux effets à la fois les plus étranges et les plus divers. Pendant que, sous le nom de *Messaliens* ou εὐχίται, des bandes nombreuses de fanatiques parcouraient la Mésopotamie, l'Arménie, etc., dénigrant le culte légal, célébrant la seule prière irrégulière, spontanée, et se livrant dans les villes, sur les places publiques, à toutes sortes d'écarts, d'autres, pour se séparer plus absolument de tout contact humain, s'établissaient, à l'exemple de saint Siméon d'Antioche, au sommet d'une colonne, et, sous le nom de *stylites*, vouaient leur vie à ce bizarre isolement. Et ni les uns ni les autres ne manquaient d'admirateurs et d'imitateurs.[1]

Dans la dernière moitié du IVe siècle, la règle de saint Basile vint apporter, dans le nouvel institut, quelque régularité. Rédigée en forme de réponse à des questions de tout genre[2], elle devint bientôt la discipline générale des monastères d'Orient, de tous ceux du moins qui prirent un peu d'ensemble et de fixité. Tel devait être le résultat de l'influence du clergé séculier sur la vie monastique dont les plus illustres évêques, saint Athanase, saint Basile, saint Grégoire de Nazianze, et une foule d'autres se déclarèrent alors les patrons. Ce patronage ne pouvait manquer d'y introduire plus d'ordre et de système. Cependant les monastères demeurèrent des associations purement laïques, étrangères au clergé, à ses fonctions, à ses droits. Point d'ordination, point d'engagement ecclésiastique pour les moines. Leur caractère dominant était toujours l'exaltation religieuse et la liberté; on entrait dans l'association, on en sortait; on choisissait son séjour, ses austérités; l'enthousiasme prenait

---

[1] Il y a eu des Stylites en Orient jusqu'au 12me siècle.
[2] Elle contient 203 questions et autant de réponses.

la forme, se jetait dans la route qui lui plaisait. Les moines en un mot n'avaient rien de commun avec les prêtres, sinon les croyances et le respect qu'ils inspiraient à la population.

Tel était, dans la dernière moitié du IVe siècle, l'état de l'institut monastique en Orient. Ce fut à peu près vers cette époque qu'il fut importé en Occident. Saint Athanase, chassé de son siége et retiré à Rome [1], y amena avec lui quelques moines, et y célébra leurs vertus et leur gloire. Ses récits et le spectacle que donnèrent les premiers moines, ou ceux qui suivirent leur exemple, furent mal accueillis de la population occidentale. Le paganisme était encore très-fort en Occident, surtout en Italie. Les classes supérieures, qui avaient abandonné ses croyances, voulaient du moins conserver ses mœurs, et une partie du menu peuple en gardait encore les préjugés. Les moines y furent, à leur début, un objet de mépris et de colère. Aux funérailles de Blésilla, jeune religieuse romaine, morte, disait-on, par excès de jeûnes en 384, le peuple criait : « Quand donc chassera-t-on de la ville cette détestable race de moines? Pourquoi ne les lapide-t-on pas? Pourquoi ne

---

[1] En 341.

» les jette-t-on pas dans la rivière ? » C'est saint Jérôme qui rapporte ainsi les propos populaires [1].

« Dans les cités d'Afrique, dit Salvien, et surtout dans les murs de Carthage, dès qu'il paraissait un homme en manteau, pâle et la tête rase, ce peuple, aussi malheureux qu'infidèle, ne pouvait le voir sans l'accabler de malédictions et d'injures; et si quelque serviteur de Dieu, venu des monastères d'Egypte, ou des lieux saints de Jérusalem, ou des vénérables retraites de quelque ermitage, se rendait dans cette ville pour s'acquitter de quelque œuvre pieuse, le peuple le poursuivait de ses outrages, d'odieux éclats de rire et de détestables sifflets. [2] »

J'ai nommé ailleurs [3] Rutilius Numatianus, poète gaulois qui vécut long-temps à Rome, et nous a laissé un poëme sur son retour dans sa patrie; il y dit, en passant près de l'île de Gorgone :

« Je déteste ces écueils, théâtre d'un récent naufrage. Là s'est perdu un de mes concitoyens, descendu vivant au tombeau. Il était des nôtres naguères; issu de nobles aïeux, en possession d'une noble fortune, heureux par un

---

[1] Lettre à Paule; lett. 22. al. 25.
[2] Salvien, de gubern. Dei, VIII, 4.
[3] Leçon 4ᵐᵉ, t. 1, p. 158.

noble mariage; mais poussé par les furies, il a abandonné les hommes et les Dieux, et maintenant, crédule exilé, il se complaît dans une sale retraite. Malheureux, qui croit au sein de la malpropreté se repaître des biens célestes, et se tourmente lui-même, plus cruel pour lui-même que les Dieux offensés. Cette secte est-elle donc, je vous le demande, plus fatale que les poisons de Circé? Circé changeait les corps, maintenant ce sont les esprits qui sont changés [1].

Sans doute Rutilius était païen; mais beaucoup de gens en Occident l'étaient comme lui, et recevaient les mêmes impressions.

Cependant la même révolution qui avait couvert l'Orient de moines, poursuivait son cours en Occident, amenant partout les mêmes effets. Là aussi le paganisme disparut; les nouvelles croyances, les nouvelles mœurs envahirent toute la société; et, comme en Occident, la vie monastique eut bientôt les plus grands évêques pour patrons, le peuple entier pour admirateur. Saint Ambroise à Milan, saint Martin à Tours, saint Augustin en Afrique, célébrèrent sa sainteté et fondèrent eux-mêmes des monastères. Saint Augustin donna même aux religieuses de son diocèse une espèce de règle, et

---

[1] *Itin.* I, vers 517 et suiv.

bientôt l'institution fut en vigueur dans tout l'Occident.

Elle y prit cependant, dès l'origine, un caractère particulier que j'ai déjà eu occasion de signaler : sans doute on voulut imiter ce qui s'était passé en Orient ; on s'informa curieusement des pratiques suivies dans les monastères orientaux ; leur description fut, vous le savez, l'objet de deux ouvrages publiés à Marseille par Cassien, et dans l'établissement de plusieurs des monastères nouveaux, on eut grand soin de s'y conformer. Mais le génie occidental différait trop de celui de l'Orient pour ne pas les marquer aussi de son empreinte. Le besoin de la retraite, de la contemplation, d'une rupture éclatante avec la société civile, avait été la source et le trait fondamental des moines d'Orient : en Occident, au contraire, et surtout dans la Gaule méridionale où furent fondés, au commencement du Ve siècle, les principaux monastères, ce fut pour vivre en commun, dans un but de conversation comme d'édification religieuse, que se réunirent les premiers moines. Les monastères de Lérins, de Saint-Victor, et plusieurs autres, furent surtout de grandes écoles de théologie, des foyers de mouvement intellectuel; ce n'était point de solitude, de macérations, mais de discussion et d'activité qu'il s'agissait là.

Et non-seulement cette diversité de situation et de tour d'esprit des Orientaux et des Occidentaux était réelle, mais les contemporains eux-mêmes l'observaient, s'en rendaient compte; et en travaillant à étendre en Occident l'institut monastique, les hommes clairvoyans avaient soin de dire qu'il ne fallait pas imiter servilement l'Orient, et d'en expliquer les raisons. En fait de jeûnes et d'austérités, par exemple, les règles des monastères d'Occident furent en général moins rigides : « beaucoup manger, disait Sulpice » Sévère, est gourmandise chez les Grecs, na- » turel chez les Gaulois. [1] »

La rigueur de l'hiver, dit aussi Cassien, ne nous permet pas de nous contenter de chaussures légères, ni d'un surtout sans manches, ni d'une seule tunique ; et celui qui se présenterait vêtu d'un petit froc ou d'un mince manteau de poil de chèvre, ferait rire au lieu d'édifier. [2]

Une autre cause ne contribua pas moins à donner à l'institut monastique en Occident une nouvelle direction. Ce ne fut guère que dans la première moitié du Ve siècle qu'il s'y répandit et s'y établit réellement. Or, à cette époque, les monastères d'Orient avaient déjà pris tout leur déve-

---

[1] Sulp. Sev. Dial. 1, 8.
[2] Cassien, de Instit. Cœnob. I, 11.

loppement; tous les écarts de l'exaltation ascétique y avaient déjà été donnés en spectacle au monde. Les grands évêques d'Occident, les chefs de l'Église et des esprits en Europe, quelle que fût leur ardeur religieuse, furent frappés de ces excès du monachisme naissant, des actes de folie auxquels il avait conduit, des vices qu'il avait souvent couverts. Nul homme d'Occident n'avait, à coup sûr, plus d'enthousiasme religieux, ni une imagination plus vive, plus orientale, ni un caractère plus fougueux que saint Jérôme. Il ne s'aveugla point cependant sur les fautes et les périls de la vie monastique, telle que l'Orient en offrait le modèle. Permettez-moi de vous lire quelques-uns des passages où il a exprimé sa pensée à ce sujet; ils sont au nombre des documens les plus intéressans de l'époque, et qui la font le mieux connaître :

Il est des moines, dit-il, qui, par l'humidité des cellules, par des jeûnes immodérés, par ennui de la solitude, par excès de lectures,... tombent dans la mélancolie, et ont plutôt besoin des remèdes d'Hippocrate que de nos avis... J'ai vu des personnes, de l'un et de l'autre sexe, en qui le cerveau avait été altéré par trop d'abstinence, surtout parmi celles qui habitaient dans des cellules froides et humides ; elles ne savaient plus ce qu'elles faisaient, ni comment se conduire, ni ce qu'il fallait dire ou taire [1].

Et ailleurs :

J'ai vu des hommes qui, renonçant au siècle, d'habits seulement et de nom, mais point de fait, n'ont rien changé à leur ancienne façon de vivre. Leur fortune est plutôt accrue que diminuée. Ils ont les mêmes cohortes d'esclaves, les mêmes pompes de banquets. C'est de l'or qu'ils mangent sur de misérables plats de fayence ou d'argile, et au milieu des essaims de leurs serviteurs, ils se font appeler solitaires [2]....

Fuis aussi ces hommes que tu verrais chargés de chaînes, avec une barbe de bouc, un manteau noir et les pieds nus en dépit du froid... Ils entrent dans les maisons des nobles ; ils trompent de pauvres petites femmes couvertes de péchés ; ils apprennent toujours et n'arrivent jamais à la connaissance de la vérité ; ils feignent la tristesse, et livrés en apparence à de longs jeûnes, s'en dédommagent la nuit par des repas furtifs [3].

Et ailleurs encore :

Je rougis de le dire ; du fond de nos cellules, nous condamnons le monde ; en nous roulant dans le sac et la cen-

---

[1] Saint Jérôme, lett. 95 (*al.* 4), *ad Rusticum* ; 97 (*al.* 8) *ad Demetriadem*.
[2] Saint Jérôme, lett. 95 (*al.* 4), *ad Rusticum*.
[3] Saint Jérôme, lett. 18 (*al.* 22), *ad Eustochium*.

dre, nous prononçons nos sentences sur les évêques. Que signifie cet orgueil d'un roi sous la tunique d'un pénitent?.. La superbe se glisse promptement dans la solitude : cet homme a jeûné quelque peu ; il n'a vu personne ; il se croit déjà un homme de poids ; il oublie quel il est, d'où il vient, où il va, et son cœur et sa langue errent déjà de toutes parts. Contre la volonté de l'apôtre, il juge les serviteurs d'autrui ; il porte la main où l'attire sa gourmandise ; il dort tant qu'il veut ; il ne respecte personne ; il fait ce qu'il veut ; il croit tous les autres inférieurs à lui ; il est plus souvent dans les villes que dans sa cellule ; et il fait le modeste au milieu de ses frères, lui qui, sur les places publiques, se heurte sans cesse contre les passans [1].

Ainsi, le plus emporté, le plus enthousiaste des pères d'Occident ne méconnaissait ni la démence, ni l'hypocrisie, ni l'intolérable orgueil qu'enfantait dès-lors la vie monastique ; et il les caractérisait avec ce bon sens colère, cette éloquence satirique et passionnée qui lui est propre ; et il les dénonçait hautement, de peur de la contagion.

Plusieurs des plus illustres évêques d'Occident, saint Augustin entr'autres, avaient la même clairvoyance et écrivaient dans le même sens; aussi s'appliquèrent-ils à prévenir autour d'eux les absurdes écarts où les moines d'Orient étaient

---

[1] Saint Jérôme, lett. 15 (*al.* 77), *ad Marcum*; 95 (*al.* 4), *ad Rusticum.*

tombés. Mais en prenant ce soin, en signalant la démence ou l'hypocrisie à laquelle la vie monastique servait tour à tour de fond, ils travaillèrent incessamment à la propager. C'était pour eux un moyen d'arracher, à la société civile païenne, toujours la même en fait malgré sa conversion apparente, une partie des laïques. Sans entrer dans le clergé, les moines suivaient la même voie, servaient la même influence; le patronage des évêques ne pouvait leur manquer. Leur eût-il manqué, leurs progrès ne s'en seraient probablement pas ralentis. Ce n'est à aucune combinaison ecclésiastique, ni même au mouvement et à la direction particulière que le christianisme pouvait imprimer à l'imagination des hommes, que la vie monastique dut son origine. L'état général de la société à cette époque en fut la véritable source. Elle était atteinte de trois vices : l'oisiveté, la corruption et le malheur. Les hommes étaient inoccupés, pervertis et en proie à toutes sortes de misères; voilà pourquoi il s'en trouva tant qui se firent moines. Un peuple laborieux, honnête, ou heureux, ne serait jamais entré dans cette voie. Quand la nature humaine ne peut se déployer pleinement et avec harmonie, quand l'homme ne peut poursuivre le vrai but de sa destinée, c'est alors que son développement devient excentrique, et que, plutôt que d'accepter sa propre ruine, il se jette à tout risque dans les plus étranges situations. Pour vivre et agir d'une manière régulière, raisonnable, l'humanité a besoin que les faits, au milieu desquels elle vit et agit, soient, dans une certaine mesure, raisonnables, réguliers, que ses facultés trouvent à s'employer, que sa condition ne soit pas trop dure, que le spectacle de la corruption et de l'abaissement général ne révolte pas, ne désole pas les âmes fortes, en qui la moralité ne saurait s'engourdir. L'ennui, le dégoût d'une molle perversité, et le besoin de fuir les misères publiques, c'est là ce qui fit les moines d'Orient, bien plutôt que le caractère particulier du christianisme, et les accès de l'exaltation religieuse. Ces mêmes circonstances existaient en Occident; la société italienne, gauloise, africaine, au milieu de la chute de l'empire et des dévastations des Barbares, était tout aussi malheureuse, tout aussi dépravée, tout aussi oisive que celle de l'Asie mineure ou de l'Égypte. Les vraies causes de l'extension continuelle de la vie monastique étaient donc les mêmes dans les deux contrées, et devaient y produire les mêmes effets.

Aussi, malgré les diversités que j'ai fait remarquer, la similitude fut-elle grande, et les conseils des plus illustres évêques n'empêchèrent pas que les écarts des moines d'Orient ne trouvassent en Occident des imitateurs. Ni les ermites, ni les reclus, ni aucune des pieuses folies de la vie ascétique, ne manquèrent à la Gaule. Saint Sénoch, Barbare d'origine, retiré dans les environs de Tours, se fit enfermer entre quatre murs si serrés qu'il ne pouvait faire, du bas du corps, aucun mouvement, et vécut plusieurs années dans cette situation, objet de la vénération de la population environnante. Les reclus Caluppa en Auvergne, Patrocle dans le territoire de Langres, Hospitius en Provence, ne furent pas tout-à-fait aussi admirables; cependant leur célébrité était grande comme leurs austérités[1]. Les Stylites même eurent en Occident des émules; et le récit que nous en a laissé Grégoire de Tours peint avec tant de vérité et d'intérêt les mœurs de ce temps, que je crois devoir vous le lire tout entier. Grégoire raconte sa propre conversation avec le moine Wulfilaïch, Barbare sans doute, comme l'indique son nom, et qui, le premier en

---

[1] Voy. Grégoire de Tours, t. 1, p. 231, 232, 311, dans ma *Collection des Mémoires relatifs à l'histoire de France*.

Occident, avait tenté de donner à saint Siméon d'Antioche un rival.

« Je me rendis dans le territoire de Trèves, dit Wulfi-
» laïch à Grégoire ; j'y construisis, de mes propres mains,
» sur cette montagne, la petite demeure que vous voyez.
» J'y trouvai un simulacre de Diane que les gens du lieu,
» encore infidèles, adoraient comme une divinité. J'y élevai
» une colonne, sur laquelle je me tenais avec de grandes
» souffrances, sans aucune espèce de chaussure ; et lors-
» qu'arrivait le temps de l'hiver, j'étais tellement brûlé des
» rigueurs de la gelée, que très-souvent elles ont fait tom-
» ber les ongles de mes pieds, et l'eau glacée pendait à ma
» barbe en forme de chandelles ; car cette contrée passe
» pour avoir souvent des hivers très-froids. » Nous lui de-
mandâmes avec instance de nous dire quelles étaient sa
nourriture et sa boisson, et comment il avait renversé le
simulacre de la montagne ; il nous dit : « Ma nourriture
» était un peu de pain et d'herbe et une petite quantité d'eau.
» Mais il commença à accourir vers moi une grande quan-
» tité de gens des villages voisins. Je leur prêchais conti-
» nuellement que Diane n'existait pas, que le simulacre et
» les autres objets auxquels ils pensaient devoir adresser
» un culte, n'étaient absolument rien. Je leur répétais
» aussi que ces cantiques qu'ils avaient coutume de chan-
» ter en buvant, et au milieu de leurs débauches, étaient
» indignes de la divinité, et qu'il valait bien mieux
» offrir le sacrifice de leurs louanges au Dieu tout-puis-
» sant qui a fait le ciel et la terre. Je priais aussi bien
» souvent le Seigneur qu'il daignât renverser le simu-
» lacre et arracher ces peuples à leurs erreurs. La miséri-

» corde du Seigneur fléchit ces esprits grossiers, et les dis-
» posa, prêtant l'oreille à mes paroles, à quitter leurs
» idoles et à suivre le Seigneur. J'assemblai quelques-uns
» d'entre eux, afin de pouvoir, avec leur secours, renver-
» ser ce simulacre immense que je ne pouvais détruire par
» ma seule force. J'avais déjà brisé les autres idoles, ce
» qui était plus facile. Beaucoup se rassemblèrent autour
» de la statue de Diane; ils y jetèrent des cordes, et com-
» mencèrent à la tirer, mais tous leurs efforts ne pouvaient
» parvenir à l'ébranler. Alors je me rendis à la basilique,
» me prosternai à terre, et suppliai avec larmes la misé-
» ricorde divine de détruire, par la puissance du ciel,
» ce que l'effort terrestre ne pouvait suffire à renverser.
» Après mon oraison, je sortis de la basilique, et vins
» retrouver les ouvriers; je pris la corde, et aussitôt que
» nous recommençâmes à tirer, dès le premier coup, l'idole
» tomba à terre; on la brisa ensuite, et avec des maillets de
» fer, on la réduisit en poudre..... Je me disposais à re-
» prendre ma vie ordinaire, mais les évêques qui auraient
» dû me fortifier, afin que je pusse continuer plus parfaite-
» ment l'ouvrage que j'avais commencé, survinrent, et
» me dirent: — La voie que tu as choisie n'est pas la voie
» droite, et toi, indigne, tu ne saurais t'égaler à Siméon
» d'Antioche, qui vécut sur sa colonne. La situation du
» lieu ne permet pas d'ailleurs de supporter une pareille
» souffrance; descends plutôt, et habite avec les frères que tu
» as rassemblés. — A ces paroles, pour n'être pas accusé du
» crime de désobéissance envers les évêques, je descendis,
» et j'allai avec eux, et pris aussi avec eux le repas. Un jour
» l'évêque, m'ayant fait venir loin du village, y envoya des
» ouvriers avec des haches, des ciseaux et des marteaux, et

» fit renverser la colonne sur laquelle j'avais coutume de
» me tenir. Quand je revins le lendemain, je trouvai tout
» détruit; je pleurai amèrement; mais je ne voulus pas ré-
» tablir ce qu'on avait détruit, de peur qu'on ne m'accu-
» sât d'aller contre les ordres des évêques; et depuis ce
» temps, je demeure ici, et me contente d'habiter avec
» mes frères[1]. »

Tout est également remarquable dans ce récit, et l'énergique dévoûment, et l'enthousiasme insensé de l'ermite, et le bon sens, peut-être un peu jaloux, des évêques; on y reconnaît à la fois l'influence de l'Orient et le caractère propre de l'Occident. Et de même que l'évêque de Trèves réprimait la démence des Stylites, de même saint Augustin poursuivait l'hypocrisie errant sous le manteau monacal :

« Le rusé ennemi des hommes, dit-il, a dispersé par-
» tout des hypocrites sous des traits de moines; ils parcou-
» rent les provinces, où personne ne les a envoyés, errant
» en tous sens, ne s'établissant, ne s'arrêtant nulle part.
» Les uns vendent çà et là des reliques de martyr, si tant
» est que ce soit des martyrs; les autres étalent leurs robes
» et leurs phylactères[2]. »

Je pourrais citer beaucoup d'autres exemples

---

[1] Grég. de Tours, t. 1, p. 440-444.
[2] Saint Augustin, *de opere monac.*, c. 28.

où ce double fait, la ressemblance et la différence de l'Orient et de l'Occident, est également empreint. Au milieu de ces tiraillemens, à travers ces alternatives de folie et de sagesse, les progrès de l'institut monastique continuaient; le nombre des moines allait toujours croissant; ils erraient ou se fixaient, remuaient le peuple par leurs prédications, ou l'édifiaient par le spectacle de leur vie. De jour en jour, on les prenait en plus grande admiration et respect : l'idée s'établissait que c'était là la perfection de la conduite chrétienne. On les proposait pour modèles au clergé; déjà on donnait à quelques-uns l'ordination pour les faire prêtres ou même évêques; et pourtant, c'étaient encore des laïques, conservant une grande liberté, ne faisant point de vœux, ne contractant point d'engagemens religieux, toujours distincts du clergé, souvent même attentifs à s'en séparer :

C'est l'ancien avis des Pères, dit Cassien, avis qui persiste toujours, qu'un moine doit, à tout prix, fuir les évêques et les femmes; car ni les femmes, ni les évêques ne permettent au moine qu'ils ont une fois engagé dans leur familiarité, de se reposer en paix dans sa cellule, ni d'attacher ses yeux sur la doctrine pure et céleste, en contemplant les choses saintes.[1]

---

[1] Cassien, *de instit. cœnob.*, xi, 17.

Tant de liberté et de puissance, une action si forte sur les peuples et une telle absence de formes générales, d'organisation régulière, ne pouvaient manquer de donner lieu à de grands désordres. La nécessité d'y mettre un terme, de rassembler sous un gouvernement commun, sous une même discipline, ces missionnaires, ces solitaires, ces reclus, ces cœnobites, chaque jour plus nombreux, et qui n'étaient ni du peuple, ni du clergé, se faisait fortement sentir.

Vers la fin du Ve siècle, en 480, naquit en Italie, à Nursia, dans le duché de Spolète, d'une famille riche et considérable, l'homme destiné à résoudre ce problème et à donner aux moines d'Occident la règle générale qu'ils attendaient; je parle de saint Benoît. A l'âge de douze ans, il fut envoyé à Rome pour y faire ses études. C'était le moment de la chute de l'empire et des grands troubles de l'Italie; les Hérules et les Ostrogoths s'en disputaient la possession; Théodoric en chassait Odoacre; Rome était sans cesse prise, reprise, menacée. En 494, Benoît, à peine âgé de quatorze ans, en sortit avec Cyrilla, sa nourrice; et, peu après, on le trouve ermite au fond d'une caverne, à Subiaco, dans la campagne de Rome. Pourquoi cet enfant s'y retira, comment il y vécut, on n'en sait rien, car sa légende seule le raconte, et place à chaque pas une merveille morale, ou un miracle proprement dit. Quoi qu'il en soit, au bout d'un certain temps, la vie que menait Benoît, sa jeunesse, ses austérités, attirèrent les pâtres des environs; il les prêcha; et la puissance de sa parole, l'autorité de son exemple, le concours toujours plus nombreux des auditeurs, le rendirent bientôt célèbre. En 510, des moines voisins, réunis à Vicovaro, voulurent l'avoir pour chef; il s'y refusa d'abord, disant aux moines que leur conduite était désordonnée, qu'on se livrait dans leur maison à toutes sortes d'excès, qu'il en entreprendrait la réforme et les soumettrait à une règle très-dure. Ils persistèrent, et Benoît devint abbé de Vicovaro.

Il entreprit en effet, avec une invincible énergie, la réforme qu'il avait annoncée; et, comme il l'avait prévu, les moines se lassèrent bientôt du réformateur. La lutte entre eux et lui devint si violente qu'ils essayèrent de l'empoisonner dans le calice. Il s'en aperçut par un miracle, dit sa légende, quitta le monastère, et reprit, à Subiaco, sa vie d'ermite.

Sa renommée s'était répandue au loin; non plus seulement des pâtres, mais des laïques de toute condition, des moines errans, se rassemblèrent pour vivre près de lui. Equitius et Tertullus, nobles romains, lui envoyèrent leurs fils, Maur et Placide, Maur âgé de douze ans, Placide tout enfant. Il fonda, autour de sa caverne, des monastères. En 520, il en avait, à ce qu'il paraît, déjà fondé douze, composés chacun de douze moines, et dans lesquels il commençait à essayer les idées et les institutions par lesquelles, à son avis, la vie monastique devait être réglée.

Mais le même esprit d'insubordination et de jalousie qui l'avait chassé du monastère de Vicovaro se manifesta bientôt dans ceux qu'il venait lui-même de fonder. Un moine nommé Florentius lui suscita des ennemis, lui tendit des embûches. Benoît s'irrita, renonça une seconde fois à la lutte, et, emmenant quelques-uns de ses disciples, entre autres Maur et Placide, se retira, en 528, sur les frontières des Abruzzes et de la terre de Labour, auprès de Cassino.

Il trouva là ce que l'ermite Wulfilaïch, dont je viens de vous lire l'histoire, avait trouvé près de Trèves, le paganisme encore vivant, et le temple et la statue d'Apollon debout sur le mont Cassin, colline qui domine la ville. Benoît renversa le temple et la statue, extirpa le paganisme, rassembla de nombreux disciples, et fonda un nouveau monastère.

Ce fut dans celui-ci, où il demeura et domina jusqu'à la fin de sa vie, qu'il appliqua enfin dans son ensemble, et publia sa *Règle de la vie monastique*. Elle devint bientôt, personne ne l'ignore, la loi générale et presque unique des moines d'Occident. C'est par la règle de saint Benoît que l'institut monastique occidental a été réformé et qu'il a reçu sa forme définitive. Arrêtons-nous donc ici, et examinons avec quelque soin ce petit code d'une société qui a joué dans l'histoire de l'Europe un rôle si important.

L'auteur commence par exposer en fait l'état des moines occidentaux à cette époque, c'est-à-dire au commencement du VI° siècle :

> Il est notoire, dit-il, qu'il y a quatre espèces de moines : premièrement les *cénobites*, ceux qui vivent dans un monastère, combattant sous une règle ou un abbé. Le second genre est celui des *anachorètes*, c'est-à-dire *ermites*; ce sont ceux qui, non par une ferveur de novice, mais instruits par une longue épreuve de la vie monastique, ont déjà appris, au grand profit de beaucoup de gens, à combattre le diable, et qui, bien préparés, sortent seuls de l'armée de leurs frères pour aller livrer un combat singulier... La troisième sorte de moines est celle des *sarabaïtes*, qui, n'étant éprouvés par aucune règle, ni par les leçons de l'expérience, comme l'or est éprouvé dans la fournaise, et semblables plutôt à la molle nature du plomb, gardent, par leurs œuvres, fidélité au siècle, et mentent à Dieu par

leur tonsure. On rencontre ceux-ci au nombre de deux, trois ou plusieurs, sans pasteur, ne s'occupant pas des brebis du Seigneur, mais de leurs propres troupeaux : ils ont pour loi leur désir ; ce qu'ils pensent ou ce qu'ils préfèrent, ils le disent saint ; ce qui ne leur plaît pas, ils trouvent que ce n'est pas permis. La quatrième espèce est celle des moines qu'on nomme *gyrovagues*, qui, pendant toute leur vie, habitent trois ou quatre jours diverses cellules dans diverses provinces, toujours errans et jamais stables, obéissant à leurs voluptés et aux débauches de la gourmandise, et en toutes choses pires que les sarabaïtes. Il vaut mieux se taire que de parler de leur misérable façon de vivre ; les passant donc sous silence, venons, avec l'aide de Dieu, à régler la très-forte association des Cénobites.

Les faits ainsi établis, la règle de saint Benoît se divise en 73 chapitres, savoir :

9 chapitres sur les devoirs moraux et généraux des frères ;

13 sur les devoirs religieux et les offices ;

29 sur la discipline, les fautes, les peines, etc.;

10 sur le gouvernement et l'administration intérieure ;

12 sur divers sujets, comme les hôtes, les frères en voyage, etc.

C'est-à-dire, 1° neuf chapitres de code moral ; 2° treize de code religieux ; 3° vingt-neuf de code

pénal ou de discipline ; 4° dix de code politique ;
5° douze sur divers sujets.

Reprenons chacun de ces petits codes, et voyons quels principes y dominent, quels furent le sens et la portée de la réforme qu'accomplit leur auteur.

1° Quant aux devoirs moraux et généraux des moines, les points sur lesquels repose toute la règle de saint Benoît sont l'abnégation de soi-même, l'obéissance et le travail. Quelques-uns des moines d'Orient avaient bien essayé d'introduire le travail dans leur vie ; mais la tentative n'avait jamais été générale ni suivie. Ce fut la grande révolution que fit saint Benoît dans l'institut monastique ; il y introduisit surtout le travail manuel, l'agriculture. Les moines bénédictins ont été les défricheurs de l'Europe ; ils l'ont défrichée en grand, en associant l'agriculture à la prédication. Une colonie, un essaim de moines, peu nombreux d'abord, se transportaient dans des lieux incultes, ou à peu près, souvent au milieu d'une population encore païenne, en Germanie, par exemple, en Bretagne ; et là, missionnaires et laboureurs à la fois, ils accomplissaient leur double tâche, souvent avec autant de péril que de fatigue. Voici comment saint Benoît règle l'emploi de la journée dans ses monastères : vous verrez que le travail y tient une grande place :

L'oisiveté est l'ennemie de l'âme, et par conséquent les frères doivent, à certains momens, s'occuper au travail des mains ; dans d'autres, à de saintes lectures. Nous croyons devoir régler cela ainsi. Depuis Pâques jusqu'aux Kalendes d'octobre, en sortant le matin de Prime ils travailleront, presque jusqu'à la quatrième heure, à ce qui sera nécessaire : de la quatrième heure presque près de la sixième, ils vaqueront à la lecture. Après la sixième heure, sortant de table, ils se reposeront dans leurs lits sans bruit, ou si quelqu'un veut lire, qu'il lise, mais de manière à ne gêner personne ; et que None soit dit au milieu de la huitième heure. Qu'ils travaillent ensuite jusqu'à Vêpres à ce qui sera à faire. Et si la pauvreté du lieu, la nécessité où la récolte des fruits les tient constamment occupés, qu'ils ne s'en affligent point, car ils sont vraiment moines s'ils vivent du travail de leurs mains, ainsi qu'ont fait nos pères et les apôtres ; mais que toutes choses soient faites avec mesure, à cause des faibles.

Depuis les Kalendes d'octobre jusqu'au commencement du Carême, qu'ils vaquent à la lecture jusqu'à la deuxième heure ; qu'à la deuxième, on chante Tierce, et que jusqu'à None tous travaillent à ce qui leur sera enjoint ; qu'au premier coup de None tous quittent l'ouvrage et soient prêts pour le moment où on sonnera le second coup. Après la réfection, qu'ils lisent ou récitent des psaumes.

Dans les jours du Carême, qu'ils lisent depuis le matin jusqu'à la troisième heure, et qu'ils travaillent ensuite suivant qu'il leur sera ordonné jusqu'à la dixième heure.

Dans ces jours de Carême, tous recevront, de la bibliothèque, des livres qu'ils liront de suite et entièrement. Ces livres doivent être donnés au commencement du carême. Surtout qu'on choisisse un ou deux anciens pour parcourir le monastère aux heures où les frères sont occupés à la lecture, et qu'ils voient s'ils ne trouveront pas quelque frère négligent qui se livre au repos ou à la conversation, ne soit point appliqué à lire, et qui non-seulement soit inutile à soi-même, mais encore détourne les autres. Si l'on en trouve un de la sorte, qu'il soit repris une et deux fois; s'il ne s'amende pas, qu'il soit soumis à la correction de la règle, de façon à intimider les autres. Que le dimanche tous vaquent à la lecture, excepté ceux qui sont choisis pour diverses fonctions. Si quelqu'un est négligent et paresseux de telle sorte qu'il ne veuille ou ne puisse méditer ni lire, qu'on lui enjoigne un travail, pour qu'il ne reste pas sans rien faire. Quant aux frères infirmes ou délicats, qu'on leur impose un ouvrage ou un emploi tels qu'ils ne soient ni oisifs, ni accablés par la rigueur du travail... Leur faiblesse doit être prise en considération par l'abbé[1].

Avec le travail, saint Benoît prescrit l'obéissance passive des moines à leur supérieur, règle moins nouvelle, et qui prévalait aussi chez les moines d'Orient, mais qu'il a rédigée d'une manière beaucoup plus expresse, et en en développant plus rigoureusement les conséquences. Il est impossible, Messieurs, en étudiant

---

[1] Reg. S. Bened. c. 48.

l'histoire de la civilisation européenne, de ne pas s'étonner du rôle qu'y a joué cette idée, et de n'en pas chercher curieusement l'origine. L'Europe ne l'a reçue, à coup sûr, ni de la Grèce, ni de l'ancienne Rome, ni des Germains, ni du christianisme proprement dit. Elle commence à paraître sous l'empire romain, et sort du culte de la Majesté impériale. Mais c'est dans l'institut monastique qu'elle a vraiment grandi et s'est développée; c'est de là qu'elle est partie pour se répandre dans la civilisation moderne. C'est là le fatal présent que les moines ont fait à l'Europe, et qui a si long-temps altéré ou énervé ses vertus même. Ce principe revient sans cesse dans la règle de saint Benoît : plusieurs chapitres intitulés, *de obedientia*, *de humilitate*, etc., l'énoncent et le commentent avec détail. En voici deux qui vous montreront jusqu'où la rigueur de l'application était poussée. Le chapitre 68, intitulé : *Si quelque chose d'impossible est ordonné à un frère*, est ainsi conçu :

Si par hasard quelque chose de difficile ou d'impossible est ordonné à un frère, qu'il reçoive en toute douceur et obéissance le commandement qui le lui ordonne. Que s'il voit que la chose passe tout à fait la mesure de ses forces, qu'il expose convenablement et patiemment la raison de l'impossibilité à celui qui est au-dessus de lui, ne s'enflant pas d'orgueil, ne résistant pas, ne contredisant pas. Que si, après son observation, le prieur persiste dans son avis et son commandement, que le disciple sache qu'il en doit être ainsi, et que, se confiant en l'aide de Dieu, il obéisse.

Le chapitre 69 a pour titre : *que, dans le monastère, nul n'ose en défendre un autre*, et porte :

Il faut prendre bien garde que dans aucune occasion, un moine n'ose dans le monastère en défendre un autre, ou pour ainsi dire le protéger, même quand ils seraient unis par le lien du sang, et qu'en aucune manière cela ne soit osé par les moines, parce qu'il en peut résulter de graves occasions de scandale. Si quelqu'un transgresse ceci, qu'il en soit sévèrement repris.

L'abnégation de soi-même est la conséquence naturelle de l'obéissance passive. Quiconque est tenu d'obéir absolument, et en toute occasion, n'est pas ; toute personnalité lui est ravie. Aussi la règle de saint Benoît établit-elle formellement l'interdiction de toute propriété comme de toute volonté personnelle :

Il faut surtout extirper du monastère, et jusqu'à la racine, ce vice que quelqu'un possède quelque chose en propre. Que personne n'ose rien donner ni recevoir sans l'ordre de l'abbé, ni rien avoir en propre, aucune chose, ni un livre, ni des tablettes, ni un stylet, ni quoi que ce soit, car il ne leur est pas même permis d'avoir en leur propre puissance leur corps et leur volonté [1].

L'individualité peut-elle être plus complètement abolie?

2° Je ne vous arrêterai pas sur les treize chapitres qui règlent le culte et les offices religieux; ils ne donnent lieu à aucune observation importante.

3° Ceux qui traitent de la discipline et de la pénalité appellent au contraire toute notre attention. C'est là que paraît le plus considérable peut-être des changemens apportés par saint Benoît dans l'institut monastique, l'introduction des vœux solennels, perpétuels. Jusque-là, bien que l'entrée dans un monastère fît présumer l'intention d'y rester, bien que le moine contractât une sorte d'obligation morale qui tendait à prendre de jour en jour plus de fixité, cependant aucun vœu, aucun engagement formel n'était encore prononcé. Ce fut saint Benoît qui les introduisit et en fit la base de la vie monastique, dont le caractère primitif disparut ainsi complètement. L'exaltation et la liberté, tel était ce caractère; les vœux perpétuels, qui ne pouvaient tarder à être

---

[1] C. 33.

placés sous la garde de la puissance publique, y substituèrent une loi, une institution :

Que celui qui doit être reçu, dit la règle de saint Benoît, promette dans l'oratoire, devant Dieu et ses saints, la perpétuité de son séjour, la réforme de ses mœurs et l'obéissance.... Qu'il fasse un acte de cette promesse, au nom des saints dont les reliques sont déposées là, et de l'abbé présent. Qu'il écrive cet acte de sa main; ou, s'il ne sait écrire, qu'un autre, à sa demande, l'écrive pour lui; et que le novice y fasse une croix, et pose de sa main l'acte sur l'autel[1].

Le mot de *novice* vous révèle une autre innovation : un noviciat était en effet la conséquence naturelle de la perpétuité des vœux; et saint Benoît, qui joignait à une imagination exaltée et à un caractère ardent, beaucoup de bon sens et de sagacité pratique, ne manqua pas de le prescrire. La durée en était de plus d'un an; on lisait, à plusieurs reprises, la règle toute entière au novice, en lui disant : « Voilà la loi sous laquelle » tu veux combattre; si tu peux l'observer, entre; » si tu ne le peux, vas en liberté. » A tout prendre, les conditions et les formes de l'épreuve sont évidemment conçues dans un esprit de sin-

---

[1] C. 58.

cérité, et avec l'intention de se bien assurer que la volonté du récipiendaire soit réelle et forte.

4° Quant au code politique, au gouvernement même des monastères, la règle de saint Benoît offre un singulier mélange de despotisme et de liberté. L'obéissance passive en est, vous venez de le voir, le principe fondamental : en même temps le gouvernement est électif; l'abbé est toujours choisi par les frères. Ce choix une fois fait, ils perdent toute liberté, ils tombent sous la domination absolue de leur supérieur, mais du supérieur qu'ils ont élu, et de celui-là seul.

Il y a plus : en imposant aux moines l'obéissance, la règle ordonne à l'abbé de les consulter. Le chapitre III, intitulé : *qu'il faut prendre l'avis des frères*, porte expressément :

> Toutes les fois que quelque chose d'important doit avoir lieu dans le monastère, que l'abbé convoque toute la congrégation, et dise de quoi il s'agit, et qu'après avoir entendu l'avis des frères, il y pense à part soi, et fasse ce qu'il jugera le plus convenable. Nous disons d'appeler tous les frères au conseil, parce que Dieu révèle souvent au plus jeune ce qui vaut le mieux. Que les frères donnent leur avis en toute soumission, et qu'ils ne se hasardent pas à le défendre avec opiniâtreté : que la chose dépende de la volonté de l'abbé, et que tous obéissent à ce qu'il a jugé salutaire. Mais de même qu'il convient aux disciples

d'obéir au maître, de même il convient à celui-ci de régler toutes choses avec prudence et justice. Que la règle soit suivie en tout, et que nul n'ose s'en écarter en rien....

Si de petites choses sont à faire dans l'intérieur du monastère, qu'on prenne seulement l'avis des anciens, ainsi qu'il est écrit : *fais toutes choses avec conseil, et tu ne te repentiras pas de les avoir faites.*

Ainsi coexistent, dans ce singulier gouvernement, l'élection, la délibération, et le pouvoir absolu.

5° Les chapitres qui traitent de sujets divers n'ont rien de bien remarquable, sinon un caractère de bon sens et de douceur qui éclate du reste dans beaucoup d'autres parties de la règle, et dont il est impossible de n'être pas frappé. La pensée morale et la discipline générale en sont sévères; mais dans le détail de la vie, elle est humaine et modérée; plus humaine, plus modérée que les lois romaines, que les lois barbares, que les mœurs générales du temps; et je ne doute pas que les frères, renfermés dans l'intérieur d'un monastère, n'y fussent gouvernés par une autorité, à tout prendre, plus raisonnable et d'une manière moins dure qu'ils ne l'eussent été dans la société civile.

S. Benoît était si préoccupé de la nécessité

d'une règle douce et modérée, que la préface qu'il y a jointe finit en ces termes:

Nous voulons donc instituer une école du service du Seigneur, et nous espérons n'avoir mis dans cette institution rien d'âpre ni de pénible; mais si d'après le conseil de l'équité, il s'y trouve, pour la correction des vices et le maintien de la charité, quelque chose d'un peu trop rude, ne va pas, effrayé de cela, fuir la voie du salut; à son commencement elle est toujours étroite; mais, par le progrès de la vie régulière et de la foi, le cœur se dilate et on court avec une douceur ineffable dans la voie des commandemens de Dieu.

Ce fut en 528 que S. Benoît donna sa règle : en 543, époque de sa mort, elle était déjà répandue dans toutes les parties de l'Europe. S. Placide l'avait portée en Sicile; d'autres en Espagne. Saint Maur, disciple chéri de saint Benoît, l'introduisit en France. A la demande d'Innocent, évêque du Mans, il partit du monastère du Mont-Cassin, à la fin de l'année 542, pendant que saint Benoît vivait encore : lorsqu'il arriva à Orléans, en 543, saint Benoît ne vivait déjà plus; mais l'institution n'en suivit pas moins son cours. Le premier monastère fondé par saint Maur fut celui de Glanfeuil, en Anjou, ou St.-Maur sur Loire. A la fin du VI° siècle, la plupart des monastères de France avaient adopté la même règle ; elle était devenue la discipline générale de l'ordre monastique, si bien que, vers la fin du VIIIe siècle, Charlemagne faisait demander, dans les diverses parties de son empire, s'il y existait d'autres moines que ceux de l'ordre de saint Benoît.

Nous n'avons encore étudié, Messieurs, que la moitié, pour ainsi dire, des révolutions de l'institut monastique à cette époque, ses révolutions intérieures, les changemens survenus dans le régime et la législation des monastères. Il nous reste à examiner leurs révolutions extérieures, leurs rapports d'une part avec l'État, de l'autre avec le clergé, leur situation dans la société civile et dans la société ecclésiastique. Ce sera l'objet de notre prochaine réunion.

QUINZIÈME LEÇON.

Des rapports des moines avec le clergé du IVe au VIIIe siècle. — Leur indépendance primitive. — Son origine. — Causes de son déclin. — 1° A mesure que le nombre et le pouvoir des moines augmentent, les évêques étendent sur eux leur juridiction. — Canons des conciles. — 2° Les moines demandent et obtiennent des privilèges. — 3° Ils aspirent à entrer dans le clergé. — Dissidence et lutte à ce sujet parmi les moines eux-mêmes. — Les évêques repoussent d'abord cette prétention. — Ils y cèdent. — En entrant dans le clergé, les moines perdent leur indépendance. — Tyrannie des évêques sur les monastères. — Résistance des moines. — Chartes concédées par les évêques à quelques monastères. — Les moines recourent à la protection des rois, à celle des papes. — Caractère et limites de cette intervention. — Similitude de la lutte des monastères contre les évêques, et de celle des communes contre les seigneurs féodaux.

Messieurs,

Nous avons étudié le régime intérieur des monastères du IVe au VIIIe siècle; occupons-nous aujourd'hui de leur situation extérieure, dans l'Église en général, de leurs rapports avec le clergé.

De même qu'on s'est trompé sur l'état et le régime intérieur des monastères, en oubliant le caractère primitif des moines, laïques d'abord et non ecclésiastiques, de même on s'est beaucoup trompé sur leur situation dans l'Église, en oubliant leur caractère également primitif, qui était la liberté, l'indépendance.

La fondation d'un grand nombre de monastères appartient à une époque où les moines étaient déjà, et depuis long-temps, incorporés dans le clergé; beaucoup ont été fondés par un patron, laïque ou ecclésiastique, tantôt un évêque, tantôt un roi ou un grand seigneur; et on les voit, dès leur origine, soumis à une autorité à laquelle ils doivent leur existence. On a supposé qu'il en avait toujours été ainsi, que tous les monastères avaient été la création de quelque volonté étrangère et supérieure à celle de la congrégation elle-même, et qui l'avait plus ou moins retenue sous son empire. C'est méconnaître complétement la situation primitive de ces établissemens et le véritable mode de leur formation.

Les premiers monastères n'ont été fondés par

personne, ils se sont fondés eux-mêmes. Ils n'ont point été, comme plus tard, une œuvre pie de quelque homme riche et puissant qui se soit empressé de faire bâtir un édifice, d'y adjoindre une église, de le doter et d'y appeler d'autres hommes pour qu'ils y menassent une vie religieuse. Les associations monastiques se sont formées spontanément, entre égaux, par l'élan des âmes, et sans autre but que d'y satisfaire. Les moines ont précédé le monastère, ses édifices, son église, sa dotation; ils se sont réunis, chacun par sa volonté et pour son compte, sans dépendre de personne au-dehors, aussi libres que désintéressés.

En se réunissant, ils se trouvèrent naturellement placés, dans tout ce qui tenait aux mœurs, aux croyances, aux pratiques religieuses, sous la surveillance des évêques. Le clergé séculier existait avant les monastères; il était organisé, il avait des droits, une autorité reconnue; les moines y furent soumis comme les autres chrétiens. La vie morale et religieuse de tous les fidèles était l'objet de l'inspection et de la censure épiscopale; celle des moines fut dans le même cas : l'évêque n'était investi à leur égard d'aucune juridiction, d'aucune autorité particulière; ils rentraient dans la condition générale des laïques, et vivaient du reste dans une grande indépendance, élisant leurs supérieurs, administrant les biens qu'ils possédaient en commun, sans aucune obligation, sans aucune charge envers personne, se gouvernant eux-mêmes, en un mot, comme il leur convenait.

Leur indépendance et l'analogie de leur situation avec celle des autres laïques était telle que, par exemple, ils n'avaient point d'église particulière, point d'église attachée à leur monastère, point de prêtre qui célébrât, pour eux spécialement, le service divin ; ils allaient à l'église de la cité ou de la paroisse voisine, comme tous les fidèles, réunis à la masse de la population.

C'est là l'état primitif des monastères, le point de départ de leurs rapports avec le clergé. Ils n'y demeurèrent pas long-temps : plusieurs causes concoururent bientôt pour altérer leur indépendance et les lier plus intimement à la corporation ecclésiastique. Essayons de les reconnaître et de marquer les divers degrés de la transition.

Le nombre et la puissance des moines allaient toujours croissant ; quand je dis puissance, c'est influence que je veux dire, action morale sur le public, car de la puissance proprement dite, de la puissance légale, constituée, les moines n'en avaient point ; mais leur influence était de jour en jour plus visible et plus forte. Ils attiraient, à ce titre seul, de la part des évêques, une surveillance plus assidue, plus attentive. Le clergé comprit très-promptement qu'il avait là, ou de redoutables rivaux, ou d'utiles instrumens. Il s'appliqua donc de très-bonne heure à les contenir et à s'en emparer. L'histoire ecclésiastique du Ve siècle atteste les efforts continuels des évêques pour étendre et constituer leur juridiction sur les moines. La surveillance générale qu'ils étaient en droit d'exercer sur tous les fidèles, leur en fournissait mille occasions et mille moyens. La liberté même dont jouissaient les moines s'y prêtait, car elle donnait lieu à beaucoup de désordres; et l'autorité épiscopale était, de toutes, la plus naturellement appelée à intervenir pour les réprimer. Elle intervint donc, et les actes des conciles du Ve siècle abondent en canons qui n'ont d'autre objet que d'affirmer et d'établir la juridiction des évêques sur les monastères. Le plus fondamental est un canon du concile œcuménique tenu à Chalcédoine en 451, et qui porte :

Que ceux qui ont sincèrement et réellement embrassé la vie solitaire soient honorés comme il convient ; mais comme quelques-uns, sous l'apparence et le nom de moines, troublent les affaires civiles et ecclésiastiques, parcourant au hasard les villes, et tentant même d'instituer à eux seuls des monastères, il a plu que personne ne pût bâtir ni fonder un monastère ou un oratoire sans l'aveu de l'évêque de la cité. Que les moines, dans chaque cité ou campagne, soient soumis à l'évêque, se plaisent au repos, ne s'appliquent qu'aux jeûnes et à l'oraison, et demeurent dans le lieu où ils ont renoncé au siècle. Qu'ils ne se mêlent point des affaires ecclésiastiques et civiles, ne s'embarrassent de rien au dehors et ne quittent pas leurs monastères, à moins que, pour quelqu'œuvre nécessaire, cela ne soit ordonné par l'évêque de la cité [1].

Ce texte prouve que, jusque là, la plupart des monastères se fondaient librement, par la seule volonté des moines eux-mêmes; mais ce fait est déjà considéré comme un abus, et l'autorisation de l'évêque est formellement exigée. Sa nécessité devint loi en effet, et je lis dans les canons du concile d'Agde, tenu en 506 :

Nous défendons qu'il soit institué de nouveaux monastères sans la connaissance de l'évêque [2].

En 511, le concile d'Orléans ordonne :

Que les abbés, selon l'humilité qui convient à la vie religieuse, soient soumis à la puissance des évêques; et,

---

[1] Conc. de Chalcédoine en 451, can. 4.
[2] Con. 58.

s'ils font quelque chose contre la règle, qu'ils soient repris par les évêques; et qu'étant convoqués, ils se réunissent une fois l'an dans le lieu que l'évêque aura choisi [1].

Ici l'évêque va plus loin, il se fait le ministre de la règle dans l'intérieur même des monastères; ce n'est pas de lui qu'ils la tiennent; il n'a pas été le pouvoir législatif monastique; mais il prend le droit d'y surveiller l'exécution des lois.

Le même concile ajoute :

Qu'aucun moine, abandonnant, par ambition ou vanité, la congrégation du monastère, n'ose se construire une cellule à part sans la permission de l'évêque, ou l'aveu de son abbé [2].

Nouveau progrès de l'autorité épiscopale : les ermites, les anachorètes, les reclus attiraient, plus que les cénobites, l'admiration et la faveur populaire : les moines les plus ardens étaient toujours disposés à quitter l'intérieur du monastère pour se livrer à ces glorieuses austérités. Assez long-temps aucune autorité n'intervint pour l'empêcher, pas même celle de l'abbé;

---

[1] C. 19.
[2] Ibid. c. 22.

vous voyez ici consacré le pouvoir répressif, non-seulement de l'abbé, mais de l'évêque ; lui aussi se charge de contenir les moines dans l'intérieur de la maison, et de réprimer les effets extérieurs de l'exaltation.

En 553, un nouveau concile d'Orléans décrète :

> Que les abbés qui méprisent les ordres des évêques ne soient point admis à la communion, à moins qu'ils ne renoncent humblement à cette révolte .

Et un an après :

> Que le monastère et la discipline des moines soient sous l'autorité de l'évêque dans le territoire duquel ils sont situés.
>
> Qu'il ne soit point permis aux abbés d'errer loin de leur monastère sans la permission de l'évêque. Que, s'ils l'ont fait, ils soient corrigés régulièrement par leur évêque, selon les anciens canons.
>
> Que les évêques prennent soin des monastères de filles établis dans leur cité ; et qu'il ne soit permis à aucune abbesse de rien faire contre la règle de son monastère .

Quand toutes ces règles eurent été procla-

C. 22.

Conc. d'Orléans en 554 ; c. 1, 2, 5.

mées, quoiqu'elles ne continssent rien de bien précis, quoique la juridiction des évêques n'y fût point, comme vous le voyez, exactement déterminée, cependant elle se trouva établie; elle intervint dans les points principaux de l'existence des moines, dans la fondation des monastères, dans l'observation de leur discipline, dans les devoirs des abbés; et reconnue en principe, quoique souvent repoussée en fait, elle s'affermit en s'exerçant.

Les moines eux-mêmes concoururent à ses progrès. Quand ils eurent acquis beaucoup d'importance, ils prétendirent à une existence séparée : il leur déplut d'être assimilés aux simples laïques et confondus dans la masse des fidèles; ils voulurent être érigés en corporation distincte, en institution positive. L'indépendance et l'influence ne leur suffirent plus, il leur fallut le privilége. Or, de qui pouvaient-ils l'obtenir, sinon du clergé? L'autorisation des évêques pouvait seule les constituer à part de la société religieuse en général, et les privilégier dans son sein. Ils demandèrent ces priviléges et les obtinrent, mais en les payant. Il y en avait, par exemple, un bien simple, celui de ne pas aller à l'église de la paroisse, d'en construire une dans l'intérieur du monastère, et d'y célébrer le service divin. On le leur accorda sans peine : mais il fallait des prêtres pour desservir ces églises ; or, les moines n'étaient pas prêtres, et n'avaient pas droit de célébrer l'office. On leur donna des prêtres, et le clergé extérieur eut dès-lors le pied dans l'intérieur des monastères ; il y envoya des hommes à lui, des délégués, des surveillans. Par ce seul fait, l'indépendance des moines essuyait déjà une grave atteinte ; ils s'en aperçurent, et essayèrent de remédier au mal ; ils demandèrent qu'au lieu de prêtres envoyés du dehors, l'évêque ordonnât prêtres quelques moines. Le clergé y consentit, et sous le nom de *hieromonachi*, les monastères eurent des prêtres choisis dans leur sein. Ils y étaient bien un peu moins étrangers que ceux qui venaient du dehors ; cependant ils appartenaient au clergé séculier, prenaient son esprit, s'associaient à ses intérêts, se séparaient plus ou moins de leurs frères ; et par cette seule distinction établie dans l'intérieur du monastère entre les simples moines et les prêtres, entre ceux qui assistaient aux offices et ceux qui les célébraient, l'institut monastique perdit déjà quelque chose de son indépendance et de son homogénéité.

La perte était si réelle que plus d'un supérieur de monastère, plus d'un abbé s'en apereut, et tenta de la réparer, de la limiter du moins. Les règles de plusieurs ordres monastiques parlent des prêtres établis dans le monastère avec un sentiment de méfiance, et s'appliquent à en restreindre tantôt le nombre, tantôt l'influence. Saint Benoît inséra formellement dans la sienne deux chapitres à ce sujet :

Si un abbé, dit-il, veut faire ordonner pour lui un prêtre ou un diacre, qu'il choisisse parmi les siens quelqu'un qui soit digne de s'acquitter des fonctions sacerdotales. Mais que celui qui sera ordonné se garde de tout orgueil, et qu'il ne prétende rien qui ne lui soit prescrit par l'abbé; qu'il sache qu'il est encore plus assujetti qu'un autre à la discipline régulière; que le sacerdoce ne lui soit pas une occasion d'oublier l'obéissance et la règle; mais que de plus en plus il avance en Dieu; qu'il se tienne toujours à la fonction par où il est entré dans le monastère, sauf les devoirs de l'autel, quand même, par le choix de la congrégation et la volonté de l'abbé, il serait, à cause des mérites de sa vie, porté à un rang plus élevé. Qu'il sache qu'il doit observer la règle établie par les doyens et les prieurs; que s'il ose agir autrement, il soit jugé non comme prêtre, mais comme rebelle. Et si, après avoir été souvent averti, il ne se corrige pas, que l'évêque même soit appelé en témoignage. S'il ne s'amende pas, et que ses fautes soient éclatantes, qu'il soit chassé du monastère, dans le cas cependant où sa révolte serait telle qu'il ne voudrait pas se soumettre ni obéir à la règle [1].

---

[1] *Reg. S. Bened.* c. 62.

Si quelqu'un de l'ordre des prêtres demande à être reçu dans le monastère, qu'on n'y consente pas sur-le-champ; s'il persiste dans sa demande, qu'il sache qu'il sera assujetti à toute la discipline de la règle, et que rien ne lui en soit relâché [1].

Cette crainte un peu jalouse, cette vigilance à réprimer l'orgueil des prêtres, à les assujettir à la vie des moines, se manifestent aussi ailleurs et par d'autres symptômes; elles n'en prouvent que mieux les progrès du clergé extérieur dans l'intérieur des monastères, et le danger qu'il faisait courir à leur ancienne indépendance.

Elle avait à subir un bien autre échec. Non contens d'être séparés de la société laïque, et élevés au-dessus d'elle par leurs priviléges, les moines conçurent bientôt l'ambition d'entrer pleinement dans la société ecclésiastique, de participer aux priviléges et au pouvoir du clergé. Cette ambition se révèle de très-bonne heure dans l'institut monastique. Elle n'était pas approuvée de tous. Les moines exaltés et rigides, ceux dont l'imagination était fortement saisie de la sainteté de la vie monastique et aspirait à toutes ses gloires, répugnaient à recevoir les ordres sacrés.

---

[1] *Ibid.* c. 60.

Les uns regardaient la cléricature comme une vie plus mondaine, qui les détournait de la contemplation des choses divines : les autres se jugeaient indignes de la prêtrise, et ne se trouvaient pas dans un état assez parfait pour célébrer l'office divin. De là naissaient, dans les rapports des moines et du clergé, de singuliers incidens. Au IV° siècle, pendant que saint Épiphane était évêque dans l'île de Chypre, un moine, nommé Paulinien, célèbre par ses vertus, et en grande odeur de sainteté, se trouvait dans l'île. Plusieurs fois on lui avait proposé de le faire prêtre ; il s'y était toujours refusé, disant qu'il en était indigne ; mais saint Épiphane voulait absolument le consacrer. Voici comment il s'y prit ; c'est lui-même qui le raconte :

Pendant qu'on célébrait la messe dans l'église d'un village qui est près de notre monastère, à son insu et lorsqu'il ne s'y attendait aucunement, nous l'avons fait saisir par plusieurs diacres, et nous lui avons fait tenir la bouche, de peur que, voulant s'échapper, il ne nous adjurât par le nom de Christ. Nous l'avons d'abord ordonné diacre, et nous l'avons sommé, par la crainte qu'il avait de Dieu, d'en remplir l'office. Il résistait fortement, soutenant qu'il était indigne. Il a fallu presque le contraindre, car nous avons eu grand'peine à le persuader par les témoignages des Écritures, et en lui alléguant les ordres de Dieu. Et lorsqu'il a eu fait les fonctions de diacre dans le saint sacrifice, nous lui avons de nouveau fait tenir la bouche avec une extrême difficulté ; nous l'avons ordonné prêtre ; et, par les mêmes raisons que nous lui avions déjà fait valoir, nous l'avons décidé à siéger au rang des prêtres [1].

On en venait rarement à de si violentes extrémités ; mais je pourrais citer plusieurs autres exemples de moines qui répugnaient sincèrement à devenir prêtres, et s'y refusaient obstinément.

Telle n'était pas cependant, il s'en fallait bien, leur disposition générale. La plupart avaient grande envie d'entrer dans les ordres, car le clergé était le corps supérieur : c'était s'élever qu'être reçu dans son sein. « Si le désir de deve- » nir clerc te pique, dit saint Jérôme à un moine, » apprends afin de pouvoir enseigner ; ne pré- » tends pas être soldat sans avoir été milicien, » et maître avant d'avoir été disciple [2]. »

Le désir de devenir clerc piquait en effet si vivement les moines, que Cassien le range parmi les tentations dont le démon les poursuit et spécialement parmi celles qu'il attribue au démon de la vaine gloire :

---

[1] St. Épiphane, lettre à Jean, évêque de Jérusalem. T. 2, p. 312.
[2] S. Jérôme, lettre 4, *ad Rusticum*.

Quelquefois, dit-il, le démon de la vaine gloire inspire à un moine le désir des degrés de la cléricature, de la prêtrise ou du diaconat. A l'en croire, s'il en était revêtu malgré lui, il en remplirait les devoirs avec tant de rigueur qu'il pourrait donner des exemples de sainteté même aux autres prêtres, et qu'il gagnerait à l'église beaucoup de gens, non-seulement par sa belle façon de vivre, mais par sa doctrine et ses discours [1].

Et il raconte à ce sujet l'anecdote suivante, singulière preuve, en effet, de la passion avec laquelle certains moines aspiraient à devenir prêtres, et de l'empire que prenait sur leur imagination ce désir :

Je me souviens, dit-il, que pendant mon séjour dans la solitude de Scythie, un vieillard m'a raconté qu'étant allé un jour à la cellule d'un certain frère pour le visiter, comme il approchait de la porte, il l'entendit prononcer au dedans certaines paroles ; il s'arrêta un peu, voulant savoir ce qu'il lisait de l'Écriture, ou bien ce qu'il redisait de mémoire, selon l'usage. Et comme ce pieux espion, l'oreille appliquée à la porte, écoutait curieusement, il s'aperçut que l'esprit de vaine gloire tentait le frère, car il parlait comme s'il adressait, dans l'église, un sermon au peuple. Le vieillard s'arrêta encore, et il entendit que le frère, après avoir fini son sermon, changeait d'office et faisait fonction de diacre à la messe des Catéchumènes. Il frappa enfin à la

---

[1] Cassien, *de Cœnob. inst.* xi, 14.

porte, et le frère vint à sa rencontre avec sa vénération accoutumée, et l'introduisit dans sa cellule. Puis, un peu tourmenté dans sa conscience des pensées qui l'avaient occupé, il lui demanda depuis combien de temps il était là, craignant sans doute de lui avoir fait l'injure de le faire attendre à la porte, et le vieillard lui répondit en souriant: « Je suis arrivé au moment où tu célébrais la messe des » Catéchumènes [1]. »

A coup sûr, des hommes à ce point préoccupés d'un tel désir devaient y sacrifier sans hésiter leur indépendance. Voyons comment ils atteignirent leur but et quels résultats eut pour eux le succès.

Le clergé vit d'abord l'ambition des moines avec assez de jalousie et de méfiance. Dès le IVe siècle, quelques évêques, plus hardis ou plus clairvoyans que d'autres, ou dans quelque dessein particulier, les accueillirent avec faveur. Saint Athanase, par exemple, évêque d'Alexandrie, engagé dans sa grande lutte contre les Ariens, parcourut les monastères d'Égypte, combla les moines de marques de distinction, et en choisit plusieurs pour les ordonner prêtres, et même les faire évêques. Les moines étaient orthodoxes, ardens, populaires. Athanase comprit

---

[1] *Ibid.* c. 15.

qu'il aurait là des alliés puissans et dévoués. Son exemple fut suivi, en Occident, par quelques évêques, notamment par saint Ambroise à Milan, et par Eusèbe, évêque de Verceil. Mais l'épiscopat en général tint une autre conduite ; il continua de traiter froidement, avec méfiance, les prétentions des moines, et de les combattre sous main. Les preuves en sont écrites jusqu'au VII° siècle. A la fin du IV°, par exemple, l'évêque de Rome, saint Sirice (384-398), permet qu'on leur confère les ordres sacrés ; mais il recommande qu'on ne leur remette aucun des intervalles qui doivent les séparer, de peur qu'un trop grand nombre de moines ne pénètrent trop promptement dans le clergé. Au milieu du siècle suivant, saint Léon-le-Grand (440-460) engage Maxime, patriarche d'Antioche, à ne pas donner trop facilement aux moines de son diocèse, même aux plus saints, la permission de prêcher, car leur prédication peut avoir, pour l'empire du clergé, de graves conséquences. A la fin du VI° siècle, saint Grégoire-le-Grand recommande aux évêques de ne prendre que rarement des moines ordonnés pour prêtres de paroisse, et de ne les employer qu'avec réserve. A tout prendre, et au milieu même de la faveur qu'il leur témoigne, l'épiscopat se montre toujours jaloux des moines, et enclin à les écarter du clergé.

Mais le progrès de leur popularité surmonta bientôt cette secrète résistance. Il fut bientôt établi que leur vie était la vie chrétienne par excellence, qu'elle surpassait en mérite celle du clergé extérieur, qu'il n'avait rien de mieux à faire que de les imiter, et qu'un prêtre, ou même un évêque, en se faisant moine, avançait dans les voies de la sainteté et du salut. Les conciles eux-mêmes, composés d'évêques, proclamèrent ces maximes :

> Si des clercs, dit un concile de Tolède, désirant suivre une meilleure vie, veulent embrasser la règle des moines, que l'évêque leur donne libre accès dans les monastères, et ne gêne en rien le dessein de ceux qui veulent se livrer à la contemplation[1].

Quand elles furent généralement reconnues, il n'y eut plus moyen de résister à l'invasion des moines, ni de leur mesurer la prêtrise et l'épiscopat avec parcimonie. Au commencement du VIIe siècle, Boniface IV proclame qu'ils sont *plus quàm idonei*, plus que propres à toutes les fonc-

---

[1] Conc. de Tolède, en 633, c. 60.

tions de la cléricature; et peu à peu, les événemens et les esprits marchant toujours dans ce sens, les moines se trouvèrent incorporés dans le clergé, et tout en conservant une existence distincte, associés, en toute occasion, à ses priviléges et à son pouvoir. Il est impossible de déterminer avec exactitude la date précise de cette admission; elle a été progressive et long-temps incomplète; au VIII° siècle même, les moines sont quelquefois encore appelés laïques, et considérés comme tels. Cependant on peut dire que, vers la fin du VI° et au commencement du VII° siècle, la révolution à laquelle ils avaient travaillé, depuis la fin du IV°, était consommée; ils étaient décidément des clercs. Voyons quels en furent les résultats pour leur situation extérieure, et ce que devinrent les moines dans le clergé, lorsqu'ils en firent décidément partie.

Il est évident qu'ils y durent perdre beaucoup d'indépendance, et que l'autorité des évêques sur les monastères s'étendit et s'affermit nécessairement. Vous savez quel était, du VI° au VIII° siècle, le pouvoir de l'épiscopat sur les prêtres de paroisse. Le sort des moines ne fut pas meilleur. Ces petites associations que nous venons de voir si indépendantes, sur lesquelles les évêques avaient à peine une juridiction morale, qu'ils travaillaient avec tant de soin à attirer sous leur empire, voici comment, dès le VII° siècle, elles étaient traitées ; je laisse parler les conciles eux-mêmes :

Il a été annoncé au présent concile que les moines, par l'ordre des évêques, étaient assujettis à des travaux serviles, et que, contre les instituts canoniques, les droits des monastères étaient usurpés avec une témérité illégitime; de telle sorte qu'un monastère devenait presque un domaine, et que cette illustre partie du corps de Christ était presque réduite à l'ignominie et à la servitude. Nous avertissons donc les chefs des églises qu'ils ne commettent plus rien de semblable; et que les évêques ne fassent dans les monastères que ce que leur prescrivent les canons, c'est-à-dire exhorter les moines à une vie sainte, instituer les abbés et autres officiers, et réformer les choses qui seraient contre la règle [1]....

Quant aux présens qui sont faits à un monastère, que les évêques n'y touchent point [2]....

Une chose déplorable a lieu, que nous sommes forcés d'extirper par une censure sévère. Nous avons appris que certains évêques... établissent injustement prélats dans certains monastères... quelques-uns de leurs parens ou de leurs favoris... et leur procurent des avantages iniques, afin de se faire donner ensuite par eux, soit ce qui est en effet régulièrement dû à l'évêque du diocèse, soit tout ce

---

[1] Conc. de Tolède, en 633, c. 51.
[2] Conc. de Lérida, en 524, c. 3.

que peut ravir au monastère la violence de l'exacteur qu'ils ont envoyé [1].

Je pourrais multiplier beaucoup ces citations : toutes attesteraient également que les monastères subissaient à cette époque, de la part des évêques, une odieuse tyrannie.

Ils avaient cependant des moyens de résistance, et en firent usage. Pour en bien expliquer la nature, permettez-moi de laisser-là un moment les moines, et d'appeler votre attention sur un fait analogue, et beaucoup plus connu.

Personne n'ignore que, du VIIIe au Xe siècle, les villes qui subsistaient encore dans la Gaule, grandes ou petites, furent amenées à entrer dans la société féodale, à revêtir tous les caractères de ce régime nouveau, à prendre place dans sa hiérarchie, à en contracter les obligations pour en posséder les droits, à vivre sous le patronage d'un seigneur. Ce patronage était dur, déréglé, et les villes en supportaient impatiemment le poids. De très-bonne heure, dès qu'elles furent engagées dans la féodalité, elles essayèrent de le secouer, de ressaisir quelque indépendance. Quels furent leurs moyens ? Il y avait, dans les

---

[1] Concile de Tolède, en 655, c. 3.

communes, des débris de l'ancien régime municipal : dans leur condition misérable, elles choisissaient encore quelques obscurs magistrats : quelques propriétés leur restaient ; elles les administraient elles-mêmes : elles conservaient, en un mot, à certains égards, une existence distincte de celle qu'elles avaient revêtue en entrant dans la société féodale, une existence qui se rattachait à des institutions, à des principes, à un état social tout différens. Ces restes de leur ancienne existence, ces débris du régime municipal devinrent le point d'appui à l'aide duquel les communes luttèrent contre le maître féodal qui les avait envahies, et ressaisirent progressivement quelque liberté.

Un fait analogue s'est accompli dans l'histoire des monastères et de leurs rapports avec le clergé. Vous venez de voir les moines entrant dans la société ecclésiastique, et tombant sous l'autorité des évêques, comme les communes entrèrent plus tard dans la société féodale, et tombèrent sous l'autorité des seigneurs. Mais les moines conservèrent aussi quelque chose de leur existence primitive, de leur indépendance originaire ; on leur avait donné, par exemple, des domaines : ces domaines ne furent point confondus avec ceux de l'évêque, dans le diocèse duquel le monastère était situé; ils n'allèrent pas se perdre dans cette masse commune des biens de l'Église dont l'évêque avait seul l'administration : ils demeurèrent la propriété distincte et personnelle de chaque établissement. Les moines continuèrent aussi d'exercer quelques-uns de leurs droits, l'élection de leur abbé et des autres officiers monastiques, l'administration intérieure du monastère, etc. De même donc que les communes retinrent quelques débris du régime municipal et de leurs propriétés, et s'en servirent pour lutter contre la tyrannie féodale, de même les moines retinrent quelques débris de leur constitution intérieure et de leurs biens, et s'en servirent pour lutter contre la tyrannie épiscopale. En sorte que les communes ont marché dans la route et sur les pas des monastères; non qu'elles les aient imités, mais parce que la même situation a amené les mêmes résultats.

Suivons dans ses vicissitudes la résistance des moines contre les évêques ; vous verrez se développer de plus en plus cette analogie.

La lutte se borna d'abord à des plaintes, à des réclamations portées, soit à l'évêque lui-même, soit aux conciles. Quelquefois les conciles les accueillaient et rendaient des canons pour faire cesser le mal : je vous ai lu tout à l'heure des textes qui le prouvent. Mais un remède écrit est peu efficace. Les moines sentirent la nécessité de recourir à quelque autre moyen. Ils résistèrent ouvertement à leur évêque; ils refusèrent d'obéir à ses injonctions, de le recevoir dans le monastère; plus d'une fois ils repoussèrent à main armée ses envoyés. Cependant la résistance leur pesait, l'évêque les excommuniait, interdisait leurs prêtres : la lutte était fâcheuse pour tous. On traita. Les moines promirent de rentrer dans l'ordre, de faire quelques présens à l'évêque, de lui céder quelque part de domaine, s'il voulait s'engager à respecter désormais le monastère, à ne point piller leurs biens, à les laisser jouir en paix de leurs droits. L'évêque y consentit, et donna au monastère une charte. Ce sont de vraies chartes que ces immunités, ces priviléges, conférés à certains monastères par leurs évêques, et dont l'usage devint si fréquent qu'on en trouve la rédaction officielle dans les *Formules* de Marculf. Je vais vous la lire; vous serez frappés du caractère de ces actes :

»Au saint Seigneur et vénérable frère en Christ, l'abbé un tel, ou à toute la congrégation d'un tel monastère, bâti en tel et tel lieu, par un tel, en l'honneur de tels saints; un tel, évêque. L'amour que nous vous portons nous a

poussé, par l'inspiration divine, à régler pour votre repos
des choses qui nous assurent une récompense éternelle, et
sans nous écarter du droit chemin, ni franchir aucune
limite, à établir des règles qui obtiennent, par l'aide du
Seigneur, une éternelle durée, car on ne s'assure pas une
moindre récompense de Dieu en s'appliquant à ce qui doit
se passer dans les temps à venir, qu'en donnant, dans le
temps présent, des secours aux pauvres....... Nous croyons
devoir insérer dans cette feuille ce que vous et vos successeurs devez faire avec l'assistance du Saint-Esprit, ou plutôt ce à quoi est tenu l'évêque de la sainte église lui-même ;
savoir : que ceux de votre congrégation qui doivent exercer dans votre monastère les saints ministères, quand ils
seront présentés par l'abbé et toute la congrégation, reçoivent de nous ou de nos successeurs les ordres sacrés,
sans que, pour cet honneur, il soit perçu aucun don : que
l'évêque susdit, par respect pour le lieu et sans en recevoir
aucun prix, bénisse l'autel du monastère et accorde, si on
le lui demande, le saint chrême chaque année ; et lorsque,
par la volonté divine, un abbé aura passé du monastère à
Dieu, que l'évêque du lieu élève, sans en attendre de récompense, au rang d'abbé, le moine remarquable par les
mérites de sa vie qu'il saura avoir été choisi dans son sein,
et suivant la règle, et unanimement par toute la congrégation des moines. Que nos successeurs, évêques ou archi-
diacres, ou tous autres administrateurs, ou quelque personne que ce puisse être de la susdite cité, ne s'arrogent
aucune autre puissance sur ledit monastère, ni dans l'ordination des personnes, ni sur les biens, ni sur les métairies
déjà données ou qui seront données dans la suite par le roi,
ou par des particuliers. Qu'ils n'osent pas non plus pré-

tendre ou extorquer, à titre de présent, quelque chose dudit monastère, ainsi que des autres monastères et des paroisses; qu'ils ne s'emparent point de ce qui a été donné ou le sera dans la suite par des hommes craignant Dieu, soit que cela ait été offert sur l'autel, ou que ce soit des livres sacrés, ni de rien de ce qui concerne la splendeur du culte divin. Et qu'à moins d'être prié, par la congrégation ou l'abbé, d'y venir faire la prière, aucun de nous n'entre dans l'intérieur du monastère et n'en franchisse l'enceinte. Et si, après en avoir été prié par les moines, l'évêque est venu pour faire la prière ou leur être utile en quelque chose, qu'après la célébration des saints mystères, et après avoir reçu de simples et courts remercîmens, il songe à regagner sa demeure sans avoir besoin d'en être requis par personne; de telle sorte que les moines qui sont tenus pour des solitaires, puissent, sous la conduite de Dieu, passer le temps dans un repos parfait, et que vivant sous une règle sainte, et imitant les saints Pères, ils puissent plus complètement implorer Dieu pour le bien de l'Eglise et le salut de la patrie. Et si quelques moines de cet ordre se conduisent avec tiédeur et autrement qu'il ne faut, qu'ils soient, s'il le faut, corrigés selon la règle, par leur abbé; sinon, l'évêque de la ville doit les contraindre pour que rien ne soit enlevé à l'autorité canonique qui fait le repos des serviteurs de la foi. Si quelqu'un de nos successeurs, ce qu'à Dieu ne plaise, rempli de perfidie et poussé par la cupidité, voulait, dans un esprit de témérité, violer les choses ci-dessus contenues, qu'abattu sous le coup de la vengeance divine, il soit soumis à l'anathême, et sache qu'il est exclu pour trois ans de la communion des frères; et que ce privilége n'en soit pas moins éternellement inébranlable. Pour que cette constitution demeure toujours en vigueur, nous et nos frères les seigneurs évêques, avons voulu la corroborer par nos signatures.

Fait en tel lieu, tel jour de telle année [1].

Quand nous arriverons à l'histoire des communes, vous verrez que les chartes qu'elles arrachèrent à leurs seigneurs semblent souvent calquées sur ce modèle.

Il arriva aux monastères ce qui devait arriver aussi aux communes; leurs priviléges étaient sans cesse violés ou abolis. Ils furent obligés de recourir à une garantie supérieure; ils invoquèrent celle du roi : un prétexte naturel se présenta ; les rois fondaient des monastères, et en les fondant, ils prenaient quelques précautions pour les mettre à l'abri de la tyrannie des évêques; ils les gardaient sous leur protection spéciale; ils interdisaient à l'évêque toute usurpation des biens ou des droits des moines. Ainsi prit naissance l'intervention de la royauté dans les rapports des monastères et du clergé. Les monastères même que les rois n'avaient pas fondés eurent recours à eux, et obtinrent leur protection, soit à prix d'argent, soit autrement. Les rois n'atten-

---

[1] Marculf, l. 1, form. 1.

taient aucunement à la juridiction des évêques; on ne leur contestait aucun de leurs droits religieux; la garantie portait presque exclusivement sur les biens monastiques. Elle fut quelquefois efficace; aussi les évêques mirent-ils tout en œuvre pour l'éluder; souvent ils refusèrent de reconnaître les lettres de protection et d'immunité accordées par le roi; quelquefois ils les falsifièrent, et par l'entremise de quelque agent, de quelque traître, les firent interpoler, ou même enlever des archives des monastères. Pour en exploiter plus librement les richesses, ils s'avisèrent enfin d'un autre expédient: ils s'en nommèrent eux-mêmes abbés : une porte leur était ouverte pour ce nouvel empiètement; beaucoup de moines étaient devenus évêques, et en général évêques du diocèse où était situé leur monastère ; ils y avaient donc conservé des relations, des partisans, et la charge d'abbé venant à vaquer, il leur fut plus facile de s'en emparer. Evêques ainsi et abbés à la fois, ils se livraient sans contrainte à tous les abus. L'oppression et la dilapidation des monastères allaient toujours croissant ; les moines cherchèrent un nouveau protecteur; ils s'adressèrent au pape. Le pouvoir de la papauté s'était affermi et étendu; elle saisissait volontiers les occasions de l'étendre encore ; elle intervint comme la royauté était intervenue, dans les mêmes limites, au moins pendant long-temps, sans porter atteinte à la juridiction spirituelle des évêques, sans leur retrancher aucun droit, uniquement pour réprimer leurs violences sur les biens, les personnes, et pour maintenir les règles monastiques. Les priviléges accordés par les papes, à certains monastères de la Gaule-Franque, jusqu'au commencement du VIII° siècle, ne vont pas plus loin ; ils ne les dégagent point de la juridiction épiscopale pour les transférer sous la juridiction papale. Le monastère de Fulde fut le premier au sujet duquel eut lieu cette translation, et elle s'opéra de l'aveu de l'évêque du diocèse, saint Boniface, qui plaça lui-même le monastère sous l'autorité directe du Saint-Siége. On ne rencontre jusques-là aucun exemple semblable, et les papes et les rois n'interviennent que pour faire rentrer les évêques dans les limites de leurs justes droits.

Telles furent, Messieurs, les vicissitudes par lesquelles passèrent, durant cet intervalle, les associations monastiques dans leurs rapports avec le clergé. Leur état primitif est l'indépendance ; elles en perdent quelque chose du moment où elles sollicitent et reçoivent du clergé quelques priviléges. Ces priviléges excitent leur ambition :

les moines veulent entrer dans la corporation ecclésiastique; ils y entrent, et se trouvent dès-lors, comme les prêtres, soumis à l'autorité mal définie et mal limitée des évêques. Les évêques abusent; les monastères résistent : à la faveur des débris de leur indépendance primitive, ils obtiennent des garanties, des chartes. Ces chartes sont peu respectées; ils ont recours à l'autorité civile, à la royauté, qui confirme les chartes et les prend sous sa protection. La protection royale ne suffit pas; les moines s'adressent à la papauté, qui intervient à un autre titre, mais sans un succès plus décisif. C'est dans cet état de lutte, entre la protection des rois et des papes et la tyrannie des évêques, que nous laissons les monastères au milieu du VIII° siècle. Sous la race des Carlovingiens, ils eurent à subir des secousses encore plus fatales, et dont ils ne se relevèrent que par de bien plus grands efforts. Nous en parlerons à cette époque. Dans celle qui nous occupe, l'analogie de l'histoire des monastères avec celle des communes, qui éclata deux siècles plus tard, est le fait important à remarquer.

Nous voilà, Messieurs, au terme de l'histoire de la civilisation sociale du VI° siècle au milieu du VIII°. Nous avons parcouru les révolutions de la société civile et de la société religieuse, considérées l'une et l'autre dans leurs divers élémens. Nous avons encore à étudier, durant la même époque, l'histoire de la civilisation purement intellectuelle, morale, les idées qui ont préoccupé les hommes, les ouvrages qu'elles ont produits, en un mot, l'histoire philosophique et littéraire de la France; nous y entrerons samedi prochain.

SEIZIÈME LEÇON.

Du VI⁰ au VIII⁰ siècle, toute littérature profane disparaît ; la littérature sacrée reste seule. — Cela est évident dans les écoles et dans les écrits de cette époque.— 1° Des écoles en Gaule du VI⁰ au VIII⁰ siècle. — Écoles cathédrales. — Écoles de campagne. — Écoles monastiques. — Ce qu'on y enseignait. — 2° Des écrits. — Caractère général de la littérature. — Elle cesse d'être spéculative et de rechercher surtout la science ou les jouissances intellectuelles ; elle devient pratique ; le savoir, l'éloquence, les écrits, sont des moyens d'action. — Influence de ce caractère sur l'idée qu'on s'est formée de l'état intellectuel de cette époque. — Elle n'a produit presque point d'ouvrages ; elle n'a point de littérature proprement dite ; cependant les esprits ont été actifs. — Sa littérature consiste en sermons et en légendes. — Évêques et missionnaires. — 1° De saint Césaire, évêque d'Arles. — De ses sermons. — 2° De saint Colomban, missionnaire et abbé de Luxeuil. — Caractère de l'éloquence sacrée à cette époque.

Messieurs,

En étudiant l'état intellectuel de la Gaule aux IV⁰ et V⁰ siècles[1], nous y avons trouvé deux litté-

---

Leçon 4°, T. 1, p. 137—173.

ratures; l'une sacrée, l'autre profane. La distinction se marquait dans les personnes et dans les choses ; des laïques et des ecclésiastiques étudiaient, méditaient, écrivaient; et ils étudiaient, ils écrivaient, ils méditaient sur des sujets laïques et sur des sujets religieux. La littérature sacrée dominait de plus en plus; mais elle n'était pas seule; la littérature profane vivait encore.

Du VIe au VIIIe siècle, il n'y a plus de littérature profane ; la littérature sacrée est seule ; les clercs seuls étudient ou écrivent; et ils n'étudient, ils n'écrivent plus, sauf quelques exceptions rares, que sur des sujets religieux. Le caractère général de l'époque est la concentration du développement intellectuel dans la sphère religieuse. Le fait est évident, soit qu'on regarde à l'état des écoles qui subsistaient encore, ou aux ouvrages qui sont parvenus jusqu'à nous.

Le IVe et le Ve siècles, vous vous le rappelez, ne manquaient point d'écoles civiles, de professeurs civils, institués par le pouvoir temporel, et enseignant les sciences profanes. Toutes ces grandes écoles de la Gaule, dont je vous ai indiqué l'organisation et les noms, étaient de cette nature. Je vous ai même fait remarquer qu'il n'y avait encore point d'écoles ecclésiastiques, et que les doctrines religieuses, de jour en jour plus puissantes sur les esprits, n'étaient point régulièrement enseignées, n'avaient point d'organe légal et officiel. Vers la fin du VI° siècle, tout est changé : il n'y a plus d'écoles civiles; les écoles ecclésiastiques subsistent seules. Ces grandes écoles municipales de Trèves, de Poitiers, de Vienne, de Bordeaux, etc., ont disparu; à leur place se sont élevées les écoles dites cathédrales ou épiscopales, parce que chaque siége épiscopal avait la sienne. L'école cathédrale n'est pas toujours la seule; on trouve dans certains diocèses quelques autres écoles d'origine et de nature incertaine, débris peut-être de quelque ancienne école civile qui s'est perpétuée en se métamorphosant. Dans le diocèse de Rheims, par exemple, subsistait l'école de Mouzon, assez éloignée du chef-lieu du diocèse, et fort accréditée, quoique Rheims eût une école cathédrale. Le clergé commence aussi, vers la même époque, à créer dans les campagnes d'autres écoles, également ecclésiastiques, et destinées à former de jeunes lecteurs qui deviendront un jour des clercs. En 529, le concile de Vaison recommande fortement la propagation des écoles de campagnes; elles se multiplièrent en effet fort irrégulièrement, assez nombreuses dans certains diocèses, presque nulles dans d'autres. Enfin il y avait des écoles dans les grands monastères : les exercices intellectuels y étaient de deux sortes : quelques-uns des moines les plus distingués donnaient un enseignement direct soit aux membres de la congrégation, soit aux jeunes gens qu'on y faisait élever ; c'était de plus l'usage d'un grand nombre de monastères, qu'après les lectures auxquelles les moines étaient tenus, ils eussent entre eux des conférences sur ce qui en avait fait l'objet ; et ces conférences devenaient un puissant moyen de développement intellectuel et d'enseignement.

Les écoles épiscopales les plus florissantes du VIe siècle au milieu du VIIIe furent celles de :

1° *Poitiers.* Il y avait plusieurs écoles dans les monastères du diocèse, à Poitiers même, à Ligugé, à Ansion, etc.
2° *Paris.*
3° *Le Mans.*
4° *Bourges.*
5° *Clermont.* Il y avait dans la ville une autre école, où l'on enseignait le Code théodosien, circonstance remarquable, et que je ne retrouve pas ailleurs.
6° *Vienne.*

7° *Châlons-sur-Saône.*
8° *Arles.*
9° *Gap.*

Les écoles monastiques les plus florissantes à la même époque étaient celles de :

1° *Luxeuil*, en Franche-Comté.
2° *Fontenelle* ou *Saint-Vandrille*, en Normandie ; on y vit jusqu'à 300 étudians.
3° *Sithiu*, en Normandie.
4° *Saint-Médard*, à Soissons.
5° *Lérins*.

Il serait aisé d'étendre cette liste ; mais la prospérité des écoles monastiques était sujette à de grandes vicissitudes ; elles brillaient sous un abbé distingué, et dépérissaient sous son successeur.

Dans les monastères de filles même, l'étude tenait assez de place ; celui que saint Césaire avait fondé à Arles réunissait, au commencement du VIe siècle, deux cents religieuses, la plupart occupées à copier des livres, soit des ouvrages religieux, soit peut-être même quelques ouvrages des anciens.

La métamorphose des écoles civiles en écoles

ecclésiastiques était donc complète. Voyons ce qu'on y enseignait. Nous y retrouverons bien les noms de quelques-unes des sciences professées autrefois dans les écoles civiles, la rhétorique, la dialectique, la grammaire, la géométrie, l'astrologie, etc.; mais évidemment, elles ne sont plus enseignées que dans leurs rapports avec la théologie. Celle-ci est le fond de l'enseignement : tout se tourne en commentaire des livres sacrés, commentaire historique, philosophique, allégorique, moral. On ne veut former que des clercs; toutes les études, quel que soit leur objet, se dirigent vers ce résultat.

Quelquefois même on va plus loin : on repousse les sciences profanes en elles-mêmes, quel qu'en puisse être l'emploi. A la fin du VIe siècle, saint Dizier, évêque de Vienne, enseignait la grammaire dans son école cathédrale. Saint Grégoire le Grand l'en blâme vivement. Il ne faut pas, lui écrit-il, qu'une bouche, consacrée aux louanges de Dieu, s'ouvre pour celles de Jupiter. Je ne sais trop ce que les louanges de Dieu ou de Jupiter pouvaient avoir à démêler avec la grammaire; mais ce qui est évident, c'est le décri des études profanes, même cultivées par des clercs.

Le même fait éclate, et plus hautement encore, dans la littérature écrite. Plus de méditations philosophiques, plus de jurisprudence savante, plus de critique littéraire; sauf quelques chroniques et quelques poëmes de circonstance, dont je parlerai plus tard, il ne nous est resté de ce temps que des ouvrages religieux. L'activité intellectuelle n'y apparaît que sous cette forme, ne se déploie que dans cette direction.

Une révolution plus importante encore, et moins aperçue, s'y manifeste; non-seulement la littérature devient toute religieuse; mais, même religieuse, elle cesse d'être littéraire; il n'y a plus de littérature proprement dite. Dans les beaux temps de la Grèce et de Rome, et en Gaule jusqu'à la chute de l'empire Romain, on étudiait, on écrivait pour le seul plaisir d'étudier, de savoir, pour se procurer, à soi-même et aux autres, les jouissances intellectuelles. L'influence des lettres sur la société, sur la vie réelle, n'était qu'indirecte; elle n'était point le but immédiat des écrivains; en un mot, la science, la littérature étaient essentiellement désintéressées, vouées à la recherche du vrai et du beau, satisfaites de le trouver, d'en jouir, et ne prétendant à rien de plus.

A l'époque qui nous occupe, il en est tout autrement; on n'étudie plus pour savoir, on n'écrit plus pour écrire. Les écrits, les études, prennent un caractère et un but pratique. Quiconque s'y livre aspire à agir immédiatement sur les hommes, à régler leurs actions, à gouverner leur vie, à convertir ceux qui ne croyent pas, à réformer ceux qui croyent et ne pratiquent pas. La science et l'éloquence sont des moyens d'action, de gouvernement. Il n'y a plus de littérature désintéressée, plus de littérature véritable. Le caractère purement spéculatif de la philosophie, de la poésie, des lettres, des arts, a disparu; ce n'est plus le beau qu'on cherche; quand on le rencontre, on s'en sert plus qu'on n'en jouit; l'application positive, l'influence sur les hommes, l'autorité, c'est-là le but, le triomphe de tous les travaux de l'esprit, de tout le développement intellectuel.

C'est pour n'avoir pas bien saisi ce caractère de cette époque, qu'on s'en est fait, je crois, une fausse idée. On n'y a vu presque point d'ouvrages, point de littérature proprement dite, point d'activité intellectuelle désintéressée, distincte de la vie positive. On en a conclu, et vous avez sûrement entendu dire, vous pouvez lire partout que c'était un temps d'apathie et de stérilité morale, un temps livré à la lutte désordonnée des forces matérielles, où l'intelligence était sans développement et sans pouvoir.

Il n'en est rien, Messieurs; sans doute il n'est resté de ce temps ni philosophie, ni poésie, ni littérature proprement dite; mais ce n'est pas à dire qu'il n'y eût point d'activité intellectuelle. Il y en avait au contraire beaucoup : seulement elle ne se produisait pas sous les formes qu'elle a revêtues à d'autres époques; elle n'aboutissait pas aux mêmes résultats. C'était une activité toute d'application, de circonstance, qui ne s'adressait point à l'avenir, qui n'avait nul dessein de lui léguer des monumens littéraires propres à le charmer ou à l'instruire; le présent, ses besoins, sa destinée, les intérêts et la vie des contemporains, c'était là le cercle où se renfermait, où s'épuisait la littérature de cette époque. Elle produisait peu de livres, et pourtant elle était féconde et puissante sur les esprits.

Aussi est-on fort étonné quand, après avoir entendu dire et pensé soi-même que ce temps avait été stérile et sans activité intellectuelle, on y découvre, en y regardant de plus près, un monde, pour ainsi dire, d'écrits; peu considérables, il est vrai, et souvent peu remarquables, mais qui, par leur nombre et l'ardeur qui y règne, attestent un mouvement d'esprit et une fécondité assez rares. Ce sont des sermons, des instructions, des exhortations, des homélies, des conférences sur les matières religieuses. Jamais aucune révolution politique, jamais la liberté de la presse n'a produit plus de pamphlets. Les trois quarts, que dis-je? les 99/100es peut-être de ces petits ouvrages ont été perdus; destinés à agir au moment même, presque tous improvisés, rarement recueillis par leurs auteurs ou par d'autres, ils ne sont point parvenus jusqu'à nous; et cependant il nous en reste un nombre prodigieux; ils forment une véritable et riche littérature.

On peut ranger les sermons, homélies, instructions, etc., de cette époque, sous quatre classes. Les uns sont des explications, des commentaires sur les livres saints. Un intérêt passionné s'attachait à ces monumens de la foi commune: on y voyait partout des intentions, des allusions, des leçons, des exemples; on en cherchait le sens caché, le sens moral, la volonté ou l'allégorie. Les esprits les plus élevés, les plus subtils, trouvaient là de quoi s'exercer sans relâche; et le peuple accueillait avec avidité ces applications de livres qui avaient tout son respect aux intérêts actuels de sa conduite et de sa vie.

Les sermons de la seconde classe se rapportent à l'histoire primitive du christianisme, aux fêtes, aux solennités qui en consacrent les grands évènemens, comme la naissance de Jésus-Christ, sa passion, sa résurrection, etc.

La troisième classe comprend les sermons composés pour les fêtes des saints et des martyrs, espèce de panégyriques religieux, quelquefois purement historiques, quelquefois tournés en exhortations morales.

Enfin la quatrième classe est celle des sermons destinés à appliquer les croyances chrétiennes à la pratique de la vie, c'est-à-dire des sermons de morale religieuse.

Je n'ai nulle intention de vous retenir long-temps dans cette littérature. Pour la connaître réellement, pour mesurer le degré de développement qu'y a pris l'esprit humain et apprécier l'influence qu'elle a pu exercer sur les hommes, il faudrait une longue étude, souvent fastidieuse, quoique pleine de résultats. Le nombre de ces compositions passe toute idée; il nous reste de saint Augustin seul 394 sermons; et il en avait prêché beaucoup d'autres dont nous n'avons que des fragmens, et beaucoup d'autres qui ont été tout-à-faits perdus. Je me bornerai à choisir deux des hommes qu'on peut considérer comme les représentans les plus fidèles de l'activité intellectuelle de cette époque, et à mettre sous vos yeux quelques fragmens de leur éloquence.

Il y avait deux classes de prédicateurs, les évêques et les missionnaires. Les évêques, dans leur ville cathédrale, où ils résidaient presque constamment, prêchaient plusieurs fois par semaine, quelques-uns même tous les jours. Les missionnaires, la plupart moines, parcouraient le pays, prêchant, soit dans les églises, soit même dans les lieux publics, au milieu du peuple attroupé.

Le plus illustre des évêques de l'époque qui nous occupe fut saint Césaire, évêque d'Arles. Le plus illustre des missionnaires fut saint Colomban, abbé de Luxeuil. J'essaierai de vous donner une idée de leur vie et de leur prédication.

Saint Césaire naquit à la fin du Ve siècle, en 470, à Châlons-sur-Saône, d'une famille considérable, et déjà célèbre pour sa piété. Dès son enfance, ses dispositions, soit intellectuelles, soit religieuses, attirèrent l'attention de l'évêque de Châlons, saint Silvestre, qui le tonsura en 488, et le voua à la vie ecclésiastique. Il y débuta dans l'abbaye de Lérins, où il passa plusieurs années, se livrant à de grandes austérités, et souvent chargé de la prédication et de l'enseignement intérieur du monastère. Sa santé en souffrit; l'abbé de Lérins l'envoya à Arles pour se rétablir, et en 501, aux acclamations du peuple, il en devint évêque.

Il occupa le siége d'Arles pendant quarante-et-un ans, de 501 à 542, et fut, durant tout cet intervalle, le plus illustre et le plus influent des évêques de la Gaule méridionale. Il présida et dirigea les principaux conciles de cette époque, les conciles d'Agde en 506, d'Arles en 524, de Carpentras en 527, d'Orange en 529, tous les conciles où furent traitées les grandes questions de doctrine et de discipline du temps, entr'autres celle du semi-pélagianisme. Il paraît même que son activité n'était pas étrangère à la politique. Il fut exilé deux fois de son diocèse, en 505 par Alaric, roi des Visigoths, et en 513 par Théodoric, roi des Ostrogoths, parce que, disait-on, il voulait livrer la Provence, et notamment la ville d'Arles, au roi des Bourguignons, sous l'empire duquel il était né. Que l'accusation fût ou non fondée, saint Césaire fut très-promptement rendu à son diocèse qui le réclamait avec passion.

Sa prédication y était puissante, et l'une des principales sources de sa renommée. Il nous reste de lui environ cent trente sermons, nombre bien inférieur à ce qu'il en a prêché. On pourrait les distribuer dans les quatre classes que je viens d'indiquer; et par une circonstance qui fait honneur à saint Césaire, les sermons de doctrine ou de morale religieuse sont plus nombreux que les allégories mystiques ou les panégyriques de saints. C'est parmi ceux-là que je prendrai quelques passages propres à vous faire connaître ce genre de littérature et d'éloquence[1].

Dans un sermon intitulé : *Avertissement aux fidèles pour qu'ils lisent les divines écritures*, saint Césaire les presse de ne pas s'adonner uniquement à leurs affaires temporelles, de veiller sur leur âme, de s'en occuper avec sollicitude :

> Le soin de notre âme, mes très-chers frères, dit-il, ressemble fort à la culture de la terre : de même que, dans une terre, on arrache certaines choses afin d'en semer d'autres qui seront bonnes, de même en doit-il être pour notre âme : que ce qui est mauvais soit déraciné, ce qui est bon planté..... que la superbe soit arrachée, et l'humilité mise à sa place; que l'avarice soit rejetée, et la miséricorde cultivée....., Personne ne peut planter de bonnes choses dans sa terre s'il ne l'a débarrassée des mauvaises; ainsi tu ne pourras planter dans ton âme les saints germes des vertus si tu n'en as d'abord arraché les épines et les chardons des vices. Dis-moi, je t'en prie, toi qui disais tout à l'heure que tu ne pouvais accomplir les commandemens de Dieu parce que tu ne sais pas lire, dis-moi

---

[1] La plupart des sermons de saint Césaire ont été insérés dans un appendice aux sermons de saint Augustin, à la fin du T. v de ses *Œuvres*, in-fol., 1683.

qui t'a enseigné de quelle façon tailler ta vigne, à quelle époque en planter une nouvelle? qui te l'a appris? Ou tu l'as vu, ou tu l'as entendu dire, ou tu as interrogé d'habiles cultivateurs. Puisque tu es si occupé de ta vigne, pourquoi donc ne l'es-tu pas de ton âme? Faites attention, je vous en prie, mes frères, il y a deux sortes de champs : l'une est à Dieu, l'autre à l'homme : tu as ton domaine, Dieu a le sien : ton domaine, c'est ta terre; le domaine de Dieu, c'est ton âme : est-il donc juste de cultiver ton domaine et de négliger celui de Dieu? Lorsque tu vois ta terre en bon état, tu te réjouis; pourquoi donc ne pleures-tu pas en voyant ton âme en friche? Nous n'avons que peu de jours à vivre en ce monde sur les fruits de notre terre : tournons donc notre plus grande application à notre âme..... travaillons-la de toutes nos forces, avec l'aide de Dieu, afin que lorsqu'il voudra venir à son champ, qui est notre âme, il le trouve cultivé, arrangé, en bon ordre, qu'il y trouve des moissons, non des épines, du vin, non du vinaigre, et plus de froment que d'ivraie [1].

Les comparaisons empruntées à la vie commune, les antithèses familières frappent singulièrement l'imagination du peuple; et saint Césaire en fait un grand usage. Il veut recommander aux fidèles de se comporter décemment à l'église, d'éviter toute distraction, de prier avec recueillement :

Quoiqu'en beaucoup de sujets, mes très-chers frères,

---

[1] *S. Aug. op.*, t. V, col. 509-510.

dit-il, nous ayons souvent à nous réjouir de vos progrès dans la voie du salut, il y a cependant certaines choses dont nous devons vous avertir, et je vous prie d'accueillir volontiers, selon votre usage, nos observations. Je me réjouis et je rends grâces à Dieu de ce que je vous vois accourir fidèlement à l'église pour entendre les lectures divines ; mais si vous voulez compléter votre succès et notre joie, venez-y de meilleure heure : vous le voyez, les tailleurs, les orfèvres, les forgerons se lèvent de bonne heure afin de pourvoir aux besoins du corps ; et nous, nous ne pourrions pas aller avant le jour à l'église pour y solliciter le pardon de nos péchés ?.... Venez donc de bonne heure, je vous en prie..... et une fois arrivés, tâchons, avec l'aide de Dieu, qu'aucune pensée étrangère ne se glisse au milieu de nos prières, de peur que nous n'ayons autre chose sur les lèvres, autre chose dans le cœur, et que, pendant que notre langue s'adresse à Dieu, notre esprit n'aille s'égarer sur toutes sortes de sujets..... Si tu voulais soutenir auprès de quelque homme puissant quelque affaire importante pour toi, et que tout-à-coup, te détournant de lui et interrompant la conversation, tu t'occupasses de je ne sais quelles puérilités, quelle injure ne lui ferais-tu pas ? quelle ne serait pas contre toi sa colère ? Si donc, lorsque nous nous entretenons avec un homme, nous mettons tous nos soins à ne point penser à autre chose de peur de l'offenser, n'avons-nous pas honte, lorsque nous nous entretenons avec Dieu par la prière, lorsque nous avons à défendre devant sa majesté si sainte les misères de nos péchés, n'avons-nous pas honte de laisser notre esprit errer çà et là, et se détourner de sa face divine ?... Tout homme, mes frères, prend pour son Dieu ce qui absorbe sa pensée au moment de la prière, et semble l'adorer comme son seigneur..... Celui-ci, tout en priant, pense à la place publique; c'est la place publique qu'il adore; celui-là a devant les yeux la maison qu'il construit ou répare; il adore ce qu'il a devant les yeux; un autre pense à sa vigne, un autre à son jardin..... Que sera-ce si la pensée qui nous occupe est une mauvaise pensée, une pensée illégitime ? Si au milieu de notre prière nous laissons notre esprit se porter sur la cupidité, la colère, la haine, la luxure, l'adultère.....? Je vous en conjure donc, mes frères chéris; si vous ne pouvez éviter complètement ces distractions de l'âme, travaillons de notre mieux et avec l'aide de Dieu pour n'y succomber que le plus tard qu'il se pourra[1].

Même en traitant des sujets plus élevés, en adressant à son peuple des conseils plus graves, le ton de la prédication de saint Césaire est toujours simple, pratique, étranger à toute intention littéraire, uniquement destiné à agir sur l'âme des auditeurs. Il veut provoquer en eux cette ardeur aux bonnes œuvres, ce zèle actif qui poursuit le bien sans relâche :

Beaucoup de gens, mes très-chers frères, dit-il, pensent qu'il leur suffit pour la vie éternelle de n'avoir pas fait de mal : s'il s'en trouve par hasard qui s'abusent par cette fausse tranquillité, qu'ils sachent positivement qu'il ne suffit

---

[1] *S. Aug. op.*, t. V, col. 471-473.

à aucun chrétien d'avoir seulement évité le mal, s'il n'a pas accompli, autant qu'il était en son pouvoir, les choses qui sont bonnes; car celui qui dit : *éloigne-toi du mal* nous dit aussi : *fais le bien*.

Celui qui croit qu'il lui suffit de n'avoir pas fait de mal, quoiqu'il n'ait pas fait de bien, qu'il me dise s'il voudrait de son serviteur ce qu'il fait pour son seigneur : y a-t-il quelqu'un qui veuille que son serviteur ne fasse ni bien ni mal? Nous exigeons tous que nos serviteurs non-seulement ne fassent pas le mal que nous leur interdisons, mais encore qu'ils s'acquittent des travaux que nous leur imposons. Ton serviteur serait plus gravement coupable s'il te dérobait ton bétail, cependant il n'est pas exempt de faute s'il ne le garde qu'avec négligence. Il n'est pas juste que nous soyons envers Dieu comme nous ne voulons pas que nos serviteurs soient envers nous.....

Ceux qui croient qu'il leur suffit de n'avoir pas fait de mal ont coutume de dire : « Plût à Dieu que je méritasse d'être trouvé à l'heure de la mort tel que je suis sorti du sacrement de baptême! » Sans doute il est bon à chacun d'être trouvé pur de fautes au jour du jugement, mais c'en est une grave de n'avoir point avancé dans le bien. Il suffit d'être tel qu'il est sorti du sacrement de baptême à celui-là seul qui est sorti de ce monde aussitôt après avoir reçu le baptême; il n'a pas eu le temps de s'exercer aux bonnes œuvres; mais celui qui a eu le temps de vivre et est devenu d'âge à faire le bien, il ne lui suffira point d'être exempt de fautes, s'il a voulu aussi être exempt de bonnes œuvres. Je voudrais que celui qui désire être trouvé tel à la mort qu'il était lorsqu'il a reçu le sacrement du baptême, me dît si, lorsqu'il a planté une nouvelle vigne, il voudrait qu'au bout de dix ans elle fût telle que le jour où il l'a plantée. S'il a greffé un plant d'oliviers, lui conviendrait-il qu'il fût au bout de plusieurs années tel que le jour où il l'a greffé? s'il lui est né un fils, qu'il regarde s'il voudrait qu'après cinq ans il fût au même âge et de la même taille qu'au jour de sa naissance. Puisque donc il n'y a personne à qui cela convînt pour les choses qui sont à lui, de même qu'il se plaindrait si sa vigne, son plant d'oliviers et son fils ne faisaient aucun progrès, qu'il se plaigne lui-même s'il voit qu'il n'a fait aucun progrès depuis le moment où il est né en Christ [1].

Et ailleurs, dans un sermon sur la charité :

Ce n'est pas sans raison, vous le comprenez bien, que je vous entretiens si souvent de la vraie et parfaite charité. Je le fais, parce que je ne connais aucun remède si salubre ni si efficace pour les blessures des pécheurs. Ajoutons que, quelque puissant que soit ce remède, il n'y a personne qui avec l'aide de Dieu ne puisse se le procurer. Pour les autres bonnes œuvres, on peut trouver quelque excuse; il n'y en a point pour le devoir de la charité : quelqu'un peut me dire : « je ne puis pas jeûner; » qui peut me dire : « je ne puis pas aimer? On peut dire : « à cause » de la faiblesse de mon corps, je ne puis pas m'abstenir de » viandes et de vin : » Qui peut me dire : « je ne puis pas » aimer mes ennemis, ni pardonner à ceux qui m'ont of- » fensé? » Que personne ne se fasse illusion, M. T. C. F., car personne ne trompe Dieu.... Il y a beaucoup de choses

---

[1] S. Aug. Op. T. v, col. 131-132.

que nous ne pouvons tirer de notre grenier ou de notre cellier; mais il serait honteux de dire qu'il y a quelque chose que nous ne pouvons tirer du trésor de notre cœur; car ici nos pieds ne se lassent point à courir, nos yeux à regarder, nos oreilles à entendre, nos mains à travailler : nous ne pouvons alléguer aucune fatigue pour excuse ; on ne nous dit point : « Allez à l'Orient pour y chercher la » charité, naviguez vers l'Occident et rapportez-en l'affec- » tion. » C'est en nous-mêmes et dans nos cœurs qu'on nous ordonne de rentrer; c'est là que nous trouverons tout.....

Mais, dit quelqu'un : je ne puis en aucune façon aimer mes ennemis. Dieu te dit dans les écritures que tu le peux; toi, tu réponds que tu ne le peux pas : regarde maintenant, qui faut-il croire de Dieu ou de toi?.... Quoi donc? tant d'hommes, tant de femmes, tant d'enfans, tant et de si délicates jeunes filles ont supporté d'un cœur ferme, pour l'amour du Christ, les flammes, le glaive, les bêtes féroces; et nous ne pouvons supporter les outrages de quelques insensés ! et pour quelques petits maux que nous a faits la méchanceté de quelques hommes, nous poursuivons contre eux, jusqu'à leur mort, la vengeance de nos injures ! En vérité, je ne sais de quel front et avec quelle conscience nous osons prétendre à partager avec les saints la béatitude éternelle, nous qui ne savons pas suivre leur exemple, même dans les moindres choses[1].

Ceci, vous le voyez, n'est pas dépourvu de verve; le sentiment en est vif, le tour pittoresque; nous touchons presque à l'éloquence.

---

[1] *Aug. Op. T.* v, col. 451-452.

Voici un passage qui fait bien plus que d'y toucher. Il est douteux que le sermon auquel je l'emprunte soit de saint Césaire ; il contient quelques imitations presque textuelles des Pères orientaux, notamment d'Eusèbe et de saint Grégoire : mais peu importe ; il est, à coup sûr, de quelque prédicateur du temps, et le caractérise aussi bien que ce que je viens de citer. Il a été prêché le jour de Pâques ; il célèbre la descente de Jésus-Christ aux enfers, et sa résurrection :

Voilà, dit le prédicateur, vous avez entendu ce qu'a fait de son plein gré notre défenseur, le Seigneur des vengeances. Lorsque pareil à un conquérant, il atteignit brillant et terrible les contrées du royaume des ténèbres, à sa vue, les légions impies de l'enfer, effrayées et tremblantes, commencèrent à s'interroger en disant : « Quel
» est ce terrible qui est resplendissant d'une blancheur de
» neige ? jamais notre Tartare n'a reçu son pareil ; jamais le
» monde n'a vomi dans notre caverne quelqu'un de sem-
» blable à lui ; c'est un envahisseur, non un débiteur ; il
» exige et ne demande pas ; nous voyons un juge, non un
» suppliant ; il vient pour ordonner, non pour succomber,
» pour ravir, non pour demeurer. Nos portiers dormaient-
» ils lorsque ce triomphateur a attaqué nos portes ? S'il
» était pécheur, il ne serait pas si puissant ; si quelque
» faute le souillait, il n'illuminerait pas d'un tel éclat
» notre Tartare. S'il est dieu, pourquoi est-il venu ? s'il est
» homme, comment l'a-t-il osé ? s'il est dieu, que fait-il
» dans le sépulcre ? s'il est homme, pourquoi délivre-t-il les

» pécheurs?..... D'où vient-il, si brillant, si fort, si écla-
» tant, si terrible?.... Qui est-il, qu'il franchisse avec tant
» d'intrépidité nos frontières, et que non-seulement il ne
» craigne pas nos supplices, mais qu'il délivre les autres de
» nos chaînes? Ne serait-ce pas par hasard celui dont notre
» prince disait dernièrement que, par sa mort, nous rece-
» vrions l'empire sur tout l'univers? Mais si c'est lui, l'es-
» poir de notre prince l'a abusé; lorsqu'il croyait vaincre,
» il a été vaincu et renversé. O notre prince...... qu'as-tu
» fait, qu'as-tu voulu faire? Voilà que celui-ci, par son éclat,
» a dissipé tes ténèbres, il a brisé tes cachots, rompu tes
» chaînes, délivré tes captifs et changé leur deuil en joie.
» Voilà que ceux qui étaient habitués à gémir sous nos tour-
» mens, nous insultent à cause du salut qu'ils ont reçu;
» et non-seulement ils ne nous craignent plus, mais encore
» ils nous menacent. Avait-on vu jusqu'à présent les morts
» s'enorgueillir, les captifs se réjouir? Pourquoi as-tu voulu
» amener ici celui dont la venue rappelle à la joie ceux qui
» naguères étaient désespérés? On n'entend plus aucun de
» leurs cris accoutumés, aucun de leurs gémissemens ne
» retentit!.... ¹ »

Certes, Messieurs, quand vous trouveriez dans le *Paradis Perdu* un tel passage, vous n'en seriez pas étonnés, et ce discours n'est pas indigne de l'Enfer de Milton.

Il n'est pas, du reste, et c'est une bonne raison pour ne pas le lui attribuer, dans le ton habituel

---

¹ *S. Aug. Op.*, T. v, col. 283—284.

de la prédication de S. Césaire. Elle est en général plus simple, moins ardente; elle s'adresse aux incidens communs de la vie, aux sentimens naturels de l'âme. Il y règne une bonté douce, bien plus, une intimité véritable avec la population à laquelle le prédicateur s'adresse; non-seulement il parle à ses auditeurs un langage à leur portée, le langage qu'il croit le plus propre à agir sur eux; mais il s'inquiète de l'effet de ses paroles; il voudrait leur enlever tout ce qu'elles peuvent avoir de blessant, d'amer : il réclame en quelque sorte indulgence pour sa sévérité :

Quand je fais ces réflexions, je crains qu'il ne s'en trouve qui s'irritent plutôt contre nous que contre eux-mêmes : notre discours est offert à votre charité comme un miroir : et ainsi qu'une matrone, lorsqu'elle regarde son miroir, corrige sur sa personne ce qu'elle y voit de défectueux, et ne brise pas le miroir, de même, lorsque quelqu'un de vous aura reconnu sa difformité dans un discours, il est juste qu'il se corrige plutôt que de s'irriter contre le prédicateur, comme contre un miroir. Ceux qui reçoivent quelque blessure sont plus disposés à la soigner qu'à s'irriter contre les remèdes : que personne donc ne s'irrite contre les remèdes spirituels; que chacun reçoive non-seulement patiemment, mais encore de bon cœur, ce qui lui est dit de bon cœur : il est bien connu que celui-là s'éloigne déjà du mal, qui reçoit de bon cœur une correction salutaire : celui à qui ses défauts déplaisent, commence à prendre goût à ce qui est bon, et autant il s'éloigne des vices, autant il s'approche des vertus[1].

Il poussait même la sollicitude jusqu'à vouloir que ses auditeurs l'interrogeassent et entrassent en conversation avec lui :

C'était pour lui une très-grande joie, disent ses biographes, lorsque quelqu'un le provoquait à expliquer quelque point obscur; et lui-même nous y excitait fréquemment en nous disant : « Je sais que vous ne comprenez pas tout ce » que nous disons; pourquoi ne nous interrogez-vous pas » afin de pouvoir l'entendre ? Les vaches ne courent pas » toujours au-devant des veaux; souvent aussi les veaux » accourent aux vaches, afin d'apaiser leur faim aux ma- » melles de leur mère. Vous devez agir absolument de » même, afin qu'en nous interrogeant, vous nous poussiez » à chercher le moyen d'exprimer pour vous le miel spiri- » tuel[2]. »

On aurait peine à comprendre qu'un tel langage n'exerçât pas sur la masse du peuple beaucoup d'influence; celle de saint Césaire était grande en effet, et tout atteste que peu d'évêques possédaient comme lui l'âme de leurs auditeurs.

Je passe à une prédication d'une autre nature,

---

[1] *S. Aug. Op.*, T. v, col. 480.
[2] *Vita S. Cæsarii*, c. 30 ; c. dans les *Acta sanct. ord. S. Bened*, t. 1, p. 667.

moins régulière, moins sage, mais non moins puissante, à celle des missionnaires. J'ai nommé saint Colomban comme le type de cette classe d'hommes. Il était né en 540, non en Gaule, mais en Irlande, dans le pays de Leinster; il fit ses études ecclésiastiques, et devint moine dans le monastère de Benchor, situé au nord de l'Irlande, dans l'Ulster. Ce qu'il avait à faire comme moine, et en Irlande, ne suffit pas à son activité; et en 585, déjà âgé de quarante-cinq ans, il passa en France avec douze moines de son monastère, dans le seul but de la parcourir et d'y prêcher. Il prêcha en effet, en voyageant de l'ouest à l'est, avec un succès prodigieux, attirant partout le concours du peuple et l'attention des grands. Peu après son arrivée en Bourgogne le roi Gontran le conjura d'y rester. Il s'établit au milieu des montagnes des Vosges, et y fonda un monastère. Au bout de très-peu de temps, en 590, le nombre croissant de ses disciples et l'affluence du peuple le forcèrent de chercher un lieu plus vaste et plus accessible; il descendit au pied des montagnes, et y fonda le monastère de Luxeuil, qui devint bientôt très-considérable. Les succès de saint Colomban étaient moins paisibles que ceux de saint Césaire: ils étaient accompagnés de résistance et de trouble : il prêchait la réforme des mœurs, le zèle de la foi, sans tenir compte d'aucune considération, d'aucune circonstance, se brouillant avec les princes, avec les évêques, jetant de tous côtés le feu divin, sans s'inquiéter de l'incendie. Aussi son influence, qu'il exerçait à très-bonne intention, était incertaine, inégale, et sans cesse troublée. En 602, il se prit de querelle avec les évêques des environs, sur le jour de la célébration de la Pâque, et ne voulant se plier en rien aux usages locaux, il s'en fit des ennemis. Vers 609, un violent orage s'éleva contre lui à la cour du roi de Bourgogne, Théodoric II, et avec son énergie accoutumée, il aima mieux abandonner son monastère que faiblir un moment. Frédégaire nous a conservé avec détail le récit de ce débat; permettez-moi de vous le lire en entier, le caractère et la situation du missionnaire y sont fortement empreints.

La quatorzième année du règne de Théodoric, la réputation de saint Colomban s'était accrue dans les cités et dans toutes les provinces de la Gaule et de la Germanie. Il était tellement célébré et vénéré de tous, que le roi Théodoric se rendait souvent auprès de lui à Luxeuil pour lui demander avec humilité la faveur de ses prières. Comme il y allait très-souvent, l'homme de Dieu commença à le tancer, lui demandant pourquoi il se livrait à l'adultère avec des concubines, plutôt que de jouir des douceurs d'un mariage légitime, de telle sorte que la race royale sortît d'une honorable reine, et non pas d'un mauvais lieu. Comme déjà le roi obéissait à la parole de l'homme de Dieu et promettait de s'abstenir de toutes choses illicites, le vieux serpent se glissa dans l'âme de son aïeule Brunehault, qui était une seconde Jézabel, et l'excita contre le saint de Dieu par l'aiguillon de l'orgueil. Voyant Théodoric obéir à l'homme de Dieu, elle craignit que si son fils, méprisant les concubines, mettait une reine à la tête de la cour, elle ne se vît retrancher par là une partie de sa dignité et de ses honneurs. Il arriva qu'un certain jour Colomban se rendit auprès de Brunehault, qui était alors dans le domaine de Bourcheresse [1]. La reine l'ayant vu venir dans la cour, amena au saint de Dieu les fils que Théodoric avait eus de ses adultères. Les ayant vus, le saint demanda ce qu'ils lui voulaient. Brunehault lui dit : « Ce sont les fils du roi, donne-leur la faveur de ta bénédiction. » Colomban lui dit : « Sachez qu'ils ne porteront jamais le sceptre royal, car ils sont sortis de mauvais lieux. » Elle, furieuse, ordonna aux enfans de se retirer. L'homme de Dieu étant sorti de la cour de la reine, au moment où il passait le seuil, un bruit terrible se fit entendre, mais ne put réprimer la fureur de cette misérable femme, qui se prépara à lui tendre des embûches..... Colomban voyant la colère royale soulevée contre lui se rendit promptement à la cour pour réprimer par ses avertissemens cet indigne acharnement. Le roi était alors à Époisse, sa maison de campagne. Colomban y étant arrivé au soleil couchant, on annonça au roi que l'homme de Dieu était là, et qu'il ne voulait pas entrer

---

[1] Entre Châlons et Autun.

dans la maison du roi. Alors Théodoric dit qu'il valait mieux honorer à propos l'homme de Dieu que de provoquer la colère du Seigneur en offensant un de ses serviteurs; il ordonna donc à ses gens de préparer toutes choses avec une pompe royale, et d'aller au-devant du serviteur de Dieu. Ils coururent donc, et, selon l'ordre du roi, offrirent leurs présens. Colomban voyant qu'ils lui présentaient des mets et des coupes avec la pompe royale, leur demanda ce qu'ils voulaient. Ils lui dirent : « C'est ce que t'envoie » le roi. » Mais les repoussant avec malédiction, il répondit : « Il est écrit: Le Très-Haut réprouve les dons des impies; » il n'est pas digne que les lèvres des serviteurs de Dieu » soient souillées de ses mets, celui qui leur interdit l'entrée, » non-seulement de sa demeure, mais de celle des autres. » A ces mots, les vases furent mis en pièces, le vin et la bière répandus sur la terre, et toutes les autres choses jetées çà et là. Les serviteurs, épouvantés, allèrent annoncer au roi ce qui arrivait. Celui-ci, saisi de frayeur, se rendit, au point du jour, avec son aïeule auprès de l'homme de Dieu; ils le supplièrent de leur pardonner ce qui avait été fait, promettant de se corriger par la suite. Colomban apaisé retourna au monastère : mais ils n'observèrent pas longtemps leurs promesses; leurs misérables péchés recommencèrent, et le roi se livra à ses adultères accoutumés. A cette nouvelle, Colomban lui envoya une lettre pleine de reproches, le menaçant de l'excommunier s'il ne voulait pas se corriger. Brunehault, de nouveau irritée, excita l'esprit du roi contre Colomban, et s'efforça à le perdre de tout son pouvoir; elle pria tous les seigneurs et tous les grands de la cour d'animer le roi contre l'homme de Dieu; elle osa solliciter aussi les évêques, afin qu'é-

levant des soupçons sur sa religion, ils accusassent la
règle qu'il avait imposée à ses moines. Les courtisans,
obéissant aux discours de cette misérable reine, exci-
tèrent l'esprit du roi contre le saint de Dieu, l'engageant
à le faire venir pour prouver sa religion. Le roi, entraîné, alla trouver l'homme de Dieu à Luxeuil, et lui
demanda pourquoi il s'écartait des coutumes des autres
évêques, et aussi pourquoi l'intérieur du monastère n'é-
tait pas ouvert à tous les chrétiens. Colomban, d'un
esprit fier et plein de courage, répondit au roi qu'il
n'avait pas coutume d'ouvrir l'entrée de l'habitation des
serviteurs de Dieu à des hommes séculiers et étrangers à
la religion, mais qu'il avait des endroits préparés et destinés à recevoir tous les hôtes. Le roi lui dit : « Si tu désires
» t'acquérir les dons de notre largesse et le secours de notre
» protection, tu permettras à tout le monde l'entrée de tous
» les lieux du monastère. » L'homme de Dieu répondit :
« Si tu veux violer ce qui a été jusqu'à présent soumis à la
» rigueur de nos règles, sache que je me refuserai à tes dons
» et à tous tes secours ; et si tu es venu ici pour détruire les
» retraites des serviteurs de Dieu et renverser les règles de la
» discipline, sache que ton empire s'écroulera de fond en
» comble, et que tu périras avec toute la race royale ; » ce que
l'évènement confirma dans la suite. Déjà, d'un pas téméraire,
le roi avait pénétré dans le réfectoire ; épouvanté de ces paroles, il retourna promptement dehors. Il fut ensuite assailli
des vifs reproches de l'homme de Dieu, à qui Théodoric dit :
« Tu espères que je te donnerai la couronne du martyre ;
» sache que je ne suis pas assez fou pour faire un si grand
» crime ; reviens à des conseils plus prudens qui te vau-
» dront beaucoup d'avantages, et que celui qui a renoncé

» aux mœurs de tous les hommes séculiers, rentre dans la » voie qu'il a quittée. » Les courtisans s'écrièrent tous d'une même voix, qu'ils ne voulaient pas souffrir dans ces lieux un homme qui ne faisait pas société avec tous. Mais Colomban dit qu'il ne sortirait pas de l'enceinte du monastère à moins d'en être arraché par force. Le roi s'éloigna donc, laissant un certain seigneur, nommé Bandulf, qui chassa aussitôt le saint de Dieu du monastère, et le conduisit en exil à la ville de Besançon, jusqu'à ce que le roi décidât par une sentence ce qui lui plairait.

La lutte se prolongea quelque temps; le missionnaire fut enfin forcé de quitter la Bourgogne. Théodoric le fit conduire jusqu'à Nantes, où il essaya de s'embarquer pour retourner en Irlande; une circonstance inconnue, dont ses biographes ont fait un miracle, l'empêcha de passer la mer; il reprit la route des pays de l'est, et alla s'établir dans les États de Théodebert, frère de Théodoric, en Suisse, sur les bords du lac de Zurich, puis du lac de Constance, et enfin du lac de Genève. De nouveaux troubles le chassèrent encore de ce séjour; il passa en Italie, et y fonda, en 612, le monastère de Bobbio, où il mourut, le 21 novembre 615, objet de la vénération de tous les peuples au milieu desquels il avait promené son orageuse activité.

Elle est empreinte dans son éloquence : peu de

monumens nous en sont restés; une prédication pareille était bien plus improvisée, bien plus fugitive que celle d'un évêque. Nous n'avons, de saint Colomban, que la règle qu'il avait instituée pour son monastère, quelques lettres, quelques fragmens poétiques, et seize *instructions* qui sont des sermons véritables, prêchés soit pendant quelque mission, soit dans l'intérieur de son monastère. Le caractère en est tout autre que celui des sermons de saint Césaire; il y a beaucoup moins d'esprit, de raison, une intelligence bien moins fine et variée de la nature humaine et des diverses situations de la vie, bien moins de soin à modeler l'enseignement religieux sur le besoin et la capacité des auditeurs. Mais en revanche, l'élan de l'imagination, la fougue de la piété, la rigueur dans l'application des principes, la guerre déclarée à toute espèce d'accommodement vain ou hypocrite, y donnent à la parole de l'orateur cette autorité passionnée qui ne réforme pas toujours et sûrement l'âme de ses auditeurs, mais qui les domine et dispose souverainement, quelque temps du moins, de leur conduite et de leur vie. Je n'en citerai qu'un passage, d'autant plus remarquable qu'on s'attend moins à le rencontrer là. C'était le temps où les jeûnes, les macérations, les austérités de tout genre se multipliaient dans l'intérieur des monastères, et saint Colomban les recommandait comme un autre; mais dans la sincérité de son enthousiasme, il s'aperçut bientôt que ce n'était pas là de la sainteté ni de la foi, et il attaqua le mensonge des rigueurs monastiques, comme il avait attaqué la lâcheté des mollesses mondaines :

Ne croyons pas, dit-il, qu'il nous suffise de fatiguer de jeûnes et de veilles la poussière de notre corps, si nous ne réformons aussi nos mœurs..... Macérer la chair, si l'âme ne fructifie pas, c'est labourer sans cesse la terre et ne lui point faire porter de moisson; c'est construire une statue d'or en dehors, de boue en dedans. Que sert d'aller faire la guerre loin de la place, si l'intérieur est en proie à la ruine? Que dire de l'homme qui fossoie sa vigne tout à l'entour, et la laisse en dedans pleine de ronces et de buissons?..... Une religion toute de gestes et de mouvemens du corps est vaine; la souffrance du corps seule est vaine; le soin que prend l'homme de son extérieur est vain, s'il ne surveille et ne soigne aussi son âme. La vraie piété réside dans l'humilité non du corps, mais du cœur. A quoi bon ces combats que livre aux passions le serviteur, quand elles vivent en paix avec le maître?..... Il ne suffit pas non plus d'entendre parler des vertus et de les lire..... Est-ce avec des paroles seules qu'un homme nettoie sa maison de souillures? est-ce sans travail et sans sueurs qu'on peut accomplir une œuvre de tous les jours?..... Ceignez-vous donc, et ne cessez pas de combattre; nul n'obtient la couronne s'il n'a vaillamment combattu [1].

On ne rencontre pas, dans les *instructions* de saint Colomban, beaucoup de passages aussi simples que celui-là. L'emportement de l'imagination s'y mêle presque toujours à la subtilité de l'esprit; cependant le fond en est souvent énergique et original.

Comparez, je vous prie, Messieurs, cette éloquence sacrée du VIe siècle à l'éloquence de la chaire moderne, même dans ses plus beaux jours, au XVIIe siècle, par exemple. Je disais tout à l'heure que, du VIe au VIIIe siècle, le caractère de la littérature avait été de cesser d'être une littérature, qu'elle était devenue une action, une puissance, qu'en écrivant, en parlant, on ne s'inquiétait que des résultats positifs, immédiats; qu'on ne recherchait ni la science, ni les plaisirs intellectuels, et que par cette cause l'époque n'avait guère produit que des sermons, ou des ouvrages analogues. Ce fait, qui se révèle dans la littérature en général, est empreint dans les sermons eux-mêmes. Ouvrez ceux des temps modernes, ils ont un

---

[1] S. *Colomban. instr.* 2. *Bibl patr.*, t. 12, p. 10.

caractère évidemment plus littéraire que pratique; l'orateur aspire beaucoup plus à la beauté du langage, à la satisfaction intellectuelle des auditeurs, qu'à agir sur le fond de leur âme, à produire des effets réels, de véritables réformes, des conversions efficaces. Rien de semblable, rien de littéraire dans les sermons dont je viens de vous entretenir; aucune préoccupation de bien parler, de combiner avec art les images, les idées; l'orateur va au fait : il veut agir; il tourne et retourne dans le même cercle; il ne craint pas les répétitions, la familiarité, la vulgarité même; il parle brièvement, mais il recommence tous les matins. Ceci n'est point de l'éloquence sacrée, c'est de la puissance religieuse.

Il y avait à cette époque une littérature qu'on n'a pas remarquée, littérature véritable, essentiellement désintéressée, qui n'avait guère d'autre but que de procurer au public un plaisir intellectuel, moral; je veux parler des vies des saints, des légendes. On ne les a point fait entrer dans l'histoire littéraire de cette époque; elles en sont pourtant la vraie, la seule littérature, car ce sont les seuls ouvrages qui eussent les plaisirs de l'imagination pour objet. Après la guerre de Troie, il se trouva presque dans chaque ville de la Grèce des poètes qui recueillirent les traditions, les aventures des héros, et en firent le divertissement du peuple, un divertissement national. A l'époque qui nous occupe, les vies des saints ont joué le même rôle pour les chrétiens. Il y a eu des hommes qui se sont occupés à les recueillir, à les écrire, et à les raconter pour l'édification, sans doute, mais surtout pour le plaisir intellectuel des chrétiens. C'est là la littérature proprement dite de ce temps. Je vous en entretiendrai dans notre prochaine réunion, ainsi que de quelques monumens de littérature profane qu'on y rencontre également.

DIX-SEPTIÈME LEÇON.

Préface des Puritains de Walter Scott. — Robert Patterson. — Préface de la vie de saint Marcellin, évêque d'Embrun, écrite au commencement du VIe siècle. — Saint Céran, évêque de Paris. — Ardeur des chrétiens de ce temps à recueillir les traditions et les monumens de la vie des saints et des martyrs. — Statistique de cette branche de la littérature sacrée. — Collection des Bollandistes. — Causes du nombre et de la popularité des légendes. — Elles satisfont presque seules, à cette époque, 1° aux besoins de la nature morale de l'homme; — Exemples : — Vie de saint Bavon, — de saint Wandrégisile, — de saint Valery. — 2° Aux besoins de la nature sensible ; — Exemples : — Vie de saint Germain de Paris, — de saint Wandrégisile, — de sainte Rusticule, — de saint Sulpice de Bourges. — 3° Aux besoins de l'imagination ; — Exemples : — Vie de saint Seine, — de saint Austrégisile. — Défauts et mérites littéraires des légendes.

MESSIEURS,

En tête des *Puritains* de Walter Scott, est une préface que les traducteurs français ont

omise, je ne sais pourquoi, et dont j'extrais les
détails suivans :

Les tombes des martyrs puritains, répandues en grand
nombre, surtout dans quelques comtés de l'Ecosse, sont
encore pour leurs partisans des objets de respect et de
dévotion. Il y a soixante ans qu'un habitant du comté
de Dumfries, nommé Robert Patterson, et descendant, à
ce que l'on a cru, d'une des victimes de la persécution,
quitta sa maison et son petit héritage pour se consacrer à
l'entretien de ces modestes tombeaux... Il parvenait à les
découvrir dans les lieux les plus cachés, dans les montagnes et les rochers où se réfugiaient les Puritains insur-
gés, et où, surpris souvent par les troupes, ils périssaient
les armes à la main, ou bien étaient fusillés après le combat. Il dégageait la pierre funéraire de la mousse qui l'a-
vait couverte, renouvelait l'inscription à-demi effacée où
les pieux amis du mort avaient exprimé, en style de l'Écriture, et les joies célestes qui l'attendaient, et les malédictions qui devaient à jamais poursuivre ses meurtriers.
Tous les ans il visitait toutes les tombes ; nulle saison ne
l'arrêtait; il ne mendiait point et n'en avait pas besoin ;
l'hospitalité lui était assurée dans les familles des martyrs
et des zélateurs de la secte. Il continua pendant près de
trente ans ce pénible pélerinage ; et il n'y a guères plus de
vingt-cinq ans qu'on le trouva épuisé de fatigue et rendant
les derniers soupirs sur le grand chemin, près de Loc-
kerby ; à côté de lui était son vieux cheval blanc, le compagnon de ses travaux. On se souvient encore de Robert
Patterson dans plusieurs parties de l'Écosse ; et le peuple,
ignorant son vrai nom, l'y désignait, d'après l'emploi au-

quel il avait consacré sa vie, sous celui de *Old Mortality*,
(l'homme des morts des anciens temps).

Je remonte du XVIII° siècle au VI°, et je lis
en tête de la *Vie* de saint Marcellin, évêque
d'Embrun, ce petit prologue :

Par les largesses du Christ, les combats des illustres
martyrs et les louanges des bienheureux confesseurs ont
rempli le monde à ce point que presque chaque ville peut
se glorifier d'avoir pour patrons des martyrs nés dans son
sein. De-là il arrive que, plus on écrit et répand quelle
inestimable récompense ils ont reçue de leurs vertus, plus
s'accroît la reconnaissance des fidèles. Aussi je prends mon
plaisir à rechercher partout les palmes de ces glorieux
champions, et en voyageant dans ce dessein, je suis arrivé
à la cité d'Embrun. Là, j'ai trouvé qu'un homme, depuis
long-temps déjà endormi dans le Seigneur, fait maintenant
d'insignes miracles... J'ai demandé curieusement quelle
avait été, dans son enfance, la façon de vivre de ce saint
homme, quelle était sa patrie, par quelles preuves et
quelles merveilles de vertu il s'était élevé à la charge su-
blime de pontife, et tous m'ont déclaré d'une seule voix
ce que je laisse ici écrit. Des hommes même dont l'âge
s'est prolongé bien tard, et dont quelques-uns ont atteint
quatre-vingt dix et jusqu'à cent ans, m'ont donné sur le
saint pontife des réponses unanimes... Je veux donc transmettre aux siècles futurs sa mémoire, quoique je sente ma
faiblesse succomber sous un tel fardeau.[1]

---

[1] *Vie de saint Marcellin*, dans les *Acta Sanctorum* des Bollandistes,
20 avril, t. 2, p. 750.

Voilà le Robert Patterson du VI° siècle; cet anonyme faisait, pour les héros chrétiens de cette époque, les mêmes voyages, et remplissait presque le même office qu'*Old Mortality* pour les martyrs du puritanisme écossais. C'était un goût, un besoin général de ce temps que de rechercher toutes les traditions, tous les monumens des martyrs et des saints, et de les transmettre à la postérité. Saint Céraune ou Céran, évêque de Paris au commencement du VII° siècle, voua également sa vie à cette tâche. Il écrivait à tous les clercs qu'il supposait instruits des traditions pieuses de leur contrée, les priant de les recueillir pour lui; nous savons entre autres qu'il s'adressa à un clerc du diocèse de Langres, nommé Warnachar, et que celui-ci lui envoya les actes de trois saints jumeaux, Speusippe, Éleusippe et Méleusippe, martyrisés, dit-on, dans ce diocèse peu après le milieu du II° siècle, et de saint Didier, évêque de Langres, qui subit le même sort environ cent ans plus tard. Il serait facile de trouver dans l'histoire du christianisme, du IV° au X° siècle, beaucoup de faits analogues.

Ainsi se sont amassés les matériaux de la collection commencée en 1643 par Bolland, jésuite belge, continuée depuis par beaucoup d'autres savans, et connue sous le nom de *Recueil des Hollandistes*. Tous les monumens relatifs à la vie des saints y sont recueillis et classés par mois et par jour. L'entreprise fut interrompue en 1794 par la révolution de la Belgique ; aussi le travail n'est-il terminé que pour les neuf premiers mois de l'année et les quatorze premiers jours du mois d'octobre. La fin d'octobre et les mois de novembre et de décembre manquent ; mais les matériaux en étaient préparés; on les a retrouvés et on ne tardera pas, dit-on, à les publier.

Dans son état actuel, ce recueil contient 53 volumes in-folio dont voici la distribution :

  Janvier, 2 volumes.
  Février, 3
  Mars, 3
  Avril, 3
  Mai, 8
  Juin, 7
  Juillet, 7
  Août, 6
  Septembre, 8
  Octobre, 6 (jusqu'au quatorzième jour.)

Voulez-vous avoir une idée du nombre de vies de saints, longues ou succinctes, contemporaines ou non, qui remplissent ces 53 volumes? Voici le tableau, jour par jour, de celles du mois d'avril :

1ᵉʳ avril.	40 saints.
2	41
3	26
4	26
5	20
6	55
7	35
8	25
9	39
10	30
11	39
12	141
13	39
14	46
15	41
16	81
17	42
18	46
19	38
20	57
21	24
22	62
23	42

24 74
25 30
26 48
27 56
28 45
29 58
30 126
           ─────
           1472

Je n'ai pas fait ce dépouillement sur les 53 volumes ; mais d'après ce compte d'un mois, et à en juger par approximation, ils contiennent plus de 25,000 vies de saints. J'ajoute que beaucoup, sans doute, ont été perdues, et que beaucoup d'autres restent encore inédites dans les bibliothèques. Cette simple statistique matérielle vous révèle l'étendue de cette littérature, et quelle prodigieuse activité d'esprit elle suppose dans la sphère qui en est l'objet.

Une telle activité, une telle fécondité ne provenaient pas, à coup sûr, de la seule fantaisie des auteurs ; il y en avait des causes générales et puissantes. On a coutume de les voir uniquement dans les croyances religieuses de cette époque, dans l'ardeur qu'elles inspiraient ; assurément elles y ont beaucoup contribué, et rien de pareil n'eût été fait sans leur empire ; cependant elles n'ont pas tout fait. Dans d'autres temps aussi, ces croyances ont été répandues, énergiques, sans produire le même résultat. Ce n'est pas seulement à la foi et à l'exaltation religieuses, c'est aussi, et surtout peut-être, à l'état moral de la société et de l'homme, du Ve au Xe siècle, que la littérature des légendes a dû sa richesse et sa popularité.

Vous connaissez le caractère de l'époque que nous venons d'étudier : c'était un temps de malheur et de désordre extrême, un de ces temps qui pèsent en quelque sorte de toutes parts sur l'homme, et l'étouffent et l'écrasent. Mais quelque mauvais que soient les temps, quelles que soient les circonstances extérieures qui oppriment la nature humaine, il y a en elle une énergie, une élasticité qui résiste à leur empire; elle a des facultés, des besoins qui se font jour à travers tous les obstacles; mille causes peuvent les comprimer, les détourner de leur direction naturelle, suspendre ou corrompre plus ou moins long-temps leur développement; rien ne saurait les abolir, les réduire à une complète impuissance : ils cherchent et trouvent toujours quelque issue, quelque satisfaction.

Ce fut le mérite des légendes pieuses de fournir à quelques-uns de ces instincts puissans, de ces besoins invincibles de l'âme humaine, cette issue, cette satisfaction, que tout leur refusait d'ailleurs.

Et d'abord vous savez à quel point était déplorable l'état moral de la Gaule franque, quelle dépravation ou quelle brutalité y régnaient. Le spectacle des évènemens quotidiens révoltait ou comprimait tous les instincts moraux de l'homme; toutes choses étaient livrées au hasard, à la force; on ne rencontrait presque nulle part, dans le monde extérieur, cet empire de la règle, cette idée du devoir, ce respect du droit, qui font la sécurité de la vie et le repos de l'âme. On les trouvait dans les légendes. Quiconque jettera un coup d'œil d'une part sur les chroniques de la société civile, de l'autre sur les vies des saints, quiconque, dans l'histoire de Grégoire de Tours seulement, comparera les traditions civiles et les traditions religieuses, sera frappé de la différence : dans les unes, la morale ne paraît, pour ainsi dire, qu'en dépit des hommes et à leur insu; les intérêts et les passions seules règnent; on est plongé dans leur chaos et leurs ténèbres : dans les autres, au milieu d'un déluge de fables absurdes, la morale éclate avec un grand empire; on la voit, on la sent; ce soleil de l'intelligence luit sur le monde au sein duquel on vit. Je pourrais vous renvoyer presqu'indifféremment à toutes les légendes; vous y reconnaîtriez partout le fait que je signale. J'y puiserai deux ou trois exemples qui le mettront dans tout son jour.

Saint Bavon ou Bav, ermite et patron de la ville de Gand, mort au milieu du VIIe siècle[1], avait mené d'abord la vie du monde ; je lis dans sa vie, écrite par un contemporain :

Il vit un jour venir à lui un homme que jadis, et pendant qu'il menait encore la vie du siècle, il avait lui-même vendu. A cette vue, il tomba dans un violent désespoir de ce qu'il avait commis envers cet homme un si grand crime; et se tournant vers lui, il se jeta à ses genoux, disant : « C'est moi qui t'ai vendu lié de courroies; ne te souviens » pas, je t'en conjure, du mal que je t'ai fait, et accorde-» moi une prière. Frappe mon corps de verges, rase-moi » la tête comme on fait aux voleurs, et jette-moi en prison » les pieds et les mains liés comme je le mérite; peut-être, » si tu fais cela, la clémence divine m'accordera-t-elle mon » pardon. » L'homme..... dit qu'il n'oserait point faire une telle chose à son maître; mais l'homme de Dieu, qui parlait éloquemment, s'efforça de l'engager à faire ce qu'il lui demandait. Contraint enfin, et malgré lui, l'autre, vaincu par ses prières, fit ce qui lui était ordonné; il lia les mains à l'homme de Dieu, lui rasa la tête, lui attacha les pieds à un bâton, le conduisit à la prison publique; et l'homme de Dieu y resta plusieurs jours, déplorant jour et nuit ces actes d'une vie mondaine qu'il avait toujours devant les yeux de son esprit, comme un lourd fardeau [1].

Peu importe, Messieurs, l'exagération des détails; peu importerait même la vérité matérielle de l'histoire; elle a été écrite au commencement du VIIe siècle; elle a été racontée aux hommes du VIIe siècle, à ces hommes qui avaient sans cesse sous les yeux la servitude, la vente des esclaves, et toutes les iniquités, toutes les souffrances qui s'ensuivaient. Vous comprenez quel charme devait avoir pour eux ce simple récit. C'était un véritable soulagement moral, une protestation contre des faits odieux et puissans, un faible mais précieux retentissement des droits de la liberté.

Voici un fait d'une autre nature : je le puise dans la vie de saint Wandrégisile, abbé de Fontenelle, mort en 667, et qui, avant d'embrasser la vie monastique, avait été comte du palais du roi Dagobert :

Pendant qu'il menait encore la vie laïque, comme il voyageait un jour accompagné des siens, il arriva à un certain lieu situé sur sa route, où le peuple soulevé se li-

---

[1] En 653 ou 657. Vie de saint Bavon; § 10. *Acta sanct. Ord. S. Ben.* T. 2, p. 400.

vrait, contre le saint homme, à tous les emportemens de sa fureur : poussés par une rage barbare et insensée, et tombés dans la condition des bêtes, une foule de gens se précipitèrent sur lui, et il y aurait eu beaucoup de sang humain répandu si son intervention et la puissance du Christ n'y eussent apporté remède. Il implora le secours de celui à qui on dit : « Tu es mon refuge contre les tribula- » tions, » et prenant la parole au lieu du glaive, il se plaça sous le bouclier de la miséricorde divine. Le secours divin ne manqua point en effet où manquait le secours humain ; la foule de ces forcenés s'arrêta immobile..... le discours de l'homme de Dieu les dispersa et les sauva en même temps ; ils étaient arrivés en fureur et se retirèrent calmés [1].

Croyez-vous, Messieurs, qu'à cette époque il fût venu dans la tête d'aucun barbare, d'aucun homme étranger aux idées religieuses, de ménager ainsi la multitude, d'employer, pour appaiser une émeute, les seules voies de la persuasion et de la parole? Il en eût très-probablement appelé sur-le-champ à la force. Le brusque emploi de la force répugnait à un homme pieux, préoccupé de l'idée qu'il avait affaire à des âmes ; au lieu de la force physique, il invoquait la force morale ; avant le massacre, il essayait du sermon.

Je veux maintenant un exemple où les rela-

---

[1] Vie de saint Wandrégisile, § 4 ; dans les *Acta sanct. Ord. S. Ben* T. 2, p. 535.

tions des hommes ne soient pour rien, où il ne s'agisse ni de substituer la force morale à la force physique, ni de protester contre l'iniquité sociale, où il ne soit question que des sentimens individuels, intimes, de la vie intérieure de l'homme. Je lis dans la Vie de saint Valery, mort en 622, abbé de Saint-Valery, en Picardie :

Comme cet ami de Dieu revenait à pied d'un certain lieu, dit Cayeux, à son monastère, dans la saison de l'hiver, il arriva qu'à cause de l'excessive rigueur du froid, il s'arrêta pour se chauffer....., dans la demeure d'un certain prêtre. Celui-ci et ses compagnons, qui auraient dû traiter avec grand respect un tel hôte, commencèrent au contraire à tenir audacieusement, avec le juge du lieu, des propos inconvenans et déshonnêtes. Fidèle à sa coutume de poser toujours, sur les plaies corrompues et hideuses, le salutaire remède de la parole divine, il essaya de les réprimer, disant : « Mes fils, n'avez-vous pas vu dans l'Évangile » qu'au jour du jugement nous aurons à rendre compte de » toute parole vaine ? » Mais eux, méprisant son avertissement, s'abandonnèrent de plus en plus à des propos grossiers et impudiques, car la bouche parle de l'abondance du cœur. Pour lui alors : « J'ai voulu, à cause du froid, » chauffer un peu à votre feu mon corps fatigué ; mais vos » coupables discours me forcent à m'éloigner tout glacé en- » core, » et il sortit de la maison [1].

---

[1] Vie de saint Valery, § 25 ; dans les *Acta sanct. Ord. S. Ben.* T. 2, p. 86.

Certes, Messieurs, les mœurs et le langage des hommes de ce temps étaient bien grossiers, bien désordonnés, bien impurs; nul doute cependant que le respect, le goût même de la gravité, de la pureté, soit dans les pensées, soit dans les paroles, n'y était point aboli; et lorsqu'ils en trouvaient quelque occasion, beaucoup d'entre eux, à coup sûr, prenaient plaisir à le satisfaire. Les légendes seules la leur fournissaient. Là se présentait l'image d'un état moral très-supérieur, sous tous les rapports, à celui de la société extérieure, de la vie commune; l'âme humaine s'y pouvait reposer, soulager du spectacle des crimes et des vices qui l'assaillaient de toutes parts. Peut-être ne cherchait-elle guères d'elle-même ce soulagement; je doute qu'elle s'en rendît jamais compte; mais, quand elle le rencontrait, elle en jouissait avidement; et c'est là, n'en doutez pas, la première et la plus puissante cause de la popularité de cette littérature.

Ce n'est pas tout : elle répondait encore à d'autres besoins de notre nature, à ces besoins d'affection, de sympathie, qui dérivent, sinon de la moralité proprement dite, du moins de la sensibilité morale, et exercent sur l'âme tant d'empire. Les facultés sensibles avaient beaucoup à souffrir à l'époque qui nous occupe; les hommes étaient durs et se traitaient durement; les sentimens les plus naturels, la bonté, la pitié, les amitiés, soit de famille, soit de choix, ne prenaient qu'un faible ou un douloureux développement. Et pourtant ils n'étaient pas morts dans le cœur de l'homme; ils aspiraient souvent à se déployer; et le spectacle de leur présence, de leur pouvoir, charmait une population condamnée à n'en jouir que bien peu dans la vie réelle. Les légendes lui donnaient ce spectacle : quoique, par une idée très-fausse, à mon avis, et qui a produit de déplorables extravagances, la religion de ce temps commandât souvent le sacrifice, le mépris même des sentimens les plus légitimes, cependant elle n'étouffait pas, elle n'interdisait pas le développement de la sensibilité humaine; en la dirigeant souvent assez mal dans son application, elle en favorisait plutôt qu'elle n'en supprimait l'exercice. On trouve, dans les vies des saints, plus de bonté, plus de tendresse de cœur, une plus large part faite aux affections, que dans tous les autres monumens de cette époque. J'en vais mettre sous vos yeux quelques traits : vous serez frappés, j'en suis sûr, du développement de notre nature sensible, qui éclate au milieu de la théorie du sacrifice et de l'abnégation.

Le zèle ardent de saint Germain, évêque de Paris dans la dernière moitié du VIe siècle [1], pour le rachat des esclaves, est connu de tout le monde ; plusieurs tableaux l'ont consacré : mais il en faut lire, dans sa vie, les touchans détails :

Quand même les voix de tous se réuniraient en une seule, on ne saurait dire combien il était prodigue en aumônes; souvent, se contentant d'une tunique, il couvrait du reste de ses vêtemens quelque pauvre nud, de manière que tandis que l'indigent avait chaud, le bienfaiteur avait froid. Nul ne peut dénombrer en combien de lieux, ni en quelle quantité il a racheté des captifs. Les nations voisines, les Espagnols, les Scots, les Bretons, les Gascons, les Saxons, les Bourguignons peuvent attester de quelle sorte on recourait de toutes parts au nom du bienheureux pour être délivré du joug de l'esclavage. Lorsqu'il ne lui restait plus rien, il demeurait assis, triste et inquiet, d'un visage plus grave et d'une conversation sévère. Si par hasard quelqu'un l'invitait alors à un repas, il excitait ses convives ou ses propres serviteurs à se concerter de manière à délivrer un captif, et l'âme de l'évêque sortait un peu de son abattement. Que si le Seigneur envoyait de quelque façon, entre les mains du saint, quelque chose à dépenser, aussitôt cherchant dans son esprit, il avait coutume de dire : «Ren-
»dons graces à la clémence divine, car il nous arrive de

---

[1] Mort en 576.

«quoi effectuer des rachats,» et sur-le-champ, sans hésitation, l'effet suivait les paroles. Lors donc qu'il avait ainsi reçu quelque chose, les rides de son front se dissipaient, son visage était plus serein, il marchait d'un pas plus léger, ses discours étaient plus abondans et plus gais; si bien qu'on eût cru qu'en rachetant les autres, cet homme se délivrait lui-même du joug de l'esclavage [1].

Avez-vous vu, Messieurs, la passion de la bonté peinte avec une énergie plus simple et plus vraie?

Dans la vie de saint Wandrégisile, abbé de Fontenelle, dont je vous parlais tout à l'heure, je trouve cette anecdote :

Comme il se rendait un jour auprès du roi Dagobert, au moment où il approchait du palais, il y avait là un pauvre homme dont la charrette avait versé devant la porte même du roi; beaucoup de gens entraient et sortaient, et non-seulement aucun ne lui prêtait secours, mais la plupart passaient par-dessus lui et le foulaient aux pieds. L'homme de Dieu, en arrivant, vit l'impiété que commettaient ces enfans de l'insolence, et descendant aussitôt de son cheval, il tendit la main au pauvre homme, et tous deux ensemble ils relevèrent la charrette. Beaucoup de ceux qui étaient là, le voyant tout sali de boue, se moquaient de lui et lui disaient des injures; mais lui ne s'en

---

[1] Vie de saint Germain, évêque de Paris, § 74; dans les *Acta Sanct. Ord. S. Ben.* T. 1, p. 244.

souciait point, suivant avec humilité l'humble exemple de son maître, car le Seigneur lui-même a dit dans l'Évangile : « S'ils ont appelé le père de famille Béelzébut, que ne « diront-ils pas à ses domestiques¹ ? »

En voici une autre puisée dans la vie de saint Sulpice-le-Pieux, évêque de Bourges¹, et où respire, au milieu de la crédulité la plus puérile, une bienveillance et une douceur bien étrangères, à coup sûr, aux mœurs générales de l'époque :

Une certaine nuit, un scélérat, sans doute pauvre, s'introduisit violemment dans le garde-manger du saint homme ; aussitôt il s'empare de ce que, dans son cœur criminel, il avait projeté de voler, et se hâte pour sortir; mais il ne trouve aucune issue, il est comme emprisonné dans les murs qui l'entourent, et retenu de toutes parts. La nuit s'écoule inutilement pour cet homme à qui l'entrée avait été si facile, et qui ne voyait pas la plus petite sortie. Cependant la lumière du jour vient éclairer le monde; l'homme de Dieu appelle un de ses gardiens, lui ordonne de prendre avec lui un camarade, et de lui amener l'homme qu'ils trouveraient dans l'office, plongé dans le crime, et comme attaché.

Le serviteur va sans retard chercher un compagnon, et se rend à l'office; ils y trouvent le coupable, et le saisis-

---

¹ Vie de saint Wandrégisile, § 7, dans les *Acta sanct. Ord. St. Ben.* t. 2, p. 528.

sent pour l'amener; le fourbe s'échappe de leurs mains, et comme il se voyait chargé de crimes et entouré de monde, préférant une prompte mort au châtiment de ses longs forfaits, il s'élance dans un puits de près de quatre-vingts coudées, qui se trouvait près de là; mais au moment où il tombait dans le gouffre, il implora les prières du bienheureux évêque. Alors l'homme de Dieu accourut avec vitesse, et ordonna à un de ses serviteurs de descendre dans le puits au moyen de la corde, en lui enjoignant expressément de retirer sur-le-champ le criminel qui s'y était jeté. Tous s'écrièrent que celui qu'avait englouti un tel gouffre ne pouvait vivre, et que sûrement il était déjà mort; mais le bienheureux ordonna à son serviteur de lui obéir sans délai; celui-ci ne tarda pas davantage, et armé de la bénédiction du saint, il trouva sain et sauf celui qu'on croyait mort: l'ayant entouré de cordes, il le ramena captif sur le sol natal. Les murs ne pouvaient contenir la foule; presque toute la ville était accourue à un tel spectacle, et tous faisaient grand bruit avec leurs cris et leurs applaudissemens. Le criminel, comme se secouant d'une profonde stupeur, se prosterna aux pieds du saint et implora son pardon; celui-ci, plein de charité, le lui accorda sur-le-champ, et lui donna même ce dont il avait besoin, lui recommandant de demander à l'avenir, au lieu de prendre, et disant qu'il aimait mieux lui faire des présens qu'être volé par lui. Qui pourrait dire combien il y avait en cet homme de parfaite humilité, de prompte miséricorde, de sainte simplicité, de patience et de longanimité [1]?

---

[1] Vie de saint Sulpice, § 28 et 29, dans les *Act. sanct. Ord. S. Ben*. t. 2, p. 175.

Voulez-vous des exemples du développement de la sensibilité seule, sans application précise, sans résultat utile et direct? la vie de sainte Rusticule, abbesse du monastère que saint Césaire avait fondé à Arles, nous en fournira deux qui me semblent d'un assez vif intérêt. Sainte Rusticule était née en Provence, dans le territoire de Vaison; ses parens avaient déjà un fils :

Une certaine nuit que sa mère, Clémence, était endormie, elle se vit en rêve, nourrissant avec grande affection deux petites colombes, l'une d'une blancheur de neige, l'autre de couleur variée : comme elle s'en occupait avec beaucoup de plaisir et de tendresse, il lui sembla que ses serviteurs venaient lui annoncer que saint Césaire, évêque d'Arles, était à sa porte. Entendant cela, et ravie de l'arrivée du saint, elle court joyeuse au devant de lui, et le saluant avec empressement, le prie humblement d'accorder à sa maison la bénédiction de sa présence; il entra et la bénit. Après lui avoir rendu les honneurs qui lui étaient dus, elle le pria de vouloir bien prendre quelque nourriture, mais il lui répondit : « Ma fille, je désire que tu me » donnes cette colombe que je t'ai vue élever avec tant de » soin. » Hésitant en elle-même, elle cherchait d'où il pouvait savoir qu'elle eût cette colombe, et elle nia qu'elle possédât rien de semblable. Il reprit alors : « je te dis de» vant Dieu que je ne sortirai pas d'ici que tu ne m'aies ac» cordé ma demande. » Elle ne put se défendre plus longtemps, elle montra ses colombes et les offrit au saint homme. Celui-ci prit avec grande joie celle qui était d'une blancheur éclatante, la mit en se félicitant dans son sein, et après avoir pris congé d'elle, il partit. Quand elle se réveilla, elle réfléchit à ce que signifiait tout ceci, et elle chercha dans son âme pourquoi celui qui n'était plus lui avait apparu. Elle ignorait que le Christ avait choisi sa fille pour épouse, lui qui a dit : « on ne peut cacher une ville située sur »le haut d'une montagne, et on n'allume pas une lampe »pour la mettre sous un boisseau : mais on la place sur un »chandelier afin qu'elle éclaire tous ceux qui sont dans la »maison[1]. »

Il n'y a certes rien de remarquable dans les incidens de ce récit; le fond en est même peu conforme aux sentimens naturels, puisqu'il s'agit d'enlever une fille à sa mère; et pourtant il y règne une teinte générale de sensibilité, de tendresse douce et vive, qui pénètre jusques dans l'allégorie par laquelle on demande à la mère ce sacrifice, et y répand assez de charme et de grâce.

Sainte Rusticule gouverna son abbaye avec un grand succès, et inspira surtout à ses religieuses une affection profonde : en 632, elle était malade, et touchait au terme de sa vie:

Il arriva un certain jour de vendredi qu'après avoir

---

[1] Vie de sainte Rusticule, § 3, dans les *Act. sanct. Ord. S. Ben.* t. 2, p. 140.

chanté selon son habitude les vêpres avec ses filles, se sentant fatiguée, elle alla au-dessus de ses forces en faisant la lecture accoutumée : elle savait qu'elle n'en irait que plus vite au Seigneur. Le samedi matin, elle eut un peu froid et perdit toute force dans ses membres. Se couchant alors dans son petit lit, elle fut prise d'une grande fièvre; elle ne cessa pourtant pas de louer Dieu, et les yeux fixés au ciel..... elle lui recommanda ses filles qu'elle laissait orphelines, et consola d'une âme ferme celles qui pleuraient autour d'elle. Elle se trouva plus mal le dimanche, et comme c'était son habitude qu'on ne fît son lit qu'une fois l'an, les servantes de Dieu lui demandèrent de se permettre une couche un peu moins dure, afin d'épargner à son corps une si rude fatigue, mais elle ne voulut pas y consentir. Le lundi, jour de saint Laurent, martyr, elle perdit encore des forces, et sa poitrine faisait grand bruit. A cette vue, les tristes vierges du Christ se répandirent en pleurs et gémissemens. Comme c'était la troisième heure du jour, et que dans son affliction la congrégation psalmodiait en silence, la sainte mère mécontente demanda pourquoi elle n'entendait pas la psalmodie : les religieuses répondirent qu'elles ne pouvaient chanter à cause de leur douleur : « Ne chantez que plus haut, dit-elle, afin que j'en reçoive du secours, car cela m'est très-doux. » Le jour suivant, tandis que son corps n'avait presque plus de mouvement, ses yeux qui conservaient leur vigueur, brillaient toujours comme des étoiles; et regardant de tous côtés, et ne pouvant parler, elle imposait silence de la main à celles qui pleuraient, et leur donnait de la consolation. Lorsqu'une des sœurs toucha ses pieds pour voir s'ils étaient chauds ou froids, elle dit : « ce n'est pas encore

« l'heure. » Mais peu après, à la sixième heure du jour, d'un visage serein, avec des yeux brillans et comme en souriant, cette glorieuse âme bienheureuse passa au ciel, et s'associa aux chœurs innombrables des saints. »

Je ne sais, Messieurs, si quelques-uns d'entre vous ont jamais ouvert un recueil intitulé : *Mémoires pour servir à l'Histoire de Port-Royal*[1], et qui contient la relation de la vie et de la mort des principales religieuses de cette abbaye célèbre, entre autres des deux Angélique Arnauld, qui la gouvernèrent successivement. Port-Royal, la maison des femmes aussi bien que celle des hommes, fut, vous le savez, l'asile des âmes les plus ardentes, les plus indépendantes, comme des esprits les plus élevés qui aient honoré le siècle de Louis XIV ; nulle part peut-être la sensibilité humaine ne s'est déployée avec plus de richesse et d'énergie que dans l'histoire morale de ces pieuses filles, dont plusieurs participaient en même temps à tout le développement intellectuel de Nicolle et de Pascal. Eh bien! Messieurs, le récit de leurs derniers momens ressemble beaucoup à ce que je viens de vous lire ; on y trouve les mêmes émotions

---

[1] *Ibid.* 131, p. 146.

[2] 3 vol. in-12. Utrecht, 1742.

de piété et d'amitié, presque le même langage; et la nature sensible de l'homme nous apparaît, au VIIe siècle, presque aussi vive, aussi développée qu'elle a pu l'être au XVIIe, au milieu des caractères les plus passionnés du temps.

Je pourrais multiplier beaucoup ces exemples, mais il faut avancer, et j'ai encore à vous en présenter d'un autre genre.

Indépendamment de la satisfaction qu'elles procuraient à la moralité et à la sensibilité humaine, dont la condition, dans le monde extérieur, était si mauvaise, les légendes correspondaient encore à d'autres facultés, à d'autres besoins. On parle beaucoup aujourd'hui de l'intérêt, du mouvement qui, dans le cours de ce qu'on appelle vaguement le moyen-âge, animaient la vie des peuples. Il semble que de grandes aventures, des spectacles, des récits, vinssent sans cesse émouvoir l'imagination; que la société fût mille fois plus variée, plus amusante qu'elle ne l'est parmi nous. Il en pouvait bien être ainsi pour quelques hommes, placés dans les rangs supérieurs, ou jetés dans des situations singulières; mais pour la masse de la population, la vie était au contraire prodigieusement monotone, insipide, ennuyeuse; sa destinée s'écoulait à la même place; les mêmes scènes se reproduisaient sous ses yeux ; presque point de mouvement extérieur; encore moins de mouvement d'esprit : elle n'avait pas plus de plaisirs que de bonheur, et la condition de son intelligence n'était pas plus agréable que son existence matérielle. Elle ne trouvait nulle part autant que dans les vies des saints, quelque aliment à cette activité d'imagination, à ce goût de nouveauté, d'aventure, qui exercent sur les hommes tant d'empire. Les légendes ont été pour les chrétiens de ce temps, qu'on me permette cette comparaison purement littéraire, ce que sont pour les Orientaux ces longs récits, ces histoires si brillantes et si variées, dont les *Mille et une Nuits* nous donnent un échantillon. C'était là que l'imagination populaire errait librement dans un monde inconnu, merveilleux, plein de mouvement et de poésie. Il nous est difficile aujourd'hui de partager tout le plaisir qu'elle y prenait, il y a douze siècles; les habitudes d'esprit ont changé, les distractions nous assiègent : mais nous pouvons du moins comprendre qu'il y avait là, pour cette littérature, une source de puissant intérêt. Dans le nombre immense d'aventures et de scènes dont elle charmait le peuple chrétien, j'en ai choisi deux qui vous donneront peut-être quelque idée du genre d'attrait qu'elle avait pour lui. La première est puisée dans la Vie de saint Seine (*S. Sequanus*), fondateur, au VIe siècle, de l'abbaye de Bourgogne qui prit son nom, et décrit les incidens qui lui en firent choisir l'emplacement.

Lorsque Seine se vit, grâces à son louable zèle, bien instruit dans les dogmes des divines écritures et savant dans les règles monastiques, il chercha un endroit propre à bâtir un monastère; comme il parcourait tous les lieux voisins et communiquait son projet à tous ses amis, un de ses parens, Thiolaif, lui dit : « Puisque tu m'interroges, je » t'indiquerai un certain lieu où tu pourras t'établir, si ce » que tu veux faire est inspiré par l'amour de Dieu : il y a » un terrain qui, si je ne me trompe, m'appartient par droit » héréditaire; mais les gens qui habitent alentour se re- » paissent, comme des bêtes féroces, de sang et de chair » humaine ; ce qui fait qu'il n'est pas facile de passer au mi- » lieu d'eux, si on n'a soldé une troupe de gens armés. » Le bienheureux Seine lui répondit : « Montre-moi ce lieu, » afin que, si mes désirs ont été conçus par un instinct divin, » toute la férocité de ces hommes se change en la douceur » de la colombe. » Ayant donc pris des compagnons, ils parvinrent au lieu dont ils avaient parlé. C'était une forêt dont les arbres touchaient presque les nuages, et dont, depuis fort long-temps, la solitude n'avait pas été violée : ils se demandaient par où ils pourraient y pénétrer lorsqu'ils aperçurent un sentier tortueux et tellement étroit et rempli d'épines, qu'ils pouvaient difficilement y poser les pieds sur la même ligne, et qu'à cause de l'épaisseur des branches, un pied y suivait avec peine l'autre pied. Cependant avec beaucoup de travail et ayant leurs vêtemens déchirés, ils parvinrent dans le plus profond de cette âpre forêt : alors se courbant vers la terre, ils commencèrent à considérer d'un œil attentif ces ténébreuses profondeurs.

Ayant passé long-temps à regarder avec attention, ils aperçurent les ouvertures très-étroites d'une caverne, obstruées par des pierres et des plantes : en outre des branches d'arbres entrelacées rendaient la caverne si sombre que les bêtes sauvages elles-mêmes en redoutaient l'entrée : c'était la caverne des voleurs et le repaire des esprits immondes. Lorsqu'ils en approchèrent, Seine, agréable à Dieu, pliant les genoux à l'entrée, et le corps étendu sur les buissons, adressa à Dieu une prière mêlée de larmes, en disant : « Seigneur qui as fait le ciel et la terre, qui te » rends aux vœux de celui qui t'implore, de qui dérive tout » bien, et sans lequel sont inutiles tous les efforts de la fai- » blesse humaine, si tu m'ordonnes de me fixer dans cette » solitude, fais-le moi connaître, et mène à bien les com- » mencemens que tu as déjà accordés à ma dévotion. » Quand il eut fini sa prière, il se leva, et porta vers le ciel ses mains et ses yeux mouillés de larmes. Connaissant alors que c'était sous la conduite du Sauveur qu'il s'était rendu dans cette sombre forêt, après avoir béni le lieu, il se mit aussitôt à poser les fondemens d'une petite cellule là où il s'était mis à genoux pour prier. Le bruit de son arrivée parvint aux oreilles des habitans voisins, qui, s'exhortant les uns les autres, et poussés par un mouvement divin, se rendirent près de lui. Dès qu'ils l'eurent vu, de loups ils devinrent agneaux ; de telle sorte que ceux qui étaient naguères une source de terreur furent désormais des ministres de secours : et, depuis ce temps, ce lieu qui était un repaire de divers cruels démons et voleurs, devint une demeure d'innocens [1].

Ne croyez-vous pas lire le récit des premiers essais d'établissement de quelques colons au fond des plus lointaines forêts de l'Amérique, ou de quelques pieux missionnaires au milieu des peuplades les plus sauvages ?

Voici une narration d'un autre caractère, mais qui n'est pas dépourvue non plus de mouvement et d'intérêt.

Jeune encore, et avant d'entrer dans l'ordre ecclésiastique, saint Austrégisile, évêque de Bourges au commencement du VIIe siècle, manifestait un vif désir de fuir le monde et de ne se point marier :

> L'entendant parler ainsi, ses parens commencèrent à le presser instamment de leur obéir en ce point : lui, afin de ne pas voir mécontens ceux dont il désirait la satisfaction, promit de faire ce qu'ils demandaient, si telle était la volonté de Dieu.
>
> Lors donc qu'il était occupé au service du roi, il commença à retourner en lui-même cette affaire, et à chercher ce qui lui conviendrait le mieux : il lui vint en esprit trois hommes de même nation et de fortune égale ; il écrivit leurs noms sur trois tablettes et les mit sous la cou-

---

[1] Vie de saint Seine, § 7 et 8, *Acta sanct. ord. S. Ben.*, t. 1, p. 264.

verture de l'autel, dans la basilique de Saint-Jean, près de la ville de Châlons, et fit vœu de passer, sans dormir, trois nuits en prière. Après les trois nuits, il devait porter la main sur l'autel, prendre la tablette que le Seigneur daignerait lui faire trouver la première, et demander en mariage la fille de l'homme dont le nom serait sur la tablette. Après avoir passé une nuit sans sommeil, il s'en trouva accablé la suivante, et, vers le milieu de la nuit, ne pouvant plus résister, ses jambes fléchirent, et il s'endormit sur un siége. Deux vieillards se présentèrent à sa vue : l'un dit à l'autre : « De qui Austrégisile épouse-t-il la » fille? » l'autre lui répondit : « Ignores-tu qu'il est déjà » marié? — A qui? — A la fille du juge Juste. » Se réveillant alors, Austrégisile s'appliqua à chercher quel était ce Juste, de quel lieu il était juge, et s'il avait une fille vierge. Comme il ne put le trouver, il se rendit suivant sa coutume au palais du roi. Il arriva dans un village où il y avait une auberge; des voyageurs étaient rassemblés là, entre autres un pauvre vétéran avec sa femme. Lorsque cette femme vit Austrégisile, elle lui dit : « Étranger, arrête-toi » un instant, et je te dirai ce que j'ai vu dernièrement en » songe à ton sujet : il me semblait entendre un grand bruit, » comme celui de chants de psaumes, et je dis à ton hôte : » — homme, qu'est-ce donc que j'entends? quelle fête est » donc célébrée par les prêtres aujourd'hui, pour qu'on » fasse une procession? — Il me répondit : — Notre hôte » Austrégisile se marie. — Pleine de joie, je m'empressai » pour aller voir la jeune fille, et considérer sa figure et sa » tournure. Lorsque les clercs, vêtus de blanc, portant des » croix, et chantant des psaumes suivant la manière usitée, » furent passés, tu vins le dernier, et tout le peuple te sui-

»vait par derrière; moi je regardais avec curiosité, et je
»ne voyais aucune femme, pas même la jeune fille que tu
»épousais, et je dis à ton hôte: — Où est donc la jeune fille
»qu'Austrégisile épouse? — Il me répondit: — Ne la vois-tu
»pas dans ses mains? — Je regardai, et je ne vis dans tes
»mains que le livre de l'Évangile. » Alors le saint comprit
par sa vision et le songe de cette femme que la vocation de
Dieu l'appelait à la prêtrise [1].

Il n'y a ici point de miracle proprement dit;
tout se borne à des rêves; mais vous voyez quel
mouvement d'imagination s'alliait à tous les
sentimens, à tous les incidens d'une vie religieuse, et avec quelle avidité le peuple les accueillait.

Ce sont là, Messieurs, les véritables sources
de cette littérature; elle donnait à la nature morale, sensible, et poétique de l'homme, un aliment, une satisfaction qu'il ne trouvait point
ailleurs; elle élevait et agitait son âme; elle animait sa vie. De-là sa fécondité et son crédit.

Si nous voulions la considérer sous un point
de vue purement littéraire, nous ne trouverions
ses mérites ni bien brillans, ni bien variés. La
vérité des sentimens et la naïveté du ton ne lui

---

[1] Vie de saint Austrégisile, § 2, dans les *Act. sanct. ord. S. Ben.*, t. 2, p 95.

manquent point; elle est dénuée d'affectation et de pédanterie. La narration y est non-seulement intéressante, mais souvent conçue sous une forme assez dramatique. Dans les contes orientaux, où le charme de la narration est grand, la forme dramatique est rare ; on y rencontre peu de conversations, de dialogues, de mise en scène proprement dite. Il y en a beaucoup plus dans les légendes : le dialogue y est habituel, et marche quelquefois avec naturel et vivacité. Mais on y chercherait en vain un peu d'ordre, quelque art de composition ; même pour les esprits les moins exigeans, la confusion est extrême, la monotonie grande; la crédulité tombe sans cesse dans le ridicule ; et la langue y est arrivée à un degré d'incorrection, de corruption, de grossièreté qui blesse et lasse aujourd'hui le lecteur.

Je voudrais, Messieurs, vous dire aussi quelques mots d'une portion, bien peu considérable il est vrai, et que pourtant je ne dois pas omettre, de la littérature de cette époque, c'est-à-dire, de sa littérature profane. J'ai dit qu'à partir du VIe siècle la littérature sacrée était seule, que toute littérature profane avait disparu ; il y en avait pourtant quelques restes ; certaines chroniques, certains poèmes de circonstance n'appartenaient pas à la société religieuse, et méritent un moment d'attention. Mais l'heure est déjà fort avancée ; j'aurai d'ailleurs à vous présenter, sur quelques-uns de ces monumens aujourd'hui si peu connus, quelques développemens qui ne me paraissent pas sans intérêt. Nous nous en occuperons dans notre prochaine réunion.

DIX-HUITIÈME LEÇON.

De quelques débris de littérature profane du VIe au VIIIe siècle. — De leur véritable caractère. — 1° Des prosateurs — Grégoire de Tours. — Sa vie. — Son *Histoire ecclésiastique des Francs.* — L'influence de l'ancienne littérature latine s'allie à celle des croyances chrétiennes. — Mélange de l'histoire civile et religieuse. — Frédégaire. — Sa *Chronique.* — 2° Des poètes. — St. Avite, évêque de Vienne. — Sa vie. — Ses poèmes sur la création, — le péché originel, — la condamnation de l'homme, — le déluge, — le passage de la Mer-Rouge, — l'éloge de la virginité. — Comparaison des trois premiers avec le *Paradis Perdu* de Milton. — Fortunat, évêque de Poitiers. — Sa vie. — Ses relations avec sainte Radegonde. — Ses poésies. — Leur caractère. — Premières origines de la littérature française.

MESSIEURS,

J'ai annoncé, dans notre dernière réunion, que nous nous occuperions aujourd'hui de quelques débris de littérature profane, épars çà et là, du VIe au VIIIe siècle, au milieu des sermons, des légendes, des dissertations théologiques, et échappés au triomphe universel de la littérature sacrée. Je devrais peut-être être un peu embarrassé de ma promesse, et de ce mot *profane*, que j'ai appliqué aux ouvrages dont je veux vous parler. Il semble dire, en effet, que les auteurs ou les sujets en sont laïques, n'appartiennent pas à la sphère religieuse. Or, voici les noms des écrits et des auteurs. Il y a deux prosateurs et deux poètes : les prosateurs sont Grégoire de Tours et Frédégaire ; les poètes saint Avite et Fortunat. De ces quatre hommes, trois ont été évêques ; Grégoire à Tours, saint Avite à Vienne, et Fortunat à Poitiers ; tous les trois ont été canonisés ; le quatrième, Frédégaire, était probablement moine. Quant aux personnes, il n'y a donc rien de moins profane ; à coup sûr elles appartiennent à la littérature sacrée. Quant aux ouvrages mêmes, celui de Grégoire de Tours porte le titre d'*Histoire ecclésiastique des Francs* ; celui de Frédégaire est une simple chronique ; les poëmes de saint Avite roulent sur la création, le péché originel, l'expulsion du Paradis, le déluge, le passage de la Mer Rouge, l'éloge de la virginité ; et quoique dans ceux de Fortunat plusieurs traitent d'incidens de la vie mondaine, comme le mariage de Sigebert et de Bru-

nehaut, le départ de la reine Galsuinthe, etc.;
la plupart cependant se rapportent à des évènemens ou des intérêts religieux, comme les dédicaces de basiliques, les louanges de saints ou d'évêques, les fêtes de l'Église, etc.; en sorte qu'à en juger sur l'apparence, les sujets aussi bien que les auteurs rentrent dans la littérature sacrée, et qu'il n'y a rien là, ce semble, à quoi le nom de profane puisse convenir.

Je pourrais bien alléguer que quelques-uns de ces écrivains n'ont pas toujours été ecclésiastiques, que Fortunat, par exemple, a vécu longtemps laïque, et que plusieurs de ses poëmes datent de cette époque de sa vie. Il n'est pas certain que Frédégaire fût moine. Grégoire de Tours a formellement exprimé son dessein de mêler dans son histoire le sacré et le profane. Mais ce seraient là de mesquines raisons. J'aime bien mieux convenir que, sous certains rapports, les ouvrages, dont je me propose de vous entretenir aujourd'hui, appartiennent à la littérature sacrée; et cependant je persiste dans mon premier dire; ils se rattachent aussi à la littérature profane; ils en offrent, à plus d'un égard, le caractère, et doivent en porter le nom. Voici pourquoi.

Je viens de faire passer sous vos yeux les deux

principaux genres de la littérature sacrée de cette époque, les sermons d'une part, les légendes de l'autre. Rien de semblable n'avait existé dans l'antiquité; ni la littérature grecque, ni la littérature latine, n'avaient fourni le modèle de pareilles compositions. Elles naquirent bien réellement du christianisme, des croyances religieuses du temps; elles étaient originales; elles constituaient une littérature nouvelle et vraiment religieuse, car elle n'avait rien emprunté à l'ancienne littérature, au monde profane, ni pour la forme ni pour le fond.

Les ouvrages dont j'ai à vous parler sont d'une autre nature; les auteurs et les sujets sont religieux; mais le caractère même des compositions, la manière dont elles sont conçues et exécutées, n'appartiennent point à la littérature nouvelle, religieuse : l'influence de l'antiquité païenne s'y révèle clairement : on y retrouve sans cesse l'imitation des écrivains grecs ou latins; elle est visible dans le tour de l'imagination, dans les formes du langage; elle est quelquefois directe et avouée. Ce n'est point cet esprit vraiment nouveau, chrétien, étranger, hostile même à tout souvenir ancien, qui éclate dans les sermons et les légendes : ici au contraire, et dans les sujets même les plus religieux, on sent les traditions, les coutumes intellectuelles du monde païen, un certain désir de se rattacher à la littérature profane, d'en conserver, d'en reproduire les mérites. C'est par là que ce nom s'applique justement aux ouvrages dont je parle, et qu'ils forment, dans la littérature du VI° au VIII° siècle, une classe à part qui lie en quelque sorte les deux époques, les deux sociétés, et a droit à un examen spécial.

Passons en revue les quatre écrivains que je vous ai nommés tout à l'heure; nous reconnaîtrons dans leurs écrits ce caractère.

Je commence par les prosateurs, et par Grégoire de Tours, sans contredit le plus célèbre.

Vous vous rappelez où étaient tombées, dans le monde romain, les compositions historiques: la grande histoire, l'histoire poétique, politique, philosophique, celle de Tite-Live, celle de Polybe et celle de Tacite, avaient également disparu; on ne savait plus que tenir un registre, plus ou moins exact, plus ou moins complet, des évènemens et des hommes, sans en retracer l'enchaînement ni le caractère moral, sans les rattacher à la vie de l'État, sans y chercher les émotions du drame ou de l'épopée réelle. L'histoire, en un mot, n'était plus qu'une chronique. Les derniers historiens latins, Lampridius, Vopiscus,

Victor, Eutrope, Ammien Marcellin lui-même, sont de purs chroniqueurs. La chronique est la dernière forme sous laquelle se présente l'histoire, dans la littérature profane de l'antiquité.

C'est également sous cette forme qu'elle reparaît dans la littérature chrétienne naissante : les premiers chroniqueurs chrétiens, Grégoire de Tours, entre autres, ne font qu'imiter et perpétuer leurs prédécesseurs païens.

George-Florentius, qui prit de son bisaïeul, évêque de Langres, le nom de Grégoire, naquit le 30 novembre 539, en Auvergne, au sein de l'une de ces familles qu'il appelle lui-même sénatoriales, et qui formaient l'aristocratie défaillante du pays. La sienne était noble dans l'ordre civil et dans l'ordre religieux; il avait pour ancêtres ou pour parens plusieurs illustres évêques, et il descendait d'un sénateur de Bourges, Vettius Epagatus, l'un des premiers et des plus glorieux martyrs du christianisme dans les Gaules. Il paraît, et ce fait se rencontre si habituellement dans l'histoire des hommes un peu célèbres, qu'il en devient suspect, il paraît, dis-je, que dès son enfance, par ses dispositions intellectuelles et pieuses, il attira l'attention de tous ceux qui l'entouraient, et qu'il fut élevé avec un soin particulier, comme l'espérance de sa famille et de l'Église, entre autres par son oncle saint Nizier, évêque de Lyon, saint Gal, évêque de Clermont, et saint Avite, son successeur. Il était d'une très-mauvaise santé, et, déjà ordonné diacre, il fit un voyage à Tours, dans l'espoir de se guérir sur le tombeau de saint Martin. Il guérit en effet, et retourna dans sa patrie. On le voit, en 573, à la cour de Sigebert Ier, roi d'Austrasie, auquel appartenait l'Auvergne. Il y reçut la nouvelle que le clergé et le peuple de Tours, frappés sans doute de ses mérites pendant le séjour qu'il avait fait au milieu d'eux, venaient de l'élire évêque. Il accepta, après quelque hésitation, fut sacré, le 22 août, par l'évêque de Rheims, et se rendit aussitôt à Tours, où il a passé sa vie.

Il en sortit cependant plusieurs fois, et même pour des affaires fort étrangères à celles de l'Église. Gontran, roi de Bourgogne, et Childebert II, roi d'Austrasie, l'employèrent, comme négociateur, dans leurs longues querelles ; on le rencontre, en 585 et en 588, voyageant d'une cour à l'autre, pour raccommoder les deux rois. Il parut également au concile de Paris, tenu en 577 pour juger Prétextat, archevêque de Rouen, que Chilpéric et Frédégonde voulaient expulser, et qu'ils expulsèrent en effet de son diocèse. Dans ces diverses missions, et surtout au concile de Paris, Grégoire de Tours se conduisit avec plus d'indépendance, de bon sens et d'équité que n'en montraient beaucoup d'autres évêques. Sans doute, il était crédule, superstitieux, dévoué aux intérêts du clergé : cependant peu d'ecclésiastiques de son temps avaient une dévotion, je ne dirai pas aussi éclairée, mais moins aveugle, et tenaient, en ce qui touchait à l'Église, une conduite aussi raisonnable.

En 592, au dire de son biographe, Odon de Cluny qui a écrit sa vie au Xe siècle, il fit un voyage à Rome, pour aller voir le pape Grégoire-le-Grand. Le fait est douteux et de peu d'intérêt : cependant le récit d'Odon de Cluny contient une anecdote assez piquante, et qui prouve quelle haute idée on avait, au Xe siècle, de Grégoire de Tours et de son renom parmi ses contemporains. Il était, je viens de le dire, remarquablement faible et chétif :

> Arrivé devant le pontife, dit son biographe, il s'agenouilla et se mit en prières. Le pontife, qui était d'un sage et profond esprit, admirait en lui-même les secrètes dispensations de Dieu qui avait déposé, dans un corps si petit et si chétif, tant de grâces divines. L'évêque, intérieurement averti, par la volonté d'en haut, de la pensée du pontife, se leva, et le regardant d'un air tranquille : « C'est

» le Seigneur qui nous a faits, dit-il, et non pas nous-mêmes;
» il est le même dans les grands et dans les petits. » Le saint
pape, voyant qu'il répondait ainsi à son idée, le prit encore
en plus grande vénération, et eut tant à cœur d'illustrer le
siège de Tours qu'il lui fit présent d'une chaire d'or qu'on
conserve encore dans cette église.

Presque au retour de son voyage à Rome, s'il est réel, le 17 novembre 593, Grégoire mourut à Tours, fort regretté dans son diocèse, et célèbre dans toute la chrétienté occidentale, où ses ouvrages étaient déjà répandus. Celui qui nous intéresse presque seul aujourd'hui n'était pas alors, à coup sûr, le plus avidement recherché. Il avait composé, 1° un traité de la *Gloire des Martyrs*, recueil de légendes, en cent sept chapitres, consacré au récit des miracles des martyrs; 2° un traité de la *Gloire des Confesseurs*, en cent douze chapitres; 3° un recueil, intitulé: *Vies des Pères*, en vingt chapitres, et qui contient l'histoire de vingt-deux saints ou saintes de l'Église gauloise; 4° un traité des *Miracles de saint Julien*, évêque de Brioude, en cinquante chapitres; 5° un traité des *Miracles de saint Martin de Tours*, en quatre livres; 6° un traité des *Mi-*

---

* *Vita S. Gregorii*, etc., par Odon, abbé de Cluny, 24.

racles de saint *André*. C'étaient là les écrits qui avaient rendu son nom si populaire. Ils n'ont aucun mérite qui les distingue dans la foule des légendes, et rien ne nous engage à nous y arrêter spécialement.

Le grand travail de l'évêque de Tours, celui qui a porté son nom jusqu'à nous, est son *Histoire ecclésiastique des Francs*. Le titre seul du livre est remarquable, car il indique son caractère à la fois civil et religieux : l'auteur n'a pas voulu écrire une histoire de l'Église seule, ni une histoire des Francs seuls ; il a jugé que les destinées des laïques et celles des clercs ne devaient point être séparées :

Je rapporterai confusément, dit-il, et sans aucun ordre que celui des temps, les vertus des saints et les désastres des peuples. Je ne crois pas qu'il soit regardé comme déraisonnable d'entremêler dans le récit, non pour la facilité de l'écrivain, mais pour se conformer à la marche des évènemens, les félicités de la vie des bienheureux avec les calamités des misérables... Eusèbe, Sévère, Jérôme et Orose ont mêlé de même, dans leurs chroniques, les guerres des rois et les vertus des martyrs [1].

Je n'aurai recours non plus à aucun autre

---

[1] Grégoire de Tours ; T. 1, p. 59 ; dans ma *Collection des Mémoires sur l'hist. de France*.

témoignage qu'à celui de Grégoire de Tours lui-même, pour démêler dans son ouvrage cette influence de l'ancienne littérature, ce mélange des lettres profanes et sacrées que je vous ai annoncé en commençant. Il proteste de son mépris pour toutes les traditions païennes; il répudie vivement tout héritage du monde où elles ont régné :

Je ne m'occupe point, dit-il, de la suite de Saturne, ni de la colère de Junon, ni des adultères de Jupiter; je méprise toutes ces choses qui tombent en ruines, et m'applique bien plutôt aux choses divines, aux miracles de l'Évangile [1].

Et ailleurs, dans la *Préface* même de son histoire, je lis :

La culture des lettres et des sciences libérales dépérissant, périssant même dans les cités de la Gaule, au milieu des bonnes et des mauvaises actions qui y étaient commises, pendant que les barbares se livraient à leur férocité et les rois à leur fureur... que les églises étaient tour à tour enrichies par les hommes pieux et dépouillées par les infidèles, il ne s'est rencontré aucun grammairien, habile dans l'art de la dialectique, qui ait entrepris de décrire ces choses soit en prose, soit en vers. Aussi beaucoup d'hommes gémis-

---

[1] *Notice sur Grégoire de Tours*, p. xii, T. i de ma *Collection*.

saient, disant : « Malheur à nous ! l'étude des lettres périt » parmi nous, et on ne trouve personne qui puisse raconter » dans ses écrits les faits d'à présent. » Voyant cela, j'ai jugé à propos de conserver, bien qu'en un langage inculte, la mémoire des choses passées, afin qu'elles arrivent à la connaissance des hommes à venir [1]...

Que déplore l'écrivain ? la chute des études libérales, des sciences libérales, de la grammaire, de la dialectique. Il n'y a rien là de chrétien ; les chrétiens n'y pensaient pas. Là au contraire où dominait l'esprit chrétien, on méprisait ce que Grégoire appelle les études libérales, on les appelait les études profanes. C'est l'ancienne littérature que regrette l'évêque, et qu'il voudrait imiter autant que le lui permet son faible talent ; c'est là ce qu'il admire et ce qu'il se flatte de continuer.

Vous le voyez, Messieurs, ici perce le caractère profane. Rien ne manque à l'ouvrage de ce qui peut le placer dans la littérature sacrée : il porte le nom d'*Histoire ecclésiastique* ; les croyances religieuses, les traditions religieuses, les affaires de l'église, le remplissent. Et pourtant les affaires civiles y sont également déposées ; et c'est une chronique assez semblable aux der-

---

[1] T. 1, p. xxiii ; dans ma *Collection*.

nières chroniques païennes ; et le respect, le regret de la littérature païenne, y sont formellement exprimés, avec le dessein de l'imiter.

Indépendamment du fond même des récits, le livre est très-curieux par ce double caractère qui le rattache aux deux sociétés, et marque la transition de l'une à l'autre. Il n'y a du reste aucun art de composition, aucun ordre ; l'ordre chronologique même, que Grégoire promet de suivre, y est sans cesse méconnu ou interverti. C'est simplement l'ouvrage d'un homme qui a recueilli tout ce qu'il a entendu dire, tout ce qui s'est passé de son temps, les traditions et les évènemens de tout genre, et les a tant bien que mal enchâssés dans une seule narration. La même entreprise a été exécutée une seconde fois, et dans le même esprit, à la fin du XI° siècle, par un moine normand, Orderic Vital. Comme Grégoire de Tours, Orderic a recueilli tous les souvenirs, tous les faits laïques ou religieux qui sont arrivés à sa connaissance et les a entassés pêle-mêle, suspendus à un faible fil. Et pour compléter la ressemblance, il a donné aussi à son travail le nom d'*Histoire ecclésiastique de Normandie*. Je vous en parlerai avec détail, quand nous arriverons à la civilisation du XI° siècle ; je n'ai voulu que vous indiquer l'analogie. L'ouvrage de l'évêque de Tours, précisément à cause de cette ombre de l'ancienne littérature qui s'y laisse entrevoir dans le lointain, est supérieur à celui du moine normand. Quoique la latinité en soit très-corrompue, la composition très-défectueuse, et le style sans éclat, il y a cependant un assez grand mérite de narration, quelque mouvement, quelque vérité d'imagination, et une intelligence assez fine des hommes. C'est à tout prendre la chronique la plus instructive et la plus amusante de ces trois siècles. Elle commence à l'an 377, à la mort de saint Martin, et s'arrête en 591.

Frédégaire l'a continuée. Il était Bourguignon, probablement moine, et vivait au milieu du VIIe siècle. C'est tout ce qu'on sait de lui, et son nom même est douteux. Son ouvrage est très-inférieur à celui de Grégoire de Tours ; c'est une chronique générale, divisée en cinq livres, et qui commence à la création du monde. Le cinquième livre seul est curieux ; c'est celui où la narration de Grégoire de Tours est reprise, et poussée jusqu'en 641. Cette continuation n'a même de valeur que par les renseignemens qu'elle contient, et parce qu'il n'en existe presque aucun autre sur la même époque. Elle n'a, du reste, aucun mérite littéraire, et, sauf dans deux passages, ne contient aucun tableau un peu détaillé, ne répand aucune lumière sur l'état de la société et des mœurs. Frédégaire lui-même était frappé, je ne dirai pas de la médiocrité de son travail, mais de la décadence intellectuelle de son temps :

On ne puise qu'avec peine, dit-il, dans une source qui ne coule pas toujours : maintenant le monde vieillit et le tranchant de l'esprit s'émousse en nous : nul homme de ce temps n'est égal aux orateurs des temps passés, et n'ose même y prétendre [1].

La distance est grande, en effet, entre Grégoire de Tours et Frédégaire. Dans l'un, on sent encore l'influence et comme le souffle de la littérature latine; on reconnaît quelques traces, quelques velléités d'un certain goût de science et d'élégance dans l'esprit et dans les mœurs. Dans Frédégaire, tout souvenir du monde Romain a disparu; c'est un moine barbare, ignorant, grossier, et dont la pensée est enfermée, comme sa vie, dans les murs de son monastère.

Des prosateurs, passons aux poètes; ils méritent notre attention.

Je vous rappelais tout à l'heure quel avait été, du IIIe au Ve siècle, dans la littérature latine, le

---

[1] *Préface de Frédégaire*; T. II, p. 164, de ma *Collection*.

dernier état, la dernière forme de l'histoire. Sans que la poésie fût tombée tout-à-fait aussi bas, sa décadence était profonde. Toute grande poésie avait disparu, c'est-à-dire, toute poésie épique, dramatique ou lyrique; l'épopée, le drame et l'ode, ces gloires de la Grèce et de Rome, n'étaient plus même le but d'aucune ambition. Les seuls genres encore un peu cultivés étaient : 1° La poésie didactique, prenant quelquefois ce ton philosophique dont Lucrèce avait donné le modèle, et plus souvent dirigée vers quelque objet matériel, la chasse, la pêche, etc. 2° La poésie descriptive, école dont Ausone est le maître, et où se jetaient un grand nombre d'esprits étroits et élégans. 3° Enfin, la poésie de circonstance, les épigrammes, les épitaphes, les madrigaux, les épithalames, les inscriptions, toute cette versification, tantôt moqueuse, tantôt louangeuse, qui n'a d'autre objet que de tirer, des petits incidens de la vie, quelque amusement momentané. C'était là tout ce qui restait de la poésie de l'antiquité.

Les mêmes genres, les mêmes caractères paraissent dans la poésie semi-profane, semi-chrétienne de cette époque. Le plus distingué, à mon avis, de tous les poètes chrétiens du VI° au VIII° siècle, quoique ce ne soit pas celui dont on a le plus parlé, est saint Avite, évêque de

Vienne. Il était né vers le milieu du V· siècle, au sein, comme Grégoire de Tours, d'une famille sénatoriale d'Auvergne. L'épiscopat y était en quelque sorte héréditaire, car il fut la quatrième génération d'évêques; son père Isique le précéda sur le siège de Vienne. Alcimus Ecdicius Avitus y monta en 490, et l'occupa jusqu'au 5 février 525, époque de sa mort. Pendant tout cet intervalle, il joua un grand rôle dans l'église gauloise, intervint dans tous les événemens de quelque importance, présida plusieurs conciles, entre autres celui d'Épaone en 517, et prit surtout une part très-active à la lutte des Ariens et des Orthodoxes. Il fut le chef des évêques orthodoxes de l'est et du midi de la Gaule. Comme Vienne dépendait des Bourguignons ariens, saint Avite eut souvent à lutter en faveur de l'orthodoxie, non seulement contre ses adversaires théologiques, mais contre la puissance civile; il s'en tira avec sagesse et bonheur, respecté et ménagé des maîtres du pays sans jamais abandonner son opinion. La conférence qu'il eut à Lyon, en 499, avec quelques évêques ariens, en présence du roi Gondebaud, prouve à la fois sa fermeté et sa prudence. C'est à lui qu'on attribue le retour du roi Sigismond dans le sein de l'orthodoxie. Quoi qu'il en soit, c'est comme écrivain et non comme évêque que nous avons aujourd'hui à le considérer. Quoiqu'on ait perdu beaucoup de ce qu'il avait écrit, il reste de lui un assez grand nombre d'ouvrages ; une centaine de lettres sur les évènemens du temps, quelques homélies, quelques fragmens de traités théologiques, enfin ses poëmes. Il y en a six, tous en vers hexamètres : 1° sur la création, en trois cent vingt-cinq vers ; 2° sur le péché originel, quatre cent vingt-trois vers ; 3° sur le jugement de Dieu ou l'expulsion du paradis, quatre cent trente-cinq vers ; 4° sur le déluge, six cent cinquante-huit vers ; 5° sur le passage de la mer Rouge, sept cent dix-neuf vers ; 6° sur l'éloge de la virginité, six cent soixante-six vers. Les trois premiers, la création, le péché originel et le jugement de Dieu, font une sorte d'ensemble, et peuvent être considérés comme trois chants d'un même poëme, qu'on peut, qu'on doit même appeler, pour en parler exactement, le Paradis perdu. Ce n'est point par le sujet et le nom seuls, Messieurs, que cet ouvrage rappelle celui de Milton ; les ressemblances sont frappantes dans quelques parties de la conception générale et dans quelques-unes des plus importans détails. Ce n'est pas à dire que Milton ait eu connaissance des poëmes de saint Avite : rien sans doute ne prouve le contraire; ils avaient été publiés au commencement du XVI° siècle, et l'érudition, à la fois classique et théologique, de Milton était grande; mais peu importe à sa gloire qu'il les ait ou non connus; il était de ceux qui imitent quand il leur plaît, car ils inventent quand ils veulent, et ils inventent même en imitant. Quoi qu'il en soit, l'analogie des deux poèmes est un fait littéraire assez curieux, et celui de saint Avite mérite l'honneur d'être comparé de près à celui de Milton.

Le premier chant, intitulé : *de la Création*, est essentiellement descriptif; la poésie descriptive du VI° siècle y paraît dans tout son développement. Elle ressemble singulièrement à la poésie descriptive de notre temps, à cette école dont l'abbé Delille est le chef, que nous avons vue si florissante, et qui compte à peine aujourd'hui quelques languissans héritiers. Le caractère essentiel de ce genre est d'exceller à vaincre des difficultés qui ne valent pas la peine d'être vaincues, à décrire ce qui n'a nul besoin d'être décrit, et à parvenir ainsi à un degré assez rare de mérite littéraire, sans qu'il en résulte aucun effet vraiment poétique. Il y a des objets qu'il suffit de nommer, des occasions où il suffit de nommer les objets, pour que la poésie naisse et que l'imagination soit frappée; un mot, une comparaison, une épithète, les placent vivement sous ses yeux. La poésie descriptive, telle que nous la connaissons, ne se contente point d'un tel résultat; elle est scientifique plus que pittoresque; elle s'inquiète moins de faire voir les objets que de les faire connaître; elle les observe et les parcourt minutieusement, comme un dessinateur, comme un anatomiste, s'attachant à en énumérer, à en étaler toutes les parties; et tel être, tel fait, qui simplement nommé, ou désigné par un seul trait, par une image générale, serait réel et visible pour l'imagination, n'apparaît plus que décomposé, dépecé, disséqué, détruit. C'est là le vice radical de la poésie descriptive moderne, et la trace en est empreinte dans ses plus heureux travaux. Il se retrouve dans celle du VIe siècle; la plupart des descriptions de saint Avite ont le même défaut, le même caractère.

Dieu travaille à la création de l'homme:

Il place la tête au lieu le plus élevé, et adapte aux besoins de l'intelligence le visage percé de sept trous. C'est là que s'exercent l'odorat, l'ouïe, la vue et le goût: le toucher est le seul qui sente et juge par tout le corps, et dont l'énergie soit répandue dans tous les membres. La langue flexible est attachée à la voûte du palais, de telle sorte que la voix, refoulée dans cette cavité comme par le coup d'un archet, résonne avec diverses modulations à travers l'air ébranlé. De la poitrine humide, placée sur le devant du corps, s'étendent les bras robustes avec les ramifications des mains. Après l'estomac se trouve le ventre qui, sur les deux flancs, entoure d'une molle enveloppe les organes vitaux. Au-dessous, le corps se divise en deux cuisses, afin qu'il puisse marcher plus facilement par un mouvement alternatif. Par derrière, et au-dessous de l'occiput, descend la nuque qui distribue partout ses innombrables nerfs. Plus bas et au-dedans est placé le poumon, qui doit se repaître d'un air léger, et qui, par un souffle moëlleux, le reçoit et le rend tour à tour [1].

Ne sommes-nous pas dans l'atelier d'un ouvrier? n'assistons-nous pas à ce travail lent et successif qui annonce la science et exclut la vie? Dans cette description, l'exactitude des faits est grande, la structure du corps humain et l'agencement de ses divers organes, sont très-fidèlement expliqués : tout y est, excepté l'homme et la création.

Il serait aisé de trouver, dans la poésie descriptive moderne, des morceaux parfaitement analogues.

Ne croyez pas cependant que ce soient là les

---

[1] Poëmes d'Avitus, l. de origine mundi, v. 82 ...

seuls, et que, même dans ce genre, saint Avite
ait toujours aussi mal fait. Ce chant contient des
descriptions beaucoup plus heureuses, beaucoup
plus poétiques, celles surtout qui retracent les
beautés générales de la nature, sujet bien plus
accessible à la poésie descriptive, bien mieux
adapté à ses moyens. Je citerai pour exemple la
description du paradis, du jardin d'Éden; et je
remettrai en même temps sous vos yeux, celle de
Milton, partout célèbre.

Par de-là l'Inde, là où commence le monde, où se
joignent, dit-on, les confins de la terre et du ciel, est un
asile élevé, inaccessible aux mortels et fermé par des
barrières éternelles, depuis que l'auteur du premier
crime en fut chassé après sa chute, et que les coupables
se virent justement expulsés de leur heureux séjour.....
Nulle alternative des saisons ne ramène là les frimats; le
soleil de l'été n'y succède point aux glaces de l'hiver;
tandis qu'ailleurs le cercle de l'année nous rend d'étouf-
fantes chaleurs, ou que les champs blanchissent sous les
gelées, la faveur du ciel maintient là un printemps éternel; le tumultueux Auster n'y pénètre point; les nuages
s'enfuient d'un air toujours pur et d'un ciel toujours serein.
Le sol n'a pas besoin que les pluies viennent le rafraîchir,
et les plantes prospèrent par la vertu de leur propre rosée.
La terre est toujours verdoyante, et sa surface, qu'anime
une douce tiédeur, resplendit de beauté. L'herbe n'aban-
donne jamais les collines, les arbres ne perdent jamais
leurs feuilles, et quoiqu'ils se couvrent continuellement

de fleurs, ils réparent promptement leurs forces au moyen de leurs propres sucs. Les fruits, que nous n'avons qu'une fois par an, mûrissent là tous les mois; le soleil n'y fane point l'éclat des lis; aucun attouchement ne souille les violettes; la rose conserve toujours sa couleur et sa gracieuse forme..... Le baume odoriférant y coule sans interruption de branches fécondes. Si par hasard un léger vent s'élève, la belle forêt, effleurée par son souffle, agite avec un doux murmure ses feuilles et ses fleurs qui laissent échapper et envoient au loin les parfums les plus suaves. Une claire fontaine y sort d'une source dont l'œil atteint sans peine le fond; l'argent le mieux poli n'a point un tel éclat; le cristal de l'eau glacée n'attire pas tant de lumière. Les émeraudes brillent sur ses rives; toutes les pierres précieuses que vante la vanité mondaine, sont là éparses comme des cailloux, émaillent les champs des couleurs les plus variées, et les parent comme d'un diadème naturel [1].

Voici maintenant celle de Milton ; elle est coupée en plusieurs morceaux et éparse dans tout le quatrième livre de son poëme ; mais je choisis le passage qui correspond le mieux à celui que je viens de citer de l'évêque de Vienne :

Ce champêtre et heureux séjour offrait mille aspects variés, des bosquets dont les arbres précieux répandaient la

---

[1] Ibid., v. 211-257.

gomme et le baume, d'autres où pendait avec grâce le fruit à écorce dorée, et d'un goût délicieux ; si les fables des Hespérides étaient vraies, c'est dans ce lieu qu'elles l'auraient été. Ces bosquets étaient entremêlés de prairies et de plaines unies ; des troupeaux paissaient l'herbe tendre ; des collines étaient couvertes de palmiers ; le sein fécond d'une vallée bien arrosée prodiguait ses trésors de fleurs de toutes couleurs et de roses sans épines. Ailleurs on voyait de sombres grottes et des retraites profondes, qui offraient un frais asile ; la vigne grimpante étalait au-dessus ses grappes de pourpre, et les couvrait de son luxe gracieux : des ruisseaux tombaient avec un doux murmure le long des collines, se dispersaient dans la campagne, ou se réunissaient dans un lac, dont le crystal servait de miroir à ses rives, couronnées de myrtes. Les oiseaux se livraient à leurs chants ; les légers souffles du printems, chargés du parfum des champs et des buissons, murmuraient sous les feuilles tremblantes, tandis que Pan, uni dans une aimable danse avec les Grâces et les Heures, menait à sa suite un printems éternel [1].

Certainement, Messieurs, la description de saint Avite est plutôt supérieure qu'inférieure à celle de Milton ; tout voisin qu'est le premier du paganisme, il mêle à ses tableaux moins de souvenirs mythologiques ; l'imitation de l'antiquité y est peut-être moins visible, et la description

---

[1] Milton, *Paradis perdu*, liv. IV, v. 246-268.

des beautés de la nature me paraît à la fois plus variée et plus simple.

Je trouve dans ce même chant une description du débordement du Nil, qui mérite aussi d'être citée. Vous savez que, dans toutes les traditions religieuses, le Nil est un des quatre fleuves du Paradis; c'est à cette occasion que le poëte le nomme et décrit ses inondations périodiques.

Toutes les fois, dit-il, que le fleuve, en se gonflant, sort de ses rives et couvre les plaines de son noir limon, ses eaux deviennent fécondes, le Ciel se repose, et une pluie terrestre se répand de toutes parts. Alors Memphis est entourée d'eau, se voit au sein d'un large gouffre, et le propriétaire navigue sur ses champs qu'il n'aperçoit plus. Il n'y a plus aucune limite; les bornes disparaissent par l'arrêt du fleuve, qui égalise tout et suspend les procès de l'année; le berger voit avec joie s'abîmer les prairies qu'il fréquentait; et des poissons, nageant dans des mers étrangères, viennent aux lieux où les troupeaux paissaient l'herbe verdoyante. Enfin, lorsque l'eau s'est mariée à la terre altérée et a fécondé tous les germes, le Nil recule, et rassemble ses ondes éparses : le lac disparaît; il redevient fleuve, retourne à son lit, et renferme ses flots dans l'ancienne digue de ses rives [1].

Plusieurs traits de cette description sont mar-

---

[1] *Ibid.* v. 266-281.

qués des défauts du genre : on y trouve quelques-uns de ces rapprochemens recherchés, de ces antithèses artificielles qu'il prend pour de la poésie ; *la pluie terrestre*, par exemple, *l'eau qui se marie à la terre*, etc. Cependant le tableau ne manque ni de vérité ni d'effet. Dans son poëme sur *le Déluge*, saint Avite a décrit un phénomène analogue, mais bien plus vaste et plus terrible, la chute des eaux du ciel et le gonflement simultané de toutes les eaux de la terre, avec beaucoup de vigueur et d'éclat ; mais le morceau est trop long pour que je le mette ici sous vos yeux.

Dans le second chant, intitulé : *du péché originel*, le poète suit pas à pas les traditions sacrées; mais elles n'asservissent point son imagination, et il s'élève même quelquefois à des idées poétiques qui s'en écartent sans les contrarier précisément. Personne n'ignore quel caractère le génie de Milton a prêté à Satan, et l'originalité de cette conception qui a su conserver dans le démon la grandeur de l'ange, porter jusque dans l'abîme du mal la glorieuse trace du bien, et répandre ainsi, sur l'ennemi de Dieu et de l'homme, un intérêt qui n'a pourtant rien d'illégitime ni de pervers. Quelque chose de cette idée, ou plutôt de cette intention, se retrouve dans le poëme de saint Avite: son Satan n'est point le Démon des simples traditions religieuses, odieux, hideux, méchant, étranger à tout sentiment élevé ou affectueux. Il lui a aussi conservé quelques traits de son premier état, une certaine grandeur morale; l'instinct du poëte l'a emporté sur les croyances de l'évêque; et quoique sa conception du caractère de Satan soit très-inférieure à celle de Milton, quoiqu'il n'ait pas su y faire éclater ces violens combats de l'âme, ces fiers contrastes qui rendent l'œuvre du poëte anglais si admirable, la sienne n'est dépourvue ni d'originalité ni d'énergie. Comme Milton, il a peint Satan au moment où il entre dans le paradis, et aperçoit Adam et Ève pour la première fois:

Lorsqu'il vit, dit-il, les nouvelles créatures mener, dans un séjour de paix, une vie heureuse et sans nuage, sous la loi qu'elles avaient reçue du Seigneur avec l'empire de l'univers, et jouir, au sein de tranquilles délices, de tout ce qui leur était soumis, l'étincelle de la jalousie éleva dans son âme une vapeur soudaine, et son brûlant chagrin devint bientôt un terrible incendie. Il y avait alors peu de temps qu'il était tombé du haut du ciel, et avait entraîné dans les bas lieux la troupe liée à son sort. A ce souvenir, et repassant dans son cœur sa récente disgrâce, il lui sembla qu'il avait perdu davantage, puisqu'un autre possédait de tels biens ; et la honte se mêlant à l'envie, il épancha en ces mots ses amers regrets :

« O douleur ! cette œuvre de terre s'est tout à coup élevée devant nous, et notre ruine a donné naissance à cette race odieuse ! Moi, Vertu, j'ai possédé le ciel, et j'en suis maintenant expulsé, et le limon succède aux honneurs des anges ! Un peu d'argile, arrangée sous une mesquine forme, régnera donc, et la puissance qui nous a été ravie lui est transférée ! Mais nous ne l'avons pas perdue toute entière ; la plus grande partie nous en reste ; nous pouvons, nous savons nuire. Ne différons donc pas ; ce combat me plaît ; je l'engagerai dès leur première apparition, tandis que leur simplicité, qui n'a encore éprouvé aucune ruse, les ignore toutes, et s'offre à tous les coups. Il sera plus aisé de les abuser pendant qu'ils sont seuls, et avant qu'ils aient lancé dans l'éternité des siècles une postérité féconde. Ne permettons pas que rien d'immortel sorte de la terre ; faisons périr la race dans sa source ; que la défaite de son chef devienne une semence de mort ; que le principe de la vie enfante les angoisses de la mort ; que tous soient frappés dans un seul : la racine coupée, l'arbre ne s'élèvera point. Ce sont là les consolations qui me restent, à moi déchu. Si je ne puis remonter aux cieux, qu'ils soient fermés du moins pour ceux-ci : il me semblera moins dur d'en être tombé si ces créatures nouvelles se perdent par une semblable chute ; si, complices de ma ruine, elles deviennent compagnes de ma peine, et partagent avec nous les feux que je prévois. Mais pour les y attirer sans peine, il faut que moi, qui suis tombé si bas, je leur montre la route que j'ai parcourue volontairement ; que le même orgueil qui m'a chassé du royaume céleste, chasse les hommes de l'enceinte de paradis. »

Il parla ainsi et se tut en poussant un gémissement [1].

Voici le Satan de Milton, au même moment et dans la même situation.

« O enfer! que voient ici mes yeux désolés? voilà élevées au bonheur qui était notre partage, des créatures d'une autre espèce, de terre peut-être, qui ne sont pas des esprits, et cependant peu inférieures aux brillans esprits du ciel. Ma pensée les suit avec admiration, et je pourrais les aimer, tant la ressemblance divine éclate en elles, tant la main qui les forma a répandu de grâce sur tout leur être! Ah, couple charmant, vous ne pensez pas combien est proche le changement de votre sort, ce changement qui fera que toutes ces délices s'évanouiront, et vous abandonneront au malheur, d'autant plus le malheur pour vous, que vous goûtez maintenant plus de joies. Vous êtes heureux; mais, pour des êtres si heureux, vous êtes trop peu assurés de continuer à l'être; et ce noble séjour, votre ciel, n'est pas assez bien gardé pour un ciel qu'il faut défendre contre un ennemi tel que celui qui vient d'y entrer. Cependant ce n'est pas de vous que je suis l'ennemi, vous, dont l'isolement pourrait me faire pitié, quoiqu'on n'ait pas eu pitié de moi. Je veux faire alliance avec vous, et nous lier d'une amitié si étroite, que j'habiterai désormais avec vous, ou

---

[1] *Ibid.*, l. II, v. 60-117.

vous avec moi. Peut-être ma demeure ne vous plaira pas autant que ce beau paradis; mais acceptez-la ; c'est l'ouvrage de votre créateur; c'est lui qui me l'a donnée, et je vous la donne d'aussi bon cœur. L'enfer ouvrira, pour vous recevoir tous deux, ses plus larges portes ; il enverra au-devant de vous tous ses rois. Il y aura là de la place bien plus que dans ces étroites limites, pour loger votre nombreuse postérité : si ce lieu ne vous convient pas, prenez-vous en à celui qui m'a ainsi poussé à me venger, sur vous qui ne m'avez fait aucun mal, de lui qui m'a tant offensé. Et quand je m'attendrirais, comme je le fais, sur votre touchante innocence, cependant la raison d'État, une juste fierté et le plaisir de la vengeance, joint au désir d'agrandir mon empire par la conquête de ce nouveau monde, me contraignent à faire aujourd'hui ce qu'autrement, tout damné que je suis, j'aurais horreur d'entreprendre[1].

Ici la supériorité de Milton est grande : il donne à Satan des sentimens beaucoup plus élevés, plus passionnés, plus complexes, trop complexes peut-être, et ses paroles sont bien plus éloquentes. Cependant l'analogie des deux morceaux est remarquable, et l'énergie simple, l'unité menaçante des sentimens du Satan de saint Avite me semblent d'un grand effet.

Le troisième chant raconte le désespoir

---

[1] Milton, *Paradis Perdu*, l. IV, v. 358—392.

d'Adam et d'Ève après leur chute, la venue de Dieu, son jugement, et leur expulsion du Paradis. Vous vous rappelez sûrement ce fameux passage de Milton, où, après le jugement de Dieu, lorsqu'Adam voit toutes choses bouleversées autour de lui, et s'attend à être chassé du paradis, il se livre, contre sa femme, à la plus dure colère :

Lorsque la triste Ève aperçut son désespoir, du lieu où elle était assise désolée, elle s'approcha, et essaya de le calmer par de douces paroles; mais lui, avec un regard sévère, il la repoussa, disant :

« Loin de moi, serpent! ce nom te convient mieux encore qu'à celui avec qui tu t'es liguée; tu es aussi fausse et haïssable; rien n'y manque, sinon que, comme pour lui, ta figure et ta couleur trahissent ta perfidie intérieure, et avertissent désormais toutes les créatures de se garder de toi; car cette forme trop céleste, qui couvre une fraude infernale, pourrait encore les abuser. Sans toi je serais resté heureux, si ton orgueil et ta folle présomption n'eussent, au moment du plus grand péril, dédaigné mes avertissemens, et réclamé avec dépit ma confiance; tu avais envie d'être vue, même par le démon; tu te flattais de triompher de lui; mais, grâces à ton entrevue avec le serpent, nous avons été trompés et séduits, toi par lui, moi par toi... Oh! pourquoi le Dieu sage et créateur qui a peuplé d'esprits mâles le plus haut des cieux, a-t-il créé à la fin cette nouveauté sur la terre, ce beau défaut de la nature? Pourquoi n'a-t-il pas rempli tout d'un coup le monde d'hommes et d'anges sans femmes, ou bien trouvé quelque autre voie de perpétuer le genre humain? ce malheur ne serait pas arrivé; et, par dessus ce malheur, que de troubles assailliront la terre par les ruses des femmes et l'étroite union des hommes avec elles!... [1] »

La même idée est venue à saint Avite : seulement, c'est à Dieu lui-même, non à Ève, qu'Adam adresse l'explosion de sa colère :

Lorsqu'il se voit ainsi condamné, et que le plus juste examen a mis au grand jour toute sa faute, il ne demande point son pardon humblement et avec prières; il ne se répand point en vœux et en larmes; il ne cherche point à détourner, par une confession suppliante, le châtiment mérité; déjà misérable, il n'invoque point la pitié. Il se redresse, il s'irrite, et son orgueil s'exhale en clameurs insensées : « C'est donc pour me perdre que cette femme a été unie » à mon sort! Celle que, par ta première loi, tu m'as » donnée pour compagne, c'est elle qui, vaincue elle-» même, m'a vaincu par ses sinistres conseils; c'est elle » qui m'a persuadé de prendre ce fruit qu'elle connaissait » déjà. Elle est la source du mal; d'elle est venu le crime. » J'ai été crédule; mais c'est toi, Seigneur, qui m'as ensei-» gné à la croire, en me la donnant en mariage, en m'at-» tachant à elle par de doux nœuds. Heureux si ma vie, » d'abord solitaire, s'était toujours ainsi écoulée, si je » n'avais jamais connu les liens d'une telle union, et le » joug de cette fatale compagne ! »

---

[1] Milton; *Paradis perdu*. L. X, v. 863-897.

A cette exclamation d'Adam irrité, le créateur adresse à Ève désolée ces sévères paroles : « Pourquoi, en tombant, as-tu entraîné ton malheureux mari? Femme trompeuse, pourquoi, au lieu de rester seule dans ta chute, as-tu détrôné la raison supérieure de l'homme? » Elle, pleine de honte et les joues couvertes d'une douloureuse rougeur, dit que le serpent l'a trompée et lui a persuadé de toucher au fruit défendu [1].

Ce morceau ne vous paraît-il pas égal au moins à celui de Milton ? il est même exempt des détails subtils qui déparent ce dernier, et ralentissent la marche du sentiment.

Le chant se termine par la prédiction de la venue du Christ, qui triomphera de Satan ; mais avant cette conclusion, le poète décrit la sortie même du Paradis, et ces derniers vers sont peut-être les plus beaux de son poème :

A ces mots, le Seigneur les revêt tous deux de peaux de bêtes, et les chasse du bienheureux séjour du Paradis. Ils tombent ensemble sur la terre; ils entrent dans le monde désert, et errent çà et là d'une course rapide. Le monde est couvert d'arbres et de gazon; il a de vertes prairies, des fontaines et des fleuves; et pourtant sa face leur paraît hideuse auprès de la tienne, ô Paradis! et ils en ont horreur; et selon la nature des hommes, ils aiment bien

---

[1] *Ibid.*, l. III, v. 90 — 115.

davantage ce qu'ils ont perdu. La terre leur est étroite ; ils n'en voient point le terme, et pourtant ils s'y sentent resserrés, et ils gémissent. Le jour même est sombre à leurs yeux, et sous la clarté du soleil ils se plaignent que la lumière a disparu [1].

Les trois autres poëmes de saint Avite, *le Déluge*, *le Passage de la mer rouge* et *l'Éloge de la virginité*, sont fort inférieurs à ce que je viens de citer ; cependant on y trouve encore des fragmens remarquables ; et à coup sûr, Messieurs, on a droit de s'étonner qu'un ouvrage qui renferme de telles beautés soit demeuré si obscur. Mais le siècle de saint Avite est obscur tout entier, et il a succombé sous la décadence générale au sein de laquelle il a vécu.

J'ai nommé un second poète, Fortunat, évêque de Poitiers. Celui-ci n'était pas Gaulois d'origine ; il était né en 530, au-delà des Alpes, près de Ceneda, dans le Trévisan ; et vers 565, peu avant la grande invasion des Lombards et la désolation du nord de l'Italie, il passa en Gaule, et s'arrêta en Austrasie, au moment du mariage de Sigebert Ier et de Brunehault, fille du roi d'Espagne, Athanagild. Il y séjourna, à ce qu'il

---

[1] *Ibid.* liv. III, v. 195-207.

paraît, un an ou deux, faisant des épithalames, des complaintes, poëte de cour, voué à en célébrer les aventures et les plaisirs. On le voit ensuite aller à Tours, pour y faire ses dévotions à Saint-Martin : il était encore laïque. Sainte Radegonde, femme de Clotaire Ier, venait de s'y retirer et d'y fonder un monastère de filles ; Fortunat se lia avec elle d'une étroite amitié, entra dans les ordres, et devint bientôt son chapelain et l'aumonier du monastère. On ne connaît, depuis cette époque, aucun incident remarquable dans sa vie. Sept ou huit ans après la mort de sainte Radegonde, il fut fait évêque de Poitiers, et y mourut au commencement du VIIe siècle, depuis long-temps célèbre par ses vers, et en correspondance assidue avec tous les grands évêques, tous les hommes d'esprit de son temps. Indépendamment de sept vies de saints, de quelques lettres ou traités théologiques en prose, de quatre livres d'hexamètres sur la vie de saint Martin de Tours, qui ne sont autre chose qu'une version poétique de la vie du même saint, par Sulpice Sévère, et de quelques petits ouvrages perdus, il nous reste de lui deux cent quarante-neuf pièces de vers, en toutes sortes de mètres, dont deux cent quarante-six ont été recueillies et classées, par lui-même, en onze livres, et trois sont séparées. De ces deux cent quarante-neuf pièces, il y en a quinze en l'honneur de certaines églises, basiliques, oratoires, etc., composées au moment de la construction ou de la dédicace; trente épitaphes; vingt-neuf pièces à Grégoire de Tours, ou sur son compte; vingt-sept à sainte Radegonde ou à la sœur Agnès, abbesse du monastère de Poitiers, et cent quarante-huit autres pièces à toutes sortes de personnes et sur toutes sortes de sujets.

Les pièces adressées à sainte Radegonde ou à l'abbesse Agnès, sont, sans contredit, celles qui font connaître et caractérisent le mieux Fortunat, le tour de son esprit, et le genre de sa poésie. Ce sont les seules dont je vous parlerai avec quelques détails.

On est naturellement porté à attacher au nom et aux relations de telles personnes, les idées les plus graves, et c'est sous un aspect grave, en effet, qu'elles ont été ordinairement retracées. Je crains qu'on ne se soit trompé, Messieurs : et gardez vous de croire que j'aie à rapporter ici quelque anecdote étrange, et que l'histoire ait à subir l'embarras de quelque scandale. Rien de scandaleux, rien d'équivoque, rien qui prête à la moindre conjecture maligne ne se rencontre dans les relations de l'évêque et des religieuses de Poitiers; mais elles sont d'une futilité, d'une puérilité qu'il est impossible de méconnaître, car les poésies même de Fortunat en sont le monument.

Sur les vingt-sept pièces adressées à sainte Radegonde ou à sainte Agnès, voici les titres de seize :

Liv. 8; pièce 8 à sainte Radegonde, sur des violettes.
9 sur des fleurs mises sur l'autel.
10 sur des fleurs qu'il lui envoie.
Liv. 11; pièce 4 à sainte Radegonde pour qu'elle boive du vin.
11 à l'abbesse sur des fleurs.
13 sur des châtaignes.
14 sur du lait.
15 *idem*.
16 sur un repas.
18 sur des prunelles.
19 sur du lait et autres friandises.
20 sur des œufs et des prunes.
22 sur un repas.
23 *idem*.
24 *idem*.
25 *idem*.

Voici maintenant quelques échantillons des

pièces mêmes ; ils prouveront que les titres ne trompent point.

Au milieu de mes jeûnes, écrit-il à sainte Radegonde, tu m'envoies des mets variés, et tu mets par leur vue mes esprits au supplice. Mes yeux contemplent ce dont le médecin me défend d'user, et sa main interdit ce que désire ma bouche. Cependant lorsque ta bonté nous gratifie de ce lait, tes dons surpassent ceux des rois. Réjouis-toi donc en bonne sœur, je t'en prie, avec notre pieuse mère, car j'ai en ce moment le doux plaisir d'être à table[1].

Et ailleurs, en sortant d'un repas :

Entouré de friandises variées et de toutes sortes de ragoûts, tantôt je dormais, tantôt je mangeais; j'ouvrais la bouche, puis je fermais les yeux et je mangeais de nouveau de tout; mes esprits étaient confus, croyez-le, très-chères, et je n'aurais pu facilement ni parler avec liberté, ni écrire des vers. Une muse ivre a la main incertaine; le vin me produit le même effet qu'aux autres buveurs, et il me semblait voir la table nager dans du vin pur. Cependant, aussi bien que j'ai pu, j'ai tracé en doux langage ce petit chant pour ma mère et ma sœur; et quoique le sommeil me presse vivement, l'affection que je leur porte a inspiré ce que la main n'était guères en état d'écrire[2].

---

[1] *Fortun. Carm.*, l. XI, n° 19; *Bib. Pat.*, tom. X, p. 596.
[2] *Fortunat. Carm.*, l. XI, n° 24; *Bib. Pat.*, tom. X, p. 596.

(*On rit.*) Ce n'est point par voie de divertissement, Messieurs, que j'insère ici ces citations singulières, et qu'il me serait aisé de multiplier : j'ai voulu, d'une part, mettre sous vos yeux un côté peu connu des mœurs de cette époque; de l'autre, vous y faire voir et toucher, pour ainsi dire du doigt, l'origine d'un genre de poésie qui a tenu une assez grande place dans notre littérature, de cette poésie légère et moqueuse qui, commençant à nos vieux fabliaux pour aboutir à *Ververt*, s'est impitoyablement exercée sur les faiblesses et les ridicules de l'intérieur des monastères. Fortunat, à coup sûr, ne songeait point à se moquer; acteur et poète à la fois, il parlait et écrivait très-sérieusement à sainte Radegonde et à l'abbesse Agnès; mais les mœurs même que ce genre de poésie a prises pour texte, et qui ont si long-temps provoqué la verve française, cette puérilité, cette oisiveté, cette gourmandise, associées aux relations les plus graves, vous les voyez commencer ici dès le VIe siècle, et sous des traits absolument semblables à ceux que leur ont prêtés, dix ou douze siècles plus tard, Marot ou Gresset.

Du reste, Messieurs, les poésies de Fortunat n'ont pas toutes ce caractère. Indépendamment de quelques hymnes sacrés assez beaux, et dont l'un, le *Vexilla regis*, a été officiellement adopté par l'Église; il y a, dans plusieurs de ses petits poëmes laïques et religieux, assez d'imagination, d'esprit et de mouvement. Je ne citerai qu'un fragment d'un poëme élégiaque de trois cent soixante-onze vers, sur le départ d'Espagne de Galsuinte, sœur de Brunehault, son arrivée en France, son mariage avec Chilperic, et sa fin déplorable : je choisis les lamentations de Gonsuinte, sa mère, femme d'Athanagild; elle voit sa fille près de la quitter, l'embrasse, la regarde, l'embrasse encore et s'écrie :

Espagne si vaste pour tes habitans, et trop resserrée pour une mère, terre du soleil, devenue une prison pour moi, quoique tu t'étendes depuis le pays du Zéphire jusqu'à celui du brûlant Eous, et de la Tyrrhénie à l'Océan, quoique tu suffises à des peuples nombreux, depuis que ma fille n'y est plus, tu es trop étroite pour moi. Sans toi, ma fille, je serai ici comme étrangère et errante, et, dans mon propre pays, à la fois citoyenne et exilée : je le demande, que regarderont ces yeux qui cherchent partout mon enfant?... tu seras mon supplice, quel que soit l'enfant qui jouera avec moi; tu pèseras sur mon cœur dans les embrassemens d'un autre : qu'un autre coure, s'arrête, s'assoie, pleure, entre, sorte, ta chère image sera toujours devant mes yeux. Quand tu m'auras quittée, je courrai à des caresses étrangères, et, en gémissant, je presserai un autre visage sur mon sein desséché; j'essuierai de mes baisers les pleurs d'un autre enfant; je m'en abreuverai; et plût à Dieu que je pusse ainsi trouver quelque rafraîchissement ou apaiser ma soif dévorante! Quoi que je fasse, je suis au supplice; aucun remède ne me soulage; je péris, ô Galsuinthe, par la blessure qui me vient de toi! Je le demande, quelle chère main peignera, ornera ta chevelure? qui donc, lorsque je n'y serai pas, couvrira de baisers tes joues si douces? qui te réchauffera dans son sein, te portera sur ses genoux, t'entourera de ses bras? Hélas! là où tu seras sans moi, tu n'auras pas de mère. Quant au reste, mon triste cœur te le recommande à ce moment de ton départ; sois heureuse, je t'en supplie; mais laisse-moi; va-t-en; adieu : envoie à travers les espaces de l'air quelque consolation à ta mère impatiente; et, si le vent m'apporte quelque nouvelle, qu'elle soit favorable [1]!

La subtilité et l'affectation de la mauvaise rhétorique se retrouvent dans ce morceau; mais l'émotion en est sincère, et l'expression ingénieuse et vive. Plusieurs pièces de Fortunat offrent les mêmes mérites.

Je ne pousserai pas plus loin cet examen, Messieurs; je crois avoir pleinement justifié ce que j'ai dit en commençant; ce n'est point là de la littérature sacrée; les habitudes, et jusqu'aux formes métriques de la littérature païenne mourante y sont clairement empreintes. Au-

---

[1] *Fortun. Carm.*, liv. VI, n. 7; *Bib. pat.*, t. X, p. 562.

sone est plus élégant, plus correct, plus licentieux que Fortunat ; mais littérairement parlant, l'évêque continue le consul ; la tradition latine n'est pas morte ; elle a passé dans la société chrétienne ; et là commence cette imitation qui, au milieu même du bouleversement universel, lie le monde moderne au monde ancien, et jouera plus tard, dans toute la littérature européenne, un rôle si considérable.

Il faut finir, Messieurs ; nous venons d'étudier l'état intellectuel de la Gaule Franque du VIe au VIIIe siècle : cette étude complète pour nous celle du développement de notre civilisation durant la même période, c'est-à-dire sous l'empire des rois mérovingiens. Une autre époque, empreinte d'un autre caractère, a commencé avec la révolution qui éleva la famille des Pepin sur le trône des Francs. J'essaierai dans notre prochaine réunion, de peindre cette révolution même, et nous entrerons ensuite dans les voies nouvelles où elle poussa la France.

DIX-NEUVIÈME LEÇON.

Des causes et du caractère de la révolution qui substitua les Carlovingiens aux Mérovingiens. — Résumé de l'histoire de la civilisation en France sous les rois mérovingiens. — De l'État Franc dans ses rapports avec les peuples voisins. — De l'État Franc dans son organisation intérieure. — L'élément aristocratique y prévaut, mais sans ensemble ni régularité. — De l'état de l'Église Franque. — L'épiscopat y prévaut, mais est tombé lui-même en décadence. — Deux puissances nouvelles s'élèvent. — 1° Des Francs Austrasiens. — Des maires du palais. — De la famille des Pepin. — 2° De la papauté. — Circonstances favorables à ses progrès. — Causes qui rapprochent et lient les Francs Austrasiens et les papes. — De la conversion des Germains d'outre-Rhin. — Relations des missionnaires anglo-saxons, d'une part avec les papes, de l'autre avec les maires du palais d'Austrasie. — St. Boniface. — Les papes ont besoin des Francs Austrasiens contre les Lombards. — Pepin-le-bref a besoin du pape pour se faire roi. — De leur alliance et de la direction nouvelle qu'elle imprime à la civilisation. — Conclusion de la première partie du Cours.

MESSIEURS,

Nous sommes arrivés à la veille d'un grand événement, de la révolution qui jeta le dernier des

Mérovingiens dans un cloître, et porta les Carlovingiens sur le trône des Francs. Elle fut consommée au mois de mars 752, dans l'assemblée semi-laïque, semi-ecclésiastique, tenue à Soissons, où Pepin fut proclamé roi, et sacré par Boniface, archevêque de Mayence. Jamais révolution ne s'opéra avec moins d'effort et de bruit; Pepin possédait le pouvoir; le fait fut converti en droit; nulle résistance ne lui fut opposée; nulle réclamation, car il y en eut sans doute, n'eut assez d'importance pour laisser quelque trace dans l'histoire. Toutes choses parurent demeurer les mêmes : un titre seul était changé. Nul doute cependant qu'un grand évènement ne fût ainsi accompli; nul doute que ce changement ne fût le symptôme de la fin d'un certain état social, du commencement d'un état nouveau, une crise, une époque véritable dans l'histoire de la civilisation française.

C'est à cette crise que je voudrais vous faire assister aujourd'hui. Je voudrais résumer l'histoire de la civilisation sous les Mérovingiens, indiquer comment elle vint aboutir à une telle issue, et faire pressentir le nouveau caractère, la direction nouvelle qu'elle devait prendre sous les Carlovingiens, en mettant en pleine lumière la transition et ses causes.

La société civile et la société religieuse sont nécessairement le double objet de ce résumé. Nous les avons étudiées séparément et dans leurs rapports; nous les étudierons pareillement dans la période où nous sommes près d'entrer. Il faut que nous sachions précisément à quel point elles étaient l'une et l'autre parvenues, lors de la crise qui nous occupe, et quelle était leur situation réciproque.

Je commence par la société civile.

Depuis l'ouverture de ce cours, nous parlons de la fondation des États modernes, et en particulier de l'État Franc. Nous avons marqué son origine au règne de Clovis; c'est même par concession qu'on nous a permis de ne pas remonter plus haut, de ne pas aller jusqu'à Pharamond. Sachons bien cependant, Messieurs, que, même à l'époque où nous sommes arrivés, à la fin de la race mérovingienne, il n'y avait rien de fondé, que la société Franco-Gauloise n'avait revêtu aucune forme un peu stable et générale, qu'aucun principe n'y prévalait assez complètement pour la régler, qu'au-dehors et au-dedans l'État Franc n'existait pas, qu'il n'y avait, dans la Gaule, point d'État.

Qu'appelle-t-on un État ? une certaine étendue de territoire ayant un centre déterminé, des limites fixes, habitée par des hommes qui portent un nom commun, et vivent engagés, à certains égards, dans une même destinée.

Rien de semblable n'existait, au milieu du VIIIe siècle, dans ce que nous appelons aujourd'hui la France.

Et d'abord vous savez combien de royaumes y avaient déjà paru et disparu tour à tour : les royaumes de Metz, de Soissons, d'Orléans, de Paris, avaient fait place aux royaumes de Neustrie, d'Austrasie, de Bourgogne, d'Aquitaine, changeant sans cesse de maîtres, de frontières, d'étendue, d'importance ; réduits enfin à deux, les royaumes d'Austrasie et de Neustrie, ces deux-là même n'avaient rien de stable ni de régulier ; leurs chefs et leurs limites variaient continuellement ; les rois et les provinces passaient continuellement de l'un à l'autre ; en sorte que, dans l'intérieur même du territoire occupé par la population franque, nulle association politique n'avait de consistance et de fixité.

Les frontières extérieures étaient encore plus incertaines. A l'Est et au Nord, le mouvement d'invasion des peuples germaniques continuait. Les Thuringiens, les Bavarois, les Allemands, les Frisons, les Saxons, faisaient sans cesse effort pour passer le Rhin, et prendre leur part du territoire qu'occupaient les Francs. Pour leur résister, les Francs se reportèrent eux-mêmes au-delà du Rhin; ils ravagèrent à plusieurs reprises le pays des Thuringiens, des Allemands, des Bavarois, et réduisirent ces peuples à une condition subordonnée, très-précaire sans doute, et qu'il est impossible de définir exactement. Mais les Frisons et les Saxons échappèrent même à cette demi-défaite, et les Francs d'Austrasie étaient forcés de soutenir contre eux une guerre sans relâche, qui ne permettait pas que, de ce côté, leurs frontières acquissent la moindre régularité.

A l'Ouest, les Bretons et toutes les tribus établies dans la presqu'île connue sous le nom d'Armorique, tenaient les frontières des Francs neustriens dans le même état d'incertitude.

Au midi, dans la Provence, la Narbonnaise, l'Aquitaine, ce n'était plus des mouvemens de peuplades barbares, et à demi-errantes, que provenait la fluctuation, mais elle était la même. L'ancienne population romaine travaillait sans cesse à ressaisir son indépendance. Les Francs avaient conquis, mais ne possédaient vraiment pas ces contrées. Dès que leurs grandes incursions cessaient, les villes et les campagnes se soulevaient et se confédéraient pour secouer le joug. A leurs efforts vint se joindre une nouvelle cause d'agitation et d'instabilité. Le mahométisme date sa naissance du 16 juillet 622; et à la fin de ce même siècle, ou du moins au commencement du VIIIe, il inondait le midi de l'Italie, l'Espagne presque entière, le midi de la Gaule, et portait de ce côté un effort encore plus impétueux que celui des peuples germaniques aux bords du Rhin. Ainsi, sur tous les points, au nord, à l'est, à l'ouest, au midi, le territoire franc était sans cesse envahi, ses frontières changeaient au gré d'incursions sans cesse répétées. A tout prendre, sans doute, dans cette vaste étendue de pays, la population franque dominait; elle était la plus forte, la plus nombreuse, la plus établie, mais sans consistance territoriale, sans unité politique; en tant que distinct des nations limitrophes et sous le point de vue du droit des gens, l'État proprement dit n'existait point.

Entrons dans l'intérieur de la société gallo-franque, nous ne la trouverons pas plus avancée; elle ne nous offrira ni plus d'ensemble, ni plus de fixité.

Vous vous rappelez qu'en examinant les institutions des peuples germaniques avant l'invasion, j'ai montré qu'elles n'avaient pu se transplanter sur le territoire gaulois, et que les institutions libres en particulier, le gouvernement des affaires publiques par les assemblées d'hommes libres, devenu inapplicable à la nouvelle situation des conquérans, avait presque complètement péri. La classe même des hommes libres, cette condition dont l'indépendance individuelle et l'égalité étaient les caractères essentiels, alla toujours diminuant en nombre et en importance; évidemment ce n'était point à elle, ni au système d'institutions et d'influences analogues à sa nature, qu'il était donné de prévaloir dans la société gallo-franque et de la gouverner. La liberté était alors une cause de désordre, non un principe d'organisation.

Dans les premiers temps qui suivirent l'invasion, la royauté fit, vous l'avez vu, quelques progrès; elle recueillit quelques débris de l'héritage de l'empire; les idées religieuses lui prêtèrent quelque force : mais bientôt ce progrès s'arrêta ; le temps de la centralisation du pouvoir était encore bien loin ; tous moyens lui manquaient pour se faire obéir ; les obstacles s'élevaient de toutes parts. Le prompt et irrémédiable abaissement de la royauté mérovingienne prouve à quel point le principe monarchique était peu capable de posséder et de régler la société gallo-franque. Il y était à peu près aussi impuissant que le principe des institutions libres.

Le principe aristocratique y prévalait : c'était aux grands propriétaires, chacun sur ses domaines, et, dans le gouvernement central, aux compagnons du roi, autrustions, leudes, fidèles, qu'appartenait effectivement le pouvoir. Mais le principe aristocratique lui-même était incapable de donner à la société une organisation un peu stable et générale; il y prévalait, mais avec autant de désordre qu'en aurait pu entraîner tout autre système, sans revêtir une forme plus simple et plus régulière. Consultez tous les historiens modernes qui ont essayé de peindre et d'expliquer cette époque; les uns en ont cherché la clef dans la lutte des hommes libres contre les leudes, c'est-à-dire de la nation conquérante contre ce qui devait devenir la noblesse de cour ; les autres se sont attachés à la diversité des races, et parleront de la lutte des Germains contre les Gaulois; d'autres mettent une extrême importance à la lutte du clergé contre les laïques, des évêques contre les grands propriétaires barbares, et y voient le secret de la plupart des évènemens; d'autres encore s'arrêtent surtout à la lutte des rois eux-mêmes contre leurs compagnons, leurs leudes, qui aspirent à se rendre indépendans et à annuler ou envahir le pouvoir royal. Ils ont tous, en quelque sorte, un mot différent pour l'énigme que présente l'état social de cette époque : grande raison de présumer qu'aucun mot ne suffit à l'expliquer. Toutes ces luttes ont existé, en effet ; toutes ces forces se sont combattues, sans qu'aucune parvînt à l'emporter assez complètement pour dominer avec quelque régularité. La tendance aristocratique, qui devait enfanter plus tard le régime féodal, était à coup sûr dominante ; mais aucune institution, aucune organisation permanente ne pouvait encore en sortir.

Ainsi, au-dedans comme au-dehors, soit que nous considérions l'ordre social ou l'ordre politique, tout était mobile, sans cesse remis en question ; rien ne paraissait destiné à un long et puissant développement.

De la société civile, passons à la société religieuse ; le résumé de son histoire nous la montrera, si je ne m'abuse, dans le même état.

L'idée de l'unité de l'Église y était générale et dominante dans les esprits ; mais il s'en fallait bien que, dans les faits, elle eût la même étendue, le même pouvoir. Aucun principe général, aucun gouvernement proprement dit ne régnait dans l'église gallo-franque ; elle était, comme la société civile en plein chaos.

Et d'abord les restes des institutions libres qui

avaient présidé aux premiers développemens du christianisme, avaient presque absolument disparu. Vous les avez vus se réduire peu à peu à la participation du clergé dans l'élection des évêques et à l'influence des conciles dans l'administration générale de l'Église. Vous avez vu l'élection des évêques et l'influence des conciles déchoir et presque s'évanouir à leur tour. Il n'en restait, au commencement du VIII° siècle, qu'une ombre vaine. La plupart des évêques devaient leur élévation aux ordre des rois, ou des maires du palais, ou à telle autre forme de violence. Les conciles ne s'assemblaient plus guères. Aucune liberté légalement constituée ne conservait, dans la société religieuse, un pouvoir réel.

Nous y avons vu poindre le système de la monarchie universelle ; nous avons vu la papauté prendre en Occident un ascendant marqué. Ne croyez pas cependant qu'à l'époque qui nous occupe, et en Gaule surtout, cet ascendant ressemblât à une autorité réelle, à une forme de gouvernement. Il était même, à la fin du VII° siècle, dans une assez grande décadence. Lorsque les Francs se furent bien établis dans la Gaule, les papes s'appliquèrent à conserver, auprès de ces nouveaux maîtres, le crédit dont ils jouissaient sous l'empire romain. L'évêque de Rome possédait, au Ve siècle, dans la Gaule méridionale, surtout dans le diocèse d'Arles, des domaines considérables, moyen puissant de relation et d'influence dans ces contrées. Ils lui demeurèrent sous les rois visigoths, bourguignons ou francs, et l'évêque d'Arles continua d'être habituellement son vicaire, tant pour ses intérêts personnels que pour les affaires générales de l'Église. Aussi, dans le VIe et au commencement du VIIe siècle, les relations des papes avec les rois francs furent fréquentes; de nombreux monumens nous en restent, entre autres les lettres de Grégoire-le-Grand à Brunehault; et dans quelques occasions, les rois francs eurent eux-mêmes recours à l'intervention de la papauté. Mais dans le cours du VIIe siècle, par une multitude de causes assez complexes, cette intervention cessa presque entièrement. On ne trouve, de Grégoire-le-Grand à Grégoire II (de l'an 604 à l'an 715), à peu près aucune lettre, aucun document qui prouve quelque correspondance entre les maîtres de la Gaule franque et la papauté. Le prodigieux désordre qui régnait alors dans la Gaule, l'instabilité de tous les royaumes, de tous les rois, y contribuèrent sans doute : personne n'avait le temps, ni la pensée de contracter ou de suivre des relations aussi lointaines; toutes choses se décidaient brusquement, sur les lieux, par des motifs directs et prochains. Au-delà des Alpes régnait à peu près le même désordre; les Lombards envahissaient l'Italie, menaçaient Rome; un danger personnel et pressant retenait dans le cercle de ses intérêts propres l'attention de la papauté. D'ailleurs la composition de l'épiscopat des Gaules n'était plus la même; beaucoup de barbares y étaient entrés, étrangers à tous les souvenirs, à toutes les habitudes qui avaient longtemps lié les évêques gaulois à celui de Rome. Toutes ces circonstances concoururent à rendre presque nulles les relations religieuses de Rome et de la Gaule; si bien qu'à la fin du VII° siècle, l'église gallo-franque n'était pas plus gouvernée par le principe de la monarchie universelle que par celui de la délibération commune; la papauté n'y était guères plus puissante que la liberté.

Là comme ailleurs, dans la société religieuse comme dans la société civile, le principe aristocratique avait prévalu. C'était à l'épiscopat qu'appartenait le gouvernement de l'église gallo-franque. Il l'administra, pendant les V° et VI° siècles, avec assez de régularité et de suite; mais dans le cours du VII°, par des causes dont je vous ai déjà entretenus [1], l'aristocratie épiscopale tomba dans

---

[1] Leçon 13°, t. 1, p. 18--43.

la même corruption, la même anarchie qui s'emparèrent de l'aristocratie civile; les métropolitains perdirent toute autorité, les simples prêtres toute influence; beaucoup d'évêques tinrent plus de compte de leur importance comme propriétaires que de leur mission comme chefs de l'Église; Beaucoup de laïques reçurent ou envahirent les évêchés comme de purs domaines. Chacun s'occupa de ses intérêts temporels ou diocésains; toute unité s'évanouit dans le gouvernement du clergé séculier. L'ordre monastique n'offrait pas un autre aspect; la règle de saint Benoît y était communément adoptée; mais aucun lien, aucune administration générale ne liait entre eux les divers établissemens; chaque monastère subsistait et se gouvernait isolément; en sorte qu'à la fin du VIIe siècle, le régime aristocratique, qui dominait dans l'Église comme dans l'État, y était presque aussi désordonné, presque aussi incapable d'enfanter un gouvernement un peu général et régulier.

Rien n'était donc fondé, à cette époque, ni dans l'une ni dans l'autre des deux sociétés dont la société moderne est sortie : l'absence de règle et d'autorité publique y était plus complète, peut-être, qu'immédiatement après la chute de l'empire; alors, du moins, les débris des institutions romaines et germaniques subsistaient encore, et maintenaient quelque ordre social au milieu des évènemens les plus désordonnés. Quand approcha la chute de la race mérovingienne, ces débris même étaient tombés en ruines, et nul édifice nouveau ne s'était encore élevé ; il n'y avait presque plus aucune trace de l'administration impériale, ni des *mals*, ou assemblées des hommes libres de la Germanie, et l'organisation féodale ne se laissait pas même entrevoir. A aucune époque, peut-être, le chaos n'a été si grand, l'État n'a si peu existé.

Cependant sous cette dissolution générale, dans la société civile et religieuse, se préparaient deux forces nouvelles, deux principes d'organisation et de gouvernement, destinés à se rapprocher et à s'unir, pour tenter enfin de mettre un terme au chaos, et de donner à l'État et à l'Église l'ensemble et la fixité qui leur manquaient.

Quiconque observera avec quelque attention la distribution des Francs sur le territoire gaulois, du VIe au VIIIe siècle, sera frappé d'une différence considérable entre la situation des Francs d'Austrasie, placés sur les bords du Rhin, de la Moselle, de la Meuse, et celle des Francs de Neustrie, transplantés dans le centre, l'ouest et le midi de la Gaule. Les premiers étaient probablement plus nombreux, et à coup sûr, bien moins dispersés. Ils tenaient encore à ce sol d'où les Germains tiraient, pour ainsi dire, comme Antée de la terre, leur force et leur fécondité. Le Rhin seul les séparait de l'ancienne Germanie; ils vivaient en relation continuelle, hostile ou pacifique, avec les peuplades germaines, et en partie franques, qui habitaient la rive droite. Cependant ils s'étaient bien établis dans leur nouvelle patrie, et voulaient fermement la garder. Ils étaient ainsi moins séparés que les Francs Neustriens des institutions et des mœurs de l'ancienne société germaine, et, en même temps, devenus propriétaires, ils contractaient chaque jour davantage les besoins et les habitudes de leur situation nouvelle, et de l'organisation sociale qui pouvait s'y adapter. Deux faits, contradictoires en apparence, mettent au grand jour ce caractère particulier des Francs-Austrasiens. C'est surtout d'Austrasie que partent les bandes de guerriers qu'on voit, dans le cours des VIe et VIIe siècles, se répandre encore, soit en Italie, soit dans le midi de la Gaule, pour s'y livrer à la vie d'incursion et de pillage; et cependant c'est en Austrasie que paraissent les plus remarquables monumens du passage des Francs à l'état de propriétaires; c'est sur les bords du Rhin, de la Moselle et de la Meuse que sont les plus anciennes, les plus fortes de ces habitations qui devinrent des châteaux ; en sorte que la société austrasienne est l'image la plus complète, la plus fidèle des anciennes mœurs et de la situation nouvelle des Francs ; c'est là qu'on rencontre le moins d'élémens romains, hétérogènes ; c'est là que s'allient et se déployent avec le plus d'énergie l'esprit de conquête et l'esprit territorial, les instincs du propriétaire et ceux du guerrier.

Un fait si important ne pouvait manquer de se faire jour et d'exercer sur le cours des évènemens une grande influence ; la société austrasienne devait enfanter quelque institution, quelque force qui exprimât et développât son caractère. Ce fut le rôle de ses maires du palais, et en particulier de la famille des Pepin.

La mairie du palais se rencontre dans tous les royaumes francs. Je ne saurais entrer ici dans une longue histoire de l'institution ; je me bornerai à en marquer le caractère et les vicissitudes générales. Les maires ont été d'abord simplement les premiers surveillans, les premiers administrateurs de l'intérieur du palais du roi, les chefs qu'il mettait à la tête de ses compagnons, de ses leudes, réunis encore autour de lui ; ils avaient mission de maintenir l'ordre parmi les hommes du roi, de leur rendre la justice, de veiller à toutes les affaires, à tous les besoins de cette grande société domestique. Ils étaient les hommes du roi auprès des leudes ; c'est là leur premier caractère, leur premier état.

Voici le second. Après avoir exercé le pouvoir du roi sur ses leudes, les maires du palais l'envahirent à leur profit. Les leudes, par les concessions de charges publiques et de bénéfices, ne tardèrent pas à devenir de grands propriétaires ; cette nouvelle situation l'emporta sur celle de compagnons du roi ; ils se détachèrent de lui et se groupèrent ensemble pour défendre leurs intérêts communs ; selon les besoins de leur fortune, les maires du palais leur résistèrent quelquefois, s'unirent à eux le plus souvent ; et d'abord serviteurs de la royauté, ils devinrent enfin les chefs d'une aristocratie contre laquelle la royauté ne pouvait plus rien.

Ce sont là les deux principales phases de cette institution : elle prit en Austrasie, dans la famille des Pepin, qui la posséda près d'un siècle et demi, plus d'extension et de fixité que partout ailleurs. A la fois grands propriétaires, usufruitiers de la puissance royale, et chefs de guerriers, Pepin-le-vieux, Pepin de Herstall, Charles-Martel et Pepin-le-bref défendirent tour à tour ces divers intérêts, s'en approprièrent la puissance, et se trouvèrent ainsi les représentans de l'aristocratie, de la royauté et de cet esprit à la fois territorial et conquérant qui animait les Francs d'Austrasie, et leur assurait la prépondérance. Là résidait le principe de vie et d'organisation qui devait s'emparer de la société civile et la tirer, pour quelque temps du moins, de l'état d'anarchie et d'impuissance où elle était plongée. Les Pepin furent les dépositaires de sa force, les instrumens de son action.

Dans la société religieuse, mais hors du territoire franc, se développait aussi une puissance capable d'y porter, d'y tenter du moins l'ordre et la réforme, la Papauté.

Je ne répéterai point ici, Messieurs, ce que j'ai déjà dit des premières origines de la papauté, et des causes religieuses auxquelles elle dut l'extension progressive de son pouvoir. Indépendamment de ces causes, et sous un point de vue purement temporel, l'évêque de Rome se trouva placé dans la situation la plus favorable. Trois circonstances, vous vous le rappelez, contribuèrent surtout à établir le pouvoir des évêques en général : 1° leurs vastes domaines, qui leur firent prendre place dans cette hiérarchie de grands propriétaires, à laquelle

la société européenne a si long-temps appartenu ;
2° leur intervention dans le régime municipal,
et la prépondérance qu'ils exercèrent, dans les
cités, en recueillant directement ou indirectement
l'héritage des anciennes magistratures ; 3° enfin,
leur qualité de conseillers du pouvoir temporel ;
ils entourèrent les nouveaux rois, et les dirigèrent
dans leurs essais de gouvernement. Sur cette triple
base s'éleva dans les États naissans le pouvoir épiscopal. L'évêque de Rome fut, plus que tout autre,
en mesure d'en profiter. Comme les autres, il
était grand propriétaire ; de très-bonne heure,
il posséda, dans la campagne de Rome, dans le
midi de l'Italie, sur les bords de la mer Adria-
tique, des domaines considérables. En tant que
conseiller du pouvoir temporel, nul n'avait une
aussi belle chance ; au lieu d'être, comme les
évêques francs, espagnols, anglo-saxons, le serviteur d'un roi présent, il était le représentant, le
vicaire d'un roi absent ; il dépendait de l'empereur
d'Orient, souverain qui gênait rarement son administration, et ne l'éclipsait jamais. L'empire,
à la vérité, avait en Italie d'autres représentans
que la papauté ; l'exarque de Ravenne et un duc
qui résidait à Rome étaient, quant à l'administration civile, ses délégués véritables ; mais, dans
l'intérieur de Rome, les attributions de l'évêque,

même en matière civile, et à défaut d'attributions, son influence, lui conféraient presque tout le pouvoir. Les empereurs ne négligeaient rien pour le retenir dans leur dépendance ; ils conservaient avec grand soin le droit de confirmer son élection ; il leur payait certains tributs, et entretenait constamment à Constantinople, sous le nom d'*apocrisiaire*, un agent chargé d'y traiter toutes ses affaires et de répondre de sa fidélité. Mais si ces précautions retardaient l'émancipation complète et extérieure des papes, elles n'empêchaient pas que leur indépendance ne fût grande, et qu'à titre de délégués de l'empire ils ne fussent de jour en jour plus près de devenir ses successeurs.

Comme magistrats municipaux, comme chefs du peuple dans les murs de Rome, leur situation n'était pas moins heureuse. Vous avez vu que, dans le reste de l'Occident, particulièrement dans la Gaule, et par l'inévitable effet des désastres de l'invasion, le régime municipal alla dépérissant ; il en resta bien des débris, et l'évêque en disposait presque seul ; mais ce n'étaient que des débris ; l'importance des magistrats municipaux s'abaissait de jour en jour sous les coups désordonnés des comtes ou autres chefs barbares. Il n'en arriva point ainsi à Rome : le régime municipal, au lieu de s'affaiblir, s'y fortifia ; Rome ne resta point dans la possession des barbares; ils ne firent que la saccager en passant; le pouvoir impérial en était trop éloigné pour y être réel; le régime municipal en devint bientôt le seul gouvernement; l'influence du peuple romain dans ses affaires fut beaucoup plus active, plus efficace aux VIe et VIIe siècles, qu'elle n'avait été dans les siècles précédens. Les magistrats municipaux devinrent des magistrats politiques; et l'évêque qui, sous des formes plus ou moins arrêtées, par des moyens plus ou moins directs, se trouvait en quelque sorte leur chef, eut la première part dans cette élévation générale et inaperçue vers une sorte de souveraineté, tandis qu'ailleurs le pouvoir épiscopal ne dépassait pas les limites d'une étroite et douteuse administration.

Ainsi, à titre de propriétaires, de conseillers du souverain et de magistrats populaires, les évêques de Rome eurent en partage les meilleures chances; et pendant que les circonstances religieuses tendaient à l'accroissement de leur pouvoir, les circonstances politiques eurent le même résultat, les poussèrent dans les mêmes voies. Aussi, dans le cours des VIe et VIIe siècles, la papauté parvint-elle en Italie à un degré d'importance qu'elle était bien loin de posséder auparavant; et bien qu'elle fût, à la fin de cette époque, assez étrangère à la Gaule franque, bien que ses relations, soit avec les rois, soit avec le clergé francs, fussent devenues rares, tel était cependant son progrès général qu'en remettant le pied dans la monarchie et l'Église franque, elle ne pouvait manquer d'y paraître avec une force et un crédit supérieur à toute rivalité.

Voilà donc, Messieurs, deux puissances nouvelles qui se sont formées et affermies au milieu de la dissolution générale: dans l'État franc, les maires du palais d'Austrasie, dans l'Église chrétienne, les papes; voilà deux principes actifs, énergiques, qui semblent se disposer à prendre possession, l'un de la société civile, l'autre de la société religieuse, et capables d'y tenter quelque travail d'organisation, d'y rétablir quelque gouvernement.

Ce fut, en effet, par l'influence de ces deux principes et de leur alliance qu'éclata, au milieu du VIIIe siècle, la crise dont nous cherchons le caractère et le sens. Nous les avons vu naître et grandir chacun de son côté : comment se rapprochèrent et s'unirent-ils?

Depuis le Ve siècle, la papauté s'était mise à la tête de la conversion des païens. Le clergé des divers États d'Occident, occupé soit de ses devoirs religieux locaux, soit de ses intérêts temporels, avait à peu près abandonné cette grande entreprise : les moines seuls, plus désintéressés et plus oisifs, continuaient à s'en occuper avec ardeur. L'évêque de Rome se chargea de les diriger, et ils l'acceptèrent en général pour chef. A la fin du VIe siècle, Grégoire-le-Grand accomplit la plus importante de ces conversions, celle des Anglo-Saxons établis dans la Grande-Bretagne. Par ses ordres, des moines romains partirent pour l'entreprendre. Ils commencèrent par le pays de Kent, et Augustin, l'un d'entre eux, fut le premier archevêque de Cantorbéry. L'église anglo-saxonne se trouva ainsi, en Occident, la seule qui, au VIIe siècle, dût son origine à l'église romaine. L'Italie, l'Espagne, les Gaules étaient devenues chrétiennes sans le secours de la papauté ; leurs églises ne tenaient à celle de Rome par aucune puissante filiation ; elles étaient ses sœurs, non ses filles. La Grande-Bretagne, au contraire, reçut de Rome sa foi et ses premiers prédicateurs. Aussi était-elle, à cette époque, bien plus qu'aucune autre église d'Occident, en correspondance habituelle avec les papes, dévouée à leurs intérêts, docile à leur autorité. Par une conséquence naturelle, et aussi à cause de la similitude des idiomes, ce fut surtout avec des moines anglo-saxons que les papes entreprirent la conversion des autres peuples païens de l'Europe, entre autres des Germains. Il suffit de parcourir les vies des saints des VII° et VIII° siècles, pour se convaincre que la plupart des missionnaires envoyés aux Bavarois, aux Frisons, aux Saxons, Willibrod, Rupert, Willibald, Winfried, venaient de la Grande-Bretagne. Ils ne pouvaient travailler à cette œuvre sans entrer en relation fréquente avec les Francs d'Austrasie et leurs chefs. Les Austrasiens touchaient de toutes parts aux peuples d'outre-Rhin, luttaient sans cesse pour les empêcher d'inonder de nouveau l'Occident. Ne fût-ce que pour pénétrer dans ces contrées barbares, les missionnaires avaient besoin de traverser leur territoire et d'obtenir leur appui. Aussi ne manquaient-ils pas de le réclamer. Grégoire-le-Grand ordonna, aux moines même qu'il envoyait dans la Grande-Bretagne, de passer par l'Austrasie, et les recommanda aux deux rois Théodoric et Théodebert, qui régnaient alors à Châlons et à Metz. La recommandation fut bien plus nécessaire et plus pressante quand il s'agit d'aller convertir les peuplades germaines. Les chefs austrasiens de leur côté, Arnoul, Pepin de Herstall, Charles

Martel, ne tardèrent pas à pressentir quels avantages pouvaient avoir pour eux de tels travaux. En devenant chrétiennes, ces peuplades incommodes devaient se fixer, subir quelque influence régulière, entrer du moins dans la voie de la civilisation. Les missionnaires d'ailleurs étaient d'excellens explorateurs de ces contrées avec lesquelles les communications étaient si difficiles; on pouvait se procurer, par leur entremise, des renseignemens, des avis; où trouver d'aussi habiles agens, d'aussi utiles alliés? Aussi l'alliance fut-elle bientôt conclue. C'est en Austrasie que les missionnaires qui se répandent en Germanie ont leur principal point d'appui; c'est de là qu'ils partent, là qu'ils reviennent; c'est au royaume d'Austrasie qu'ils rattachent leurs conquêtes spirituelles; c'est avec les maîtres de l'Austrasie d'une part, et les papes de l'autre, qu'ils sont dans une intime et constante correspondance. Parcourez la vie, suivez les travaux du plus illustre et du plus puissant d'entre eux, saint Boniface, vous y reconnaîtrez tous les faits que je viens de vous faire entrevoir. Il était Anglo-Saxon, né vers 680, à Kirton, dans le comté de Devon, et s'appelait Winfried. Moine de très-bonne heure dans le monastère d'Exeter, et plus tard dans celui de Nutsell, on ne sait d'où lui vint le dessein de se vouer à la conversion des peuples germaniques; peut-être ne fit-il que suivre l'exemple de plusieurs de ses compatriotes. Quoi qu'il en soit, dès l'an 715, on le voit prêchant au milieu des Frisons; la guerre sans cesse renaissante entre eux et les Francs austrasiens le chasse de leur pays; il retourne dans le sien, et rentre au monastère de Nutsell. En 718, on le rencontre à Rome, recevant du pape Grégoire II une mission formelle et des instructions pour la conversion des Germains. Il va de Rome en Austrasie, s'entend avec Charles Martel, passe le Rhin, et poursuit, avec une infatigable persévérance, chez les Frisons, les Thuringiens, les Bavarois, les Cattes, les Saxons, son immense entreprise. Sa vie entière y fut dévouée, et c'était toujours à Rome que se rattachaient ses travaux. En 723, Grégoire II le nomme évêque; en 732, Grégoire III lui confère les titres d'archevêque et de vicaire apostolique; en 738, Winfried, qui ne porte plus que le nom de Boniface, fait un nouveau voyage à Rome pour y régler définitivement les rapports de l'Église chrétienne qu'il vient de fonder avec la chrétienté en général; et pour lui, Rome est le centre, le pape est le chef de la chrétienté. C'est au profit de la papauté qu'il envoie de tous côtés les missionnaires placés sous ses ordres, qu'il érige des évêchés, conquiert des peuples. Voici le serment qu'il prêta lorsque le pape le nomma archevêque de Mayence, et métropolitain de tous les évêchés qu'il fonderait en Germanie :

Moi, Boniface, évêque, par la grâce de Dieu, je promets à toi, bienheureux Pierre, prince des apôtres, et à ton vicaire, le bienheureux Grégoire, et à ses successeurs, par le Père, le Fils et le Saint-Esprit, Trinité sainte et indivisible, et par ton corps sacré, ici présent, de garder toujours une parfaite fidélité à la sainte Foi catholique, de demeurer, avec l'aide de Dieu, dans l'unité de cette foi, de laquelle dépend, sans aucun doute, tout le salut des chrétiens; de ne me prêter, sur l'instigation de personne, à rien qui soit contre l'unité de l'Église universelle, et de prouver, en toutes choses, ma fidélité, la pureté de ma foi et mon entier dévouement à toi, aux intérêts de ton Église, qui a reçu de Dieu le pouvoir de lier et délier, à ton vicaire susdit et à ses successeurs. Et si j'apprends que des évêques agissent contre les anciennes règles des saints pères, je m'engage à n'avoir avec eux ni alliance, ni communion; bien plus, à les réprimer, si je le peux; sinon, j'en informerai sur-le-champ mon seigneur apostolique. Et si, ce qu'à Dieu ne plaise, je me laissais jamais aller, soit par mon penchant, soit par occasion, à faire quelque chose contre mes susdites promesses, que je sois trouvé coupable lors du jugement éternel, que j'encoure le châtiment d'Ananias et de Saphire qui osèrent vous abuser et vous dérober quelque chose de leurs biens. Moi, Boniface, humble évêque, j'ai écrit de ma propre main cette attestation de serment, et la posant sur le corps très-sacré du bienheureux Pierre, j'ai, ainsi qu'il est prescrit, prenant Dieu pour témoin et pour juge, prêté le serment que je promets de garder [1].

Je joins à ce serment le compte rendu que Boniface nous a transmis lui-même des décrets du premier concile germanique tenu sous sa présidence en 742 :

Dans notre réunion synodale, nous avons déclaré et décrété que nous voulions garder jusqu'à la fin de notre vie la foi et l'unité catholique, et la soumission envers l'église romaine, saint Pierre et son vicaire ; que nous rassemblerions tous les ans le synode ; que les métropolitains demanderaient le *pallium* au siége de Rome, et que nous suivrions canoniquement tous les préceptes de Pierre, afin d'être comptés au nombre de ses brebis. Et nous avons tous consenti et souscrit cette profession, et nous l'avons envoyée au corps de saint Pierre, prince des apôtres ; et le clergé et le pontife de Rome l'ont reçue avec joie....

Si quelque évêque ne peut corriger ou réformer quelque chose dans son diocèse, qu'il en propose la réforme dans le synode, devant l'archevêque et tous les assistans, ainsi que nous avons nous-même promis avec serment à l'église romaine que, si nous voyions les prêtres et les peuples s'écarter de la loi de Dieu, et si nous ne pouvions les corriger, nous en informerions fidèlement le siége aposto-

---

[1] S. Bonif. Epist. ep. 118 ; Bib. pat. T. XIII, p. 119 ; éd. de Lyon.

lique et le vicaire de saint Pierre, pour faire accomplir la dite réforme. C'est ainsi, si je ne me trompe, que tous les évêques doivent rendre compte au métropolitain, et lui-même au pontife de Rome, de ce qu'ils ne réussissent pas à réformer parmi leurs peuples. Et ainsi ils n'auront pas sur eux le sang des âmes perdues[1].

A coup sûr, il est impossible de soumettre plus formellement à la papauté la nouvelle Église, les nouveaux peuples chrétiens.

Un scrupule m'arrête, Messieurs, et j'ai besoin de l'exprimer : je crains que vous ne soyez tentés de voir surtout, dans cette conduite de saint Boniface, la part des motifs purement temporels, des combinaisons ambitieuses et intéressées : c'est assez la disposition de notre temps; et nous sommes même un peu enclins à nous en vanter, comme d'une preuve de notre liberté d'esprit et de notre bon sens. Oui, Messieurs, jugeons toutes choses avec pleine liberté d'esprit; que le bon sens le plus sévère préside à tous nos jugemens; mais sachons bien que, partout où nous rencontrerons de grandes choses et de grands hommes, il y a eu d'autres mobiles que des combinaisons ambitieuses et des intérêts personnels.

---

[1] Labbe, conc. t. vi col. 1544-1545.

Sachons bien que la pensée de l'homme ne s'élève, que son horizon ne s'agrandit que lorsqu'il se détache du monde et de lui-même, et que, si l'égoïsme joue dans l'histoire un rôle immense, celui de l'activité désintéressée et morale lui est, aux yeux de la plus rigoureuse critique, infiniment supérieur. Boniface le prouve comme tant d'autres ; tout dévoué qu'il était à la cour de Rome, il savait, au besoin, lui parler vrai, lui reprocher ses torts et la presser de prendre garde à elle-même. Il avait appris qu'elle accordait certaines autorisations, qu'elle permettait certaines licences dont se scandalisaient les consciences sévères ; il écrit au pape Zacharie :

Ces hommes charnels, ces simples Allemands, ou Bavarois, ou Francs, s'ils voient faire à Rome quelqu'une des choses que nous défendons, croient que cela a été permis et autorisé par les prêtres, et le tournent contre nous en dérision, et s'en prévalent pour le scandale de leur vie. Ainsi, ils disent que chaque année, aux kalendes de janvier, ils ont vu, à Rome, et jour et nuit auprès de l'Église, des danses parcourir les places publiques, selon la coutume des païens, et pousser des clameurs à leur façon, et chanter des chansons sacrilèges ; et ce jour, disent-ils, et jusques dans la nuit, les tables sont chargées de mets, et personne ne voudrait prêter à son voisin, ni feu, ni fer, ni quoi que ce soit de sa maison. Ils disent aussi qu'ils ont vu des femmes porter attachés, à leurs jambes et à leurs bras, comme faisaient les païens, des phylactères et des bandelettes, et offrir toutes sortes de choses à acheter aux passans; et toutes ces choses, vues ainsi par des hommes charnels et peu instruits, sont un sujet de dérision et un obstacle à notre prédication et à la foi..... Si votre Paternité interdit dans Rome les coutumes païennes, elle s'acquerra un grand mérite, et nous assurera un grand progrès dans la doctrine de l'Église [1].

Je pourrais citer plusieurs lettres écrites avec autant de franchise et qui prouvent la même sincérité. Mais un fait parle plus haut que toutes les lettres du monde. Après avoir fondé neuf évêchés et plusieurs monastères, au point le plus élevé de ses succès et de sa gloire, en 753, c'est-à-dire à 73 ans, le missionnaire saxon demanda et obtint l'autorisation de quitter son archevêché de Mayence, de le remettre à Lulle, son disciple favori, et d'aller reprendre, chez les Frisons, encore païens, les travaux de sa jeunesse. Il rentra en effet au milieu des bois, des marais et des barbares, et y fut massacré, en 755, avec plusieurs de ses compagnons.

A sa mort, la conquête de la Germanie au christianisme était accomplie, et accomplie au profit

---

[1] *S. Bonif. ep. ad Zachariam;* ep. 132, *Bib. Pat.* T. XIII, p. 125; édit. de Lyon.

de la papauté. Mais elle s'était faite aussi au profit des Francs d'Austrasie, de leur sûreté, de leur pouvoir. En résultat c'était pour eux aussi bien que pour Rome qu'avait travaillé Boniface ; c'est sur le sol de la Germanie, dans l'entreprise de la conversion de ses peuplades par les missionnaires saxons, que se sont rencontrées et alliées les deux puissances nouvelles qui devaient prévaloir l'une dans la société civile, l'autre dans la société religieuse, les maires du palais d'Austrasie et les papes. Pour consommer leur alliance, et lui faire porter tous ses fruits, il ne fallait de part et d'autre qu'une occasion : elle ne tarda pas à se présenter.

J'ai déjà dit un mot de la situation de l'évêque de Rome vis à vis des Lombards, et de leurs continuels efforts pour envahir un territoire qui, de jour en jour, devenait plus positivement son domaine. Un autre danger moins pressant, mais réel, lui venait aussi d'ailleurs. De même que les Francs d'Austrasie, les Pepin à leur tête, avaient à combattre au nord les Frisons et les Saxons, au midi, les Sarrasins, de même les papes étaient pressés par les Sarrasins et les Lombards. Leur situation était analogue. Mais les Francs remportaient des victoires sous Charles Martel ; la papauté, hors d'état de se défendre elle-même, cherchait partout des soldats. Elle essaya d'en obtenir de l'empereur d'Orient, il n'en avait point à lui envoyer. En 739, Grégoire III eut recours à Charles Martel. Boniface se chargea de la négociation ; elle n'eut aucun résultat : Charles Martel avait trop à faire pour son propre compte; il n'eut garde de s'engager dans une nouvelle guerre. Mais l'idée s'établit à Rome que les Francs seuls pouvaient défendre l'Église contre les Lombards, et que tôt ou tard ils passeraient les Alpes à son profit.

Quelques années après, le chef de l'Austrasie, Pepin, fils de Charles-Martel, eut à son tour besoin du pape. Il voulait se faire déclarer roi des Francs, et quelque bien établi que fût son pouvoir, il y voulait une sanction. Je l'ai fait remarquer plusieurs fois, et ne me lasse point de le répéter, la force ne se suffit point à elle-même : elle veut quelque chose de plus que le succès ; elle a besoin de se convertir en droit; elle demande ce caractère, tantôt au libre assentiment des hommes, tantôt à la consécration religieuse. Pepin invoqua l'un et l'autre. Plus d'un ecclésiastique, Boniface peut-être, lui suggéra l'idée de faire sanctionner, par la papauté, son nouveau titre de roi des Francs; je n'entrerai pas dans les détails de la négociation entreprise à ce sujet ; elle offre des questions assez embarrassantes, des difficultés chronologiques : il n'en est pas moins certain qu'elle eut lieu, que Boniface la conduisit, que ses lettres au pape la laissent plusieurs fois entrevoir, qu'on le voit entr'autres charger son disciple Lulle d'entretenir le pape d'affaires importantes sur lesquelles il aime mieux ne pas lui écrire. Enfin, en 751 :

Burchard, évêque de Wurtzbourg, et Fulrad, prêtre chapelain, furent envoyés à Rome au pape Zacharie, afin de consulter le pontife touchant les rois qui étaient alors en France, et qui n'en avaient encore que le nom sans en avoir aucunement la puissance. Le pape répondit par un messager qu'il valait mieux que celui qui possédait déjà l'autorité de roi le fût en effet, et donnant son plein assentiment, il enjoignit que Pepin fût fait roi... Pepin fut donc proclamé roi des Francs, et oint, pour cette haute dignité, de l'onction sacrée par la sainte main de Boniface, archevêque et martyr d'heureuse mémoire, et élevé sur le trône, selon la coutume des Francs, dans la ville de Soissons. Quant à Childéric, qui se parait du faux nom de roi, Pepin le fit raser et mettre dans un monastère*.

Telle fut, Messieurs, la marche progressive de cette révolution ; telles en furent les causes indirectes et véritables. On l'a représentée dans ces

---

* *Annales d'Eginhard*, t. 3, p. 4, dans ma *Collection des Mémoires relatifs à l'Histoire de France*.

derniers temps [1] (et j'ai moi-même contribué à répandre cette idée [2]), comme une nouvelle invasion germanique, comme une seconde conquête de la Gaule par les Francs d'Austrasie, bien plus barbares, plus Germains que les Francs de Neustrie, qui s'étaient peu à peu fondus avec les Romains. Tel a été, en effet, le résultat, et pour ainsi dire, le caractère extérieur de l'évènement; mais ce qui le caractérise ne suffit point à l'expliquer; il a eu des causes plus lointaines et plus profondes que la continuation ou le renouvellement de la grande invasion germaine. Je viens de les mettre sous vos yeux. La société civile gallo franque était dans une complète dissolution; aucun système, aucun pouvoir n'était parvenu à s'y établir, et à la fonder en la réglant. La société religieuse était tombée à peu près dans le même état. Deux principes de régénération s'étaient développés peu à peu : chez les Francs d'Austrasie, la mairie du palais; à Rome, la papauté. Ces puissances nouvelles se trouvèrent naturellement rapprochées par l'entreprise de la

---

[1] *Histoire des Français*, par M. de Sismondi, t. 2, p. 168—171.

[2] Voyez mes *Essais sur l'Histoire de France*; 3ᵉ Essai, p. 67—85.

conversion des peuplades germaniques, à laquelle elles avaient un intérêt commun. Les missionnaires, et spécialement les missionnaires anglo-saxons, furent les agens de ce rapprochement. Deux circonstances particulières, le péril que les Lombards faisaient courir à la papauté, et le besoin qu'eut Pépin du pape pour faire sanctionner son titre de roi, en firent une étroite alliance. Elle éleva dans la Gaule une nouvelle race de souverains, détruisit en Italie le royaume des Lombards, et poussa la société gallo-franque, civile et religieuse, dans une route qui tendait à faire prévaloir dans l'ordre civil la royauté, dans l'ordre religieux la papauté. Tel vous apparaîtra en effet le caractère des essais de civilisation tentés en France par les Carlovingiens, c'est-à dire par Charlemagne, vrai représentant de cette direction nouvelle, quoiqu'il ait échoué dans ses desseins, et n'ait fait que jeter, pour ainsi dire, un pont entre la barbarie et la féodalité. Cette seconde époque, Messieurs, l'histoire de la civilisation en France sous les Carlovingiens, dans ses phases diverses, sera l'objet de la seconde partie de ce Cours. (*Applaudissemens.*)

VINGTIÈME LEÇON.

Règne de Charlemagne. — Grandeur de son nom. — Est-il vrai qu'il n'ait rien fondé, que tout ce qu'il avait fait ait péri avec lui? — De l'action des grands hommes. — Ils jouent un double rôle. — Ce qu'ils font, en vertu du premier, est durable; ce qu'ils tentent, sous le second, passe comme eux. — Exemple de Napoléon. — De la nécessité de bien savoir l'histoire des évènemens sous Charlemagne, pour comprendre celle de la civilisation. — Comment on peut résumer les évènemens en tableaux. — 1° De Charlemagne, comme guerrier et conquérant. — Tableau de ses principales expéditions. — De leur sens et de leurs résultats. — 2° De Charlemagne comme administrateur et législateur. — Du gouvernement des provinces. — Du gouvernement central. — Tableau des assemblées nationales sous son règne. — Tableau de ses capitulaires. — Tableau des actes et documens qui nous restent de cette époque. — 3° De Charlemagne comme protecteur du développement intellectuel. — Tableau des hommes célèbres contemporains. — Appréciation des résultats généraux et du caractère de son règne.

MESSIEURS,

Nous entrons dans la seconde grande époque de l'histoire de la civilisation française, et en y entrant, au premier pas, nous y rencontrons un grand homme. Charlemagne n'a été ni le premier de sa race, ni l'auteur de son élévation. Il reçut de Pepin, son père, un pouvoir tout fondé. J'ai essayé de vous faire connaître les causes de cette révolution et son vrai caractère. Quand Charlemagne devint roi des Francs, elle était accomplie; il n'eut pas même besoin de la défendre. C'est lui cependant qui a donné son nom à la seconde dynastie, et dès qu'on en parle, dès qu'on y pense, c'est Charlemagne qui se présente à l'esprit comme son fondateur et son chef. Glorieux privilége d'un grand homme! Nul ne s'en étonne, nul ne conteste à Charlemagne le droit de nommer sa race et son siècle. On lui rend même souvent des hommages aveugles; on lui prodigue, pour ainsi dire, au hasard le génie et la gloire. Et en même temps, on répète qu'il n'a rien fait, rien fondé, que son empire, ses lois, toutes ses œuvres ont péri avec lui. Et ce lieu commun historique amène une foule de lieux communs moraux sur l'impuissance des grands hommes, leur inutilité, la vanité de leurs desseins, et le peu de traces réelles qu'ils laissent dans le monde, après l'avoir sillonné en tous sens.

Tout cela serait-il vrai, Messieurs? La destinée

des grands hommes ne serait-elle en effet que de peser sur le genre humain et de l'étonner? Leur activité, si forte, si brillante, n'aurait-elle aucun résultat durable? Il en coûte fort cher d'assister à ce spectacle; la toile baissée, n'en resterait-il rien? Faudrait-il ne regarder ces chefs puissans et glorieux d'un siècle et d'un peuple que comme un fléau stérile, tout au moins comme un luxe onéreux? Charlemagne, en particulier, ne serait-il rien de plus?

Au premier aspect, il semble qu'il en soit ainsi, et que le lieu commun ait raison. Ces victoires, ces conquêtes, ces institutions, ces réformes, ces desseins, toute cette grandeur, toute cette gloire de Charlemagne se sont évanouies avec lui; on dirait un météore sorti tout à coup des ténèbres de la barbarie pour s'aller perdre et éteindre aussitôt dans les ténèbres de la féodalité. Et l'exemple n'est pas unique dans l'histoire; le monde a vu plus d'une fois, nous avons vu nous-mêmes un empire semblable, un empire qui prenait plaisir à se comparer à celui de Charlemagne, et en avait le droit, nous l'avons vu tomber également avec un homme.

Gardez-vous cependant, Messieurs, d'en croire ici les apparences: pour comprendre le sens des grands évènemens et mesurer l'action des grands hommes, il faut pénétrer plus avant.

Il y a dans l'activité d'un grand homme deux parts ; il joue deux rôles : on peut marquer deux époques dans sa carrière. Il comprend mieux que tout autre les besoins de son temps, les besoins réels, actuels, ce qu'il faut à la société contemporaine pour vivre et se développer régulièrement. Il le comprend, dis-je, mieux que tout autre, et il sait aussi mieux que tout autre s'emparer de toutes les forces sociales et les diriger vers ce but. De là son pouvoir et sa gloire : c'est là ce qui fait qu'il est, dès qu'il paraît, compris, accepté, suivi, que tous se prêtent et concourent à l'action qu'il exerce au profit de tous.

Il ne s'en tient point là : les besoins réels et généraux de son temps à peu près satisfaits, la pensée et la volonté du grand homme vont plus loin. Il s'élance hors des faits actuels ; il se livre à des vues qui lui sont personnelles ; il se complaît à des combinaisons plus ou moins vastes, plus ou moins spécieuses, mais qui ne se fondent point, comme ses premiers travaux, sur l'état positif, les instincts communs, les vœux déterminés de la société, en combinaisons lointaines et arbitraires ; il veut, en un mot, étendre indéfiniment son action, posséder l'avenir comme il a possédé le présent.

Ici commencent l'égoïsme et le rêve : pendant quelque temps, et sur la foi de ce qu'il a déjà fait, on suit le grand homme dans cette nouvelle carrière ; on croit en lui, on lui obéit ; on se prête, pour ainsi dire, à ses fantaisies, que ses flatteurs et ses dupes admirent même et vantent comme ses plus sublimes conceptions. Cependant le public, qui ne saurait demeurer long-temps hors du vrai, s'aperçoit bientôt qu'on l'entraîne où il n'a nulle envie d'aller, qu'on l'abuse et qu'on abuse de lui. Tout à l'heure le grand homme avait mis sa haute intelligence, sa puissante volonté au service de la pensée générale, du vœu commun ; maintenant il veut employer la force publique au service de sa propre pensée, de son propre désir ; lui seul sait et veut ce qu'il fait. On s'en inquiète d'abord ; bientôt on s'en lasse ; on le suit quelque temps mollement, à contre-cœur ; puis on se récrie, on se plaint ; puis enfin on se sépare ; et le grand homme reste seul, et il tombe ; et tout ce qu'il avait pensé et voulu seul, toute la partie purement personnelle et arbitraire de ses œuvres tombe avec lui.

Je ne me refuserai point à emprunter de notre

temps le flambeau qu'il nous offre en cette occasion pour en éclairer un temps éloigné et obscur. La destinée et le nom de Napoléon sont maintenant de l'histoire; je ne ressens pas le moindre embarras à en parler, et à en parler avec liberté.

Personne n'ignore qu'au moment où il s'est saisi du pouvoir en France, le besoin dominant, impérieux, de notre patrie, était la sécurité, au dehors, de l'indépendance nationale, au dedans, de la vie civile. Dans la tourmente révolutionnaire, la destinée extérieure et intérieure, l'État et la société avaient été également compromis. Replacer la France nouvelle dans la confédération européenne, la faire avouer, accueillir des autres États, et la constituer au dedans d'une manière paisible, régulière; la mettre en un mot en possession de l'indépendance et de l'ordre, seuls gages d'un long avenir, c'était là le vœu, la pensée générale du pays. Napoléon la comprit et l'accomplit; le gouvernement consulaire fut dévoué à cette tâche.

Celle-là terminée ou à peu près, Napoléon s'en proposa mille autres; puissant en combinaisons et d'une imagination ardente, égoïste et rêveur, machinateur et poète, il épancha pour ainsi dire son activité en projets arbitraires, gigantesques, enfans de sa seule pensée, étrangers aux besoins réels de notre temps et de notre France. Elle l'a suivi quelque temps et à grands frais dans cette voie, qu'elle n'avait point choisie; un jour est venu où elle n'a pas voulu l'y suivre plus loin, et l'empereur s'est trouvé seul, et l'empire a disparu; et toutes choses sont retournées à leur propre état, à leur tendance naturelle.

C'est un spectacle analogue, Messieurs, que nous offre, au IX° siècle, le règne de Charlemagne. Malgré d'immenses différences de temps, de situation, de forme, de fond même, le phénomène général est semblable : ces deux rôles d'un grand homme, ces deux époques de sa carrière se retrouvent dans Charlemagne comme dans Napoléon. Essayons de les démêler.

Ici je rencontre une difficulté qui m'a préoccupé long-temps et que je ne me flatte pas d'avoir complètement surmontée. Au commencement de ce cours, je vous ai engagés à lire une histoire générale de la France : je ne vous ai point raconté les évènemens ; je n'ai cherché que les résultats généraux, l'enchaînement des causes et des effets, le progrès de la civilisation, caché sous les scènes extérieures de l'histoire ; quant aux scènes mêmes, j'ai supposé que vous les connaissiez. Jusqu'à présent je me suis peu inquiété de savoir si vous aviez pris ce soin : sous la race mérovingienne, les évènemens proprement dits sont si peu nombreux, si monotones, qu'il est moins nécessaire d'y regarder de très près : les faits généraux seuls sont importans, et ils peuvent, jusqu'à un certain point, être mis en lumière et compris sans une connaissance exacte des détails. Sous le règne de Charlemagne, il en est tout autrement : les guerres, les vicissitudes politiques de tout genre sont nombreuses, éclatantes ; elles tiennent une grande place, et les faits généraux sont cachés fort loin derrière les faits spéciaux qui occupent le devant de la scène. L'histoire proprement dite enveloppe et couvre l'histoire de la civilisation. Celle-ci ne vous sera pas claire si l'autre ne vous est pas présente ; je ne puis vous raconter les évènemens et vous avez besoin de les savoir.

J'ai tenté de les résumer en tableaux, de présenter sous cette forme les faits spéciaux de cette époque, ceux-là du moins qui tiennent de près aux faits généraux et aboutissent immédiatement à l'histoire de la civilisation. On regarde aujourd'hui, et avec raison, les tableaux statistiques comme un des meilleurs moyens d'étudier, sous certains rapports, l'état d'une société ; pourquoi n'appliquerait-on pas à l'étude du passé la même méthode ? elle ne le reproduit point vivant et animé, comme le récit, mais elle en relève, pour ainsi dire, la charpente, et empêche les idées générales de flotter dans le vague et au hasard. A mesure que nous avancerons dans le cours de la civilisation, nous serons souvent obligés de l'employer.

Trois caractères essentiels paraissent dans Charlemagne : on peut le considérer sous trois points de vue principaux : 1° comme guerrier et conquérant, 2° comme administrateur et législateur, 3° comme protecteur des sciences, des lettres, des arts, du développement intellectuel en général. Il a exercé une grande puissance au dehors par la force, au dedans, par le gouvernement et les lois; il a voulu agir et il a agi en effet sur l'homme lui-même, sur l'esprit humain comme sur la société. J'essaierai de vous le faire connaître sous ces trois aspects, en vous présentant, en tableaux, les faits qui s'y rapportent et desquels se peut déduire l'histoire de la civilisation.

Je commence par les guerres de Charlemagne : en voici les faits les plus essentiels.

TABLEAU des principales expéditions de Charlemagne.

	Date.	Ennemis.	Observations.
1°	769	Contre les Aquitains.	Il va jusqu'à la Dordogne.
2°	772	—les Saxons.	—jusqu'au delà du Weser.
3°	773	—les Lombards.	—jusqu'à Pavie et Vérone.
4°	774	Id.	Il prend Pavie et va à Rome.
5°	Id.	—les Saxons.	
6°	775	Id.	
7°	776	—les Lombards.	—jusqu'à Trévise.
8°	Id.	—les Saxons.	—jusqu'aux sources de la Lippe.
9°	778	—les Arabes d'Espagne.	—jusqu'à Saragosse.
10°	Id.	—les Saxons.	
11°	779	Id.	—jusque dans le pays d'Osnabrück.
12°	780	Id.	—jusqu'à l'Elbe.
13°	782	Id.	—jusqu'au confluent du Weser et de l'Aller.
14°	783	Id.	—jusqu'à l'Elbe.
15°	784	Id.	—jusqu'à la Sale et l'Elbe.
16°	785	Id.	—jusqu'à l'Elbe.
17°	Id.	—les Thuringiens.	Il n'y va pas en personne.
18°	786	—les Bretons.	Id.
19°	787	—les Lombards de Bénévent.	Il va jusqu'à Capoue.
20°	Id.	—les Bavarois.	—jusqu'à Augsbourg.
21°	788	—les Huns ou Avares.	—jusqu'à Ratisbonne.
22°	789	—les Slaves-Wiltzes.	—entre l'Elbe et l'Oder inférieurs.
23°	791	—les Huns ou Avares.	—jusqu'au confluent du Danube et du Raab.

	Date.	Ennemis.	Observations.
24°	794	—les Saxons.	
25°	795	Id.	
26°	796	Id.	
27°	Id.	—les Huns ou Avares.	—sous les ordres de son fils Pepin, roi d'Italie.
28°	Id.	—les Arabes.	—sous les ordres de son fils Louis, roi d'Aquitaine.
29°	797	—les Saxons.	—entre le Bas-Weser et le Bas-Elbe.
30°	Id	—les Arabes.	—par son fils Louis.
31°	798	—les Saxons.	—au-delà de l'Elbe.
32°	801	—les Lombards de Bénévent.	—par son fils Pepin, jusqu'à Chieti.
33°	Id.	—les Arabes d'Espagne.	—par son fils Louis, jusqu'à Barcelone.
34°	802	—les Saxons.	—par ses fils, au-delà de l'Elbe.
35°	804	Id.	—entre l'Elbe et l'Oder; il fait transplanter en Gaule et en Italie des tribus de Saxons.
36°	805	—les Slaves de Bohême.	—par son fils aîné Charles.
37°	806	Id.	—par son fils Charles.
38°	Id.	—les Sarrasins de Corse.	—par son fils Pepin.
39°	Id.	—les Arabes d'Espagne.	—par son fils Louis.
40°	807	—les Sarrasins de Corse.	—par des généraux.
41°	Id.	—les Arabes d'Espagne.	Id.
42°	808	—les Danois ou Normands.	
43°	809	—les Grecs.	—en Dalmatie, par son fils Pepin.

	Date.	Ennemis.	Observations.
44°	Id.	—les Arabes d'Espagne.	
45°	810	—les Grecs.	Id.
46°	Id.	—les Sarrasins en Corse et en Sardaigne.	
47°	Id.	—les Danois.	Il alla en personne jusqu'au confluent du Weser et de l'Aller.
48°	811	Ib.	
49°	Id.	—les Avares.	
50°	Id.	—les Bretons.	
51°	812	—les Slaves Wiltzes.	—entre l'Elbe et l'Oder.
52°	Id.	—les Sarrasins en Corse.	
53°	813	Id.	

C'est-à-dire, en tout 53 expéditions, savoir:

   1 contre les Aquitains.
 18 — les Saxons.
  5 — les Lombards.
  7 — les Arabes d'Espagne.
  1 — les Thuringiens.
  4 — les Avares.
  2 — les Bretons.
  1 — les Bavarois.
  4 — les Slaves au-delà de l'Elbe.
  5 — les Sarrasins en Italie.

3 — les Danois.
2 — les Grecs.

Sans compter une foule d'autres petites expéditions dont il n'est resté aucun monument distinct et positif.

De ce tableau seul il résulte clairement que ces guerres ne ressemblent point à celles de la première race : ce ne sont point des dissensions de tribu à tribu, de chef à chef, des expéditions entreprises dans un but d'établissement ou de pillage; ce sont des guerres systématiques, politiques, inspirées par une intention de gouvernement, commandées par une certaine nécessité.

Quel est ce système? quel est le sens de ces expéditions?

Vous avez vu divers peuples germaniques, Goths, Bourguignons, Francs, Lombards, etc., s'établir sur le territoire de l'empire romain. De toutes ces tribus ou confédérations, les Francs étaient la plus forte, et celle qui, dans le nouvel établissement, occupait la position centrale. Elles n'étaient unies entre elles par aucun lien politique; elles se faisaient sans cesse la guerre. Cependant, à certains égards, et qu'elles le connussent ou non, leur situation était semblable et leur intérêt commun.

Vous avez vu que, dès le commencement du VIIIe siècle, ces nouveaux maîtres de l'Europe occidentale, les Germains-Romains, étaient pressés au nord-est, le long du Rhin et du Danube, par de nouvelles peuplades germaniques, slaves, etc., qui se portaient sur le même territoire, au midi, par les Arabes répandus sur toutes les côtes de la Méditerranée, et qu'un double mouvement d'invasion menaçait ainsi d'une chute prochaine les États naissant à peine sur les ruines de l'empire romain.

Voici quelle fut, dans cette situation, l'œuvre de Charlemagne : il rallia contre cette double invasion, contre les nouveaux assaillans qui se pressaient sur les diverses frontières de l'empire, tous les habitans de son territoire, anciens ou nouveaux, Romains ou Germains récemment établis. Suivez la marche de ses guerres. Il commence par soumettre définitivement d'une part les populations romaines qui essayaient encore de s'affranchir du joug des barbares, comme les Aquitains dans le midi de la Gaule, d'autre part les populations germaniques arrivées les dernières, et dont l'établissement n'était pas encore bien consommé, comme les Lombards en Italie. Il les arrache, pour ainsi dire, aux impulsions diverses qui les animaient encore, les réunit toutes sous la domination des Francs, et les tourne contre la double invasion qui, au nord-est et au midi, les menaçait toutes également. Cherchez un fait dominant qui soit commun à presque toutes les guerres de Charlemagne; réduisez-les toutes à leur plus simple expression: vous verrez que c'est là leur sens véritable, qu'elles sont la lutte des habitans de l'ancien empire, conquérans ou conquis, Romains ou Germains, contre les nouveaux envahisseurs.

Ce sont donc des guerres essentiellement défensives, amenées par un triple intérêt de territoire, de race et de religion. C'est l'intérêt de territoire qui éclate surtout dans les expéditions contre les peuples de la rive droite du Rhin; car les Saxons et les Danois étaient des Germains, comme les Francs et les Lombards; il y avait même parmi eux des tribus franques, et quelques savans pensent que beaucoup de prétendus Saxons pourraient bien n'avoir été que des Francs encore établis en Germanie. Il n'y avait donc là aucune diversité de race; c'était uniquement pour défendre le territoire que la guerre avait lieu. Contre les peuples errans au-delà de l'Elbe ou sur le Danube, contre les Slaves et les Avares, l'intérêt de territoire et l'intérêt de race sont réunis. Contre les Arabes qui inondent le midi de la Gaule, il y a intérêt de territoire, de race et de religion, tout ensemble. Ainsi se combinent diversement les diverses causes de guerre; mais quelles que soient les combinaisons, ce sont toujours les Germains chrétiens et romains qui défendent leur nationalité, leur territoire et leur religion contre des peuples d'autre origine ou d'autre croyance, qui cherchent un sol à conquérir. Leurs guerres ont toutes ce caractère, dérivent toutes de cette triple nécessité.

Charlemagne n'avait point réduit cette nécessité en idée générale, en théorie; mais il la comprenait et y faisait face : les grands hommes ne procèdent guère autrement.

Il y fit face par la conquête; la guerre défensive prit la forme offensive; il transporta la lutte sur le territoire des peuples qui voulaient envahir le sien; il travailla à asservir les races étrangères, à extirper les croyances ennemies. De là son mode de gouvernement et la fondation de son empire : la guerre offensive et la conquête voulaient cette vaste et redoutable unité.

A la mort de Charlemagne, la conquête cesse, l'unité s'évanouit; l'empire se démembre et tombe en tous sens; mais est-il vrai que rien n'en reste, que toute l'œuvre guerrière de Charlemagne disparaisse, qu'il n'ait rien fait, rien fondé ?

Il n'y a qu'un moyen de répondre à cette question : il faut se demander si, après Charlemagne, les peuples qu'il avait gouvernés se sont retrouvés dans le même état; si cette double invasion qui, au nord et au midi, menaçait leur territoire, leur religion et leur race, a repris son cours; si les Saxons, les Slaves, les Avares, les Arabes ont continué de tenir dans un état d'ébranlement et d'angoisse les possesseurs du sol romain. Evidemment, il n'en est rien. Sans doute l'empire de Charlemagne se dissout; mais il se dissout en États particuliers qui s'élèvent comme autant de barrières sur tous les points où subsiste encore le danger. Avant Charlemagne, les frontières de Germanie, d'Italie, d'Espagne, étaient dans une fluctuation continuelle : aucune force politique, constituée, n'y était en permanence; aussi était-il contraint de se transporter sans cesse d'une frontière à l'autre, pour opposer aux envahisseurs la force mobile et passagère de ses armées. Après lui, de vraies barrières politiques, des États plus ou moins bien organisés, mais réels et durables, s'élèvent : les royaumes de Lorraine, d'Allemagne, d'Italie, des deux Bourgognes, de Navarre, datent de cette époque ; et malgré les vicissitudes de leur destinée, ils subsistent et suffisent pour opposer au mouvement d'invasion une résistance efficace. Aussi ce mouvement cesse, ou ne se reproduit plus que par la voie des expéditions maritimes, désolantes pour les points qu'elles atteignent, mais qui ne peuvent se faire avec de grandes masses d'hommes, ni amener de grands résultats.

Quoique la vaste domination de Charlemagne ait disparu avec lui, il n'est donc pas vrai de dire qu'il n'ait rien fondé ; il a fondé tous les États qui sont nés du démembrement de son Empire. Ses conquêtes sont entrées dans des combinaisons nouvelles, mais ses guerres ont atteint leur but. La forme a changé, mais au fond l'œuvre est restée. Ainsi s'exerce en général l'action des grands hommes. Charlemagne administrateur et législateur nous apparaîtra sous le même aspect.

Son gouvernement est plus difficile à résumer que ses guerres. On parle beaucoup de l'ordre qu'il avait ramené dans ses États, du grand système d'administration qu'il avait essayé de fonder. Je crois en effet qu'il l'avait essayé, mais qu'il y avait très-peu réussi ; malgré l'unité, malgré l'activité de sa pensée et de son pouvoir, le désordre était autour de lui immense, invincible; il le réprimait un moment, sur un point; mais le mal régnait partout où ne parvenait pas sa terrible volonté; et là où elle avait passé, il recommençait dès qu'elle s'était éloignée. Il ne faut pas se laisser tromper par les mots : ouvrez aujourd'hui l'almanach royal; vous pouvez y lire le système de l'administration de la France; tous les pouvoirs, tous les fonctionnaires, depuis le dernier échelon jusqu'au plus élevé, y sont indiqués et classés selon leurs rapports. Et il n'y a point là d'illusion; les choses se passent en effet comme elles sont écrites : le livre est une fidèle image de la réalité. Il serait facile de construire, pour l'empire de Charlemagne, une carte administrative semblable, d'y placer des ducs, des comtes, des vicaires, des centeniers, des échevins (*scabini*), et de les distribuer sur le territoire, hiérarchiquement organisés. Mais ce ne serait qu'un vaste mensonge : le plus souvent, dans la plupart des lieux, ces magistratures étaient impuissantes, ou désordonnées elles-mêmes. L'effort de Charlemagne pour les instituer et les faire agir était continuel, mais échouait sans cesse. Maintenant, Messieurs, que vous voilà avertis et en garde contre les apparences systématiques de ce gouvernement, je puis en esquisser les traits; vous n'en conclurez rien de trop.

Il faut distinguer le gouvernement local et le gouvernement central.

Dans les provinces, le pouvoir de l'empereur s'exerçait par deux classes d'agens, les uns locaux et permanens, les autres envoyés de loin et passagers.

Dans la première classe étaient compris : 1° les ducs, comtes, vicaires des comtes, centeniers, *scabini*, tous magistrats résidens, nommés par l'empereur lui-même ou par ses délégués, et chargés d'agir en son nom pour lever des forces, rendre la justice, maintenir l'ordre, percevoir les tributs; 2° les bénéficiers ou vassaux de l'empereur, qui tenaient de lui, quelquefois héréditairement, plus souvent à vie, plus souvent encore sans aucune stipulation ni règle, des terres, des domaines, dans l'étendue desquels ils exerçaient, un peu en leur propre nom, un peu au nom de l'empereur, une certaine juridiction et presque tous les droits de la souveraineté. Rien n'était bien déterminé ni bien clair dans la situation des bénéficiers et la nature de leur pouvoir : ils étaient en même temps délégués et indépendans, propriétaires et usufruitiers; et l'un ou l'autre de ces caractères prévalait en eux tour à tour. Mais, quoi qu'il en soit, ils étaient sans nul doute en relation habituelle avec Charlemagne, qui se servait d'eux pour faire partout parvenir et exécuter sa volonté.

Au-dessus des agens locaux et résidens, magistrats ou bénéficiers, étaient les *missi dominici*, envoyés temporaires, chargés d'inspecter, au nom de l'empereur, l'état des provinces, autorisés à pénétrer dans l'intérieur des domaines concédés comme dans les terres libres, investis du droit de réformer certains abus, et appelés à rendre compte de tout à leur maître. Les *missi dominici* furent pour Charlemagne, du moins dans les provinces, le principal moyen d'ordre et d'administration.

Quant au gouvernement central, en mettant pour un moment de côté l'action de Charlemagne lui-même et de ses conseillers personnels, c'est-à-dire le vrai gouvernement, les assemblées nationales, à en juger par les apparences et à en croire presque tous les historiens modernes, y occupaient une grande place. Elles furent en effet, sous son règne, fréquentes et actives. Voici le tableau de celles que mentionnent expressément les chroniqueurs du temps :

TABLEAU des assemblées générales tenues sous le règne de Charlemagne.

	DATE.	LIEU.
1°	770	Worms.
2°	771	Valenciennes.
3°	772	Worms.
4°	773	Genève.
5°	775	Duren.
6°	776	Worms.
7°	777	Paderborn.
8°	779	Duren.
9°	780	Ehresbourg.
10°	781	Worms.
11°	782	Aux sources de la Lippe.
12°	785	Paderborn.
13°	786	Worms.
14°	787	*Ibid.*
15°	788	Ingelheim.
16°	789	Aix-la-Chapelle.
17°	790	Worms.
18°	792	Ratisbonne.
19°	793	*Ibid.*
20°	794	Francfort.
21°	795	Kuffenstein.
22°	797	Aix-la-Chapelle.
23°	799	Lippenheim.
24°	800	Mayence.
25°	803	*Ibid.*
26°	804	Aux sources de la Lippe.
27°	805	Thionville.
28°	806	Nimègue.
29°	807	Coblentz.
30°	809	Aix-la-Chapelle

	DATE.	LIEU.
31°	810	Verden.
32°	811	Ibid.
33°	812	Boulogne.
34°	812	Aix-la-Chapelle.
35°	813	Ibid.

C'est quelque chose sans doute que le nombre et la régularité périodique de ces grandes réunions : mais que se passait-il dans leur sein? quel était le caractère de leur intervention politique : c'est ici le point important.

Il nous reste à ce sujet un monument très-curieux : un des contemporains et des conseillers de Charlemagne, son cousin-germain, Adalbard, abbé de Corbie, avait écrit un traité intitulé *de ordine palatii*, destiné à faire connaître l'intérieur du gouvernement de Charlemagne, et spécialement des assemblées générales. Ce traité a été perdu ; mais vers la fin du IX° siècle[1], Hincmar, archevêque de Rheims, l'a reproduit presque en entier dans une lettre ou instruction écrite à la demande de quelques grands du royaume qui

---

En 882.

avaient eu recours à ses conseils pour le gouvernement de Carloman, l'un des fils de Louis-le-Bègue. Aucun document, à coup sûr, ne mérite plus de confiance : on y lit :

> C'était l'usage de ce temps de tenir chaque année deux assemblées...; dans l'une et l'autre, et pourqu'elles ne parussent pas convoquées sans motif[1], on soumettait à l'examen et à la délibération des grands..... et en vertu des ordres du roi, les articles de loi nommés *capitula*, que le roi lui-même avait rédigés par l'inspiration de Dieu, ou dont la nécessité lui avait été manifestée dans l'intervalle des réunions.

La proposition des capitulaires, ou pour parler le langage moderne, l'initiative, émanait donc de l'empereur. Il en devait être ainsi ; l'initiative est naturellement exercée par celui qui veut régler, réformer, et c'était Charlemagne qui avait conçu ce dessein. Cependant je ne doute pas non plus que les membres de l'assemblée ne pussent faire de leur côté toutes les propositions qui

---

[1] *Ne quasi sine causa convocari viderentur;* cette phrase indique que la plupart des membres de ces assemblées regardaient l'obligation de s'y rendre comme un fardeau, qu'ils se souciaient assez peu de partager le pouvoir législatif, et que Charlemagne voulait légitimer leur convocation en leur donnant quelque chose à faire, bien plutôt qu'il ne se soumettait lui-même à la nécessité d'obtenir leur adhésion

leur paraissaient convenables : les méfiances et les artifices constitutionnels de notre temps étaient, à coup sûr, absolument inconnus de Charlemagne, trop sûr de son pouvoir pour redouter la liberté des délibérations, et qui voyait dans ces assemblées un moyen de gouvernement bien plus qu'une barrière à son autorité. Je reprends le texte d'Hincmar :

« Après avoir reçu ces communications, ils en délibéraient un, deux ou trois jours, ou plus, selon l'importance des affaires. Des messagers du palais, allant et venant, recevaient leurs questions et leur rapportaient les réponses; et aucun étranger n'approchait du lieu de leur réunion, jusqu'à ce que le résultat de leurs délibérations pût être mis sous les yeux du grand prince, qui, alors, avec la sagesse qu'il avait reçue de Dieu, adoptait une résolution à laquelle tous obéissaient. »

La résolution définitive dépendait donc toujours de Charlemagne seul ; l'assemblée ne lui donnait que des lumières et des conseils. Hincmar continue :

« Les choses se passaient ainsi pour un, deux capitulaires, ou un plus grand nombre, jusqu'à ce que, avec l'aide de Dieu, toutes les nécessités du temps eussent été réglées.

« Pendant que ces affaires se traitaient de la sorte hors de la présence du roi, le prince lui-même, au milieu de la multitude venue à l'assemblée générale, était occupé à recevoir les présens, saluant les hommes les plus considérables, s'entretenant avec ceux qu'il voyait rarement, témoignant aux plus âgés un intérêt affectueux, s'égayant avec les plus jeunes, et faisant ces choses et autres semblables pour les ecclésiastiques comme pour les séculiers. Cependant si ceux qui délibéraient sur les matières soumises à leur examen en manifestaient le désir, le roi se rendait auprès d'eux, y restait aussi long-temps qu'ils le voulaient, et là ils lui rapportaient avec une entière familiarité ce qu'ils pensaient de toutes choses, et quelles étaient les discussions amicales qui s'étaient élevées entre eux. Je ne dois pas oublier de dire que, si le tems était beau, tout cela se passait en plein air; sinon, dans plusieurs bâtimens distincts, où ceux qui avaient à délibérer sur les propositions du roi étaient séparés de la multitude des personnes venues à l'assemblée; et alors les hommes les moins considérables ne pouvaient entrer. Les lieux destinés à la réunion des seigneurs étaient divisés en deux parties, de telle sorte que les évêques, les abbés et les clercs élevés en dignité pussent se réunir sans aucun mélange de laïques. De même les comtes et les autres principaux de l'État se séparaient, dès le matin, du reste de la multitude, jusqu'à ce que, le roi présent ou absent, ils fussent tous réunis; et alors les seigneurs ci-dessus désignés, les clercs de leur côté, les laïques du leur, se rendaient dans la salle qui leur était assignée, et où on leur avait fait honorablement préparer des siéges. Lorsque les seigneurs laïques et ecclésiastiques étaient ainsi séparés de la multitude, il demeurait en leur pouvoir de siéger ensemble ou séparément, selon la nature des affaires qu'ils avaient à traiter, ecclésiastiques, séculières ou mixtes. De même s'ils voulaient faire venir quelqu'un, soit pour demander des alimens, soit pour faire quelque question, et le renvoyer après en avoir reçu ce dont ils avaient besoin, ils en étaient les maîtres. Ainsi se passait l'examen des affaires que le roi proposait à leurs délibérations.

La seconde occupation du roi était de demander à chacun ce qu'il avait à lui rapporter ou à lui apprendre sur la partie du royaume dont il venait. Non-seulement cela leur était permis à tous, mais il leur était étroitement recommandé de s'enquérir, dans l'intervalle des assemblées, de ce qui se passait au dedans ou au dehors du royaume; et ils devaient chercher à le savoir des étrangers comme des nationaux, des ennemis comme des amis, quelquefois en employant des envoyés, et sans s'inquiéter beaucoup de la manière dont étaient acquis les renseignemens. Le roi voulait savoir si dans quelque partie, quelque coin du royaume, le peuple murmurait ou était agité, et quelle était la cause de son agitation, et s'il était survenu quelque désordre dont il fût nécessaire d'occuper le conseil général, et autres détails semblables. Il cherchait aussi à connaître si quelqu'une des nations soumises voulait se révolter, si quelqu'une de celles qui s'étaient révoltées semblait disposée à se soumettre, si celles qui étaient encore indépendantes menaçaient le royaume de quelque attaque, etc. Sur toutes ces matières, partout où se manifestait un désordre ou un péril, il demandait principalement quels en étaient les motifs ou l'occasion.[1]

---

[1] Hincm. *Opp. de ordine p. latii.* t. 2, p. 201-215.

Je n'aurai pas besoin de longues réflexions pour vous faire reconnaître le véritable caractère de ces assemblées; il est clairement empreint dans le tableau qu'Hincmar en a tracé : Charlemagne le remplit seul; il est le centre et l'âme de toutes choses; c'est lui qui veut que les assemblées se réunissent, qu'elles délibèrent; c'est lui qui s'enquiert de l'état du pays, qui propose et sanctionne les lois; en lui résident la volonté et l'impulsion; c'est de lui que tout émane pour revenir à lui. Il n'y a point là de grande liberté nationale, point d'activité vraiment publique; il y a un vaste moyen de gouvernement [1].

Ce moyen ne fut point stérile; indépendamment de la force qu'y puisait Charlemagne pour les affaires courantes, vous venez de voir que là étaient en général rédigés et arrêtés les *Capitulaires*. Dans notre prochaine réunion je vous occuperai spécialement de cette législation célèbre; je ne veux aujourd'hui que vous en donner une idée. Voici, en attendant plus de détails, un tableau des capitulaires de Charlemagne, de leur nombre, de leur étendue et de leur objet :

---

[1] Voyez mes *Essais sur l'Histoire de France*, p. 315—344.

TABLEAU des capitulaires de Charlemagne.

	Date.	Lieu.	Articles	Législation civile.	Législation religieuse.
1°	769		18	1	17
2°	779	Duren.	23	15	8
3°	788	Ratisbonne.	8	7	1
4°	789	Aix-la-Chapelle.	80	19	61
5°	Id.		16		16
6°	Id.		23	14	9
7°	Id.		34	20	14
8°	793		17	15	2
9°	794	Francfort.	54	18	36
10°	797	Aix-la-Chapelle.	11	11	
11°	799		5		5
12°	Av. 800		70		
13°	800		5	5	
14°	801		8	8	
15°	Id.		1		1
16°	Id.		22		22
17°	802		41	27	14
18°	Id.		23	18	5
19°	803	Aix-la-Chapelle.	7		7
20°	Id.	Id.	1		1
21°	Id.	Id.	1		1
22°	Id.		11	11	
23°	Id.		29	27	2
24°	Id.		12	12	
25°	Id.		22	20	2
26°	Id.		8	8	
27°	Id.		13	11	2
28°	Id.	Worms.	3		3
29°	804	Seltz.	8		8
			574	267	237

1 Législation domestique et rurale. C'est le capitulaire de villis.

	Date.	Lieu.	Articles.	Législation civile.	Législation religieuse
	804	Seltz.	12		12
30°	805	Thionville.	16		16
31°	Id.	Id.	25	23	2
32°	Id.	Id.	16	14	2
33°	Id.	Id.	1		1
34°	806		20[1]		
35°	Id.		8	7	1
36°	Id.		6	6	
37°	Id.		8	7	1
38°	Id.	Nimègue.	19	18	1
39°	Id.		23		23
40°	807		7	7	
41°	808		30	28	2
42°	809	Aix-la-Chapelle.	37	36	1
43°	Id.	Id.	16	15	1
44°	810	Id.	18	14	4
45°	Id.		16	13	3
46°	Id.		5	5	
47°	811		12	7	5
48°	Id.		13		13
49°	Id.		9	9	
50°	Id.		9	9	
51°	812	Boulogne.	11	11	
52°	Id.		13	13	
53°	813		28	9	19
54°	Id.	Aix-la-Chapelle.	20	19	1
55°	Id.	Id.	46	46	
56°	Date incertaine.		59	26	33
57°	Id.		14		14
58°	Id.		13		13
59°	Id.		13	12	1
60°	Id.		9		9
Rep...	. . . .	. . . .	574	267	237
			1126	621	414

[1] Législation politique. — Partage des États.

Certes, un tel tableau atteste une grande activité législative; encore ne dit-il rien de la révision que fit faire Charlemagne des anciennes lois barbares, notamment des lois salique et lombarde. L'activité en effet, une activité universelle, infatigable, le besoin de penser à tout, de porter partout à la fois le mouvement et la règle, c'est-là le vrai, le grand caractère du gouvernement de Charlemagne, le caractère que lui même et lui seul imprimait à son temps. J'en vais mettre sous vos yeux une nouvelle preuve. Ce n'était pas un temps, passez-moi l'expression, de beaucoup d'écriture et de paperasserie; à coup sûr la multitude des actes officiels rédigés sous un règne ne prouverait pas grand'chose aujourd'hui en faveur du génie du souverain; il en est autrement du règne de Charlemagne : nul doute que le grand nombre des actes publics de tout genre qui nous en sont restés ne soit un témoignage irrécusable de cette activité prodigieuse et contagieuse qui était peut-être sa plus grande supériorité et sa plus sûre puissance : voici le tableau et la classification de ces actes, de ceux du moins qui ont été imprimés dans les recueils savans: beaucoup d'autres sans doute se sont perdus; assez d'autres, probablement, sont restés manuscrits et ignorés.

TABLEAU des principaux diplomes, documens, lettres et actes divers émanés de Charlemagne ou d'autres grands, laiques ou ecclésiastiques, sous son règne.

Date.	Nombre.	De Charlemagne.	d'Autres.	Actes de Gouvern. civil.	Actes de Gouvern. religieux.	Donat. et Conces. aux Églises.	Donat. et Conces. aux Monastères.	Lettres.	Actes divers.
769	23	6	17		3	4	14	2	
770	16	3	13			5	8	3	
771	9	1	8		2		7		
772	33	7	26	1	2	12	16	1	1
773	18	2	16		2	9	6		1
774	21	7	14	2	1	5	7	6	2
775	19	8	11		2	6	7	4	
776	20	4	16		1	3	10	4	2
777	18	4	14	1		5	11	1	
778	16	5	11			6	8	2	
779	19	6	13	1	2	8	8		
780	10	3	7	2		2	5	1	
781	12	6	6	2	2	1	5		2
782	21	6	15			6	4	9	2
783	11	1	10				4	5	2
784	6	1	5			2	2		2
785	15		15		1		7	6	1
786	15	4	11	2	4		6	2	1
787	26	10	16	2	6	3	5	9	1
788	27	3	24	3	2	2	12	7	1
789	16	7	9	3	2	1	6	1	3
790	22	11	11	2	3	2	14	1	
791	20	1	19		1	4	12	2	1
792	7	1	6		1	1	5		
793	28	3	25	4	1	1	7	12	3
	448	110	338	25	38	86	196	78	25

Date.	Nombre.	De Charlemagne.	d'autres.	Actes de Gouvern. civil.	Actes de Gouvern. religieux.	Donat. et Conc. aux Églises.	Donat. et Conc. aux Monastères.	Lettres.	Actes divers.
794	20	8	12		7	4	4	3	2
795	14	3	11		1	3	5	3	2
796	32	4	28		2	3	15	11	1
797	15	8	7	4	1	3	5	2	
798	21	2	19	1	2	2	10	5	1
799	27	3	24	1	4	4	6	6	6
800	23	6	17	3		3	12	1	4
801	23	5	18	1	3	4	13	2	
802	30	13	17	4	8	3	9	5	1
803	26	15	11	7	3	7	7		2
804	38	5	33	2	2	9	24		1
805	15	6	9	2	2	4	7		
806	25	8	17	5	2	3	13	1	1
807	33	3	30	1	1	11	10	2	8
808	29	3	26	1		17	7	3	1
809	15	5	10	3	2	5	1	4	
810	19	6	13	3		1	6	8	1
811	27	5	22	4	1	7	14		1
812	19	7	12	5		1	10		3
813	42	13	29	4	6	6	26		
814	10					7	1		2
Année incertaine	194	19	175	4	2	129	27	21	11
Rep...	448	110	338	25	38	86	196	78	25
	1145	257	888	80	87	322	428	155	73

Tels sont les faits, Messieurs, tels sont du moins les cadres où ils se sont placés. Mainte-

---

[1] Les élémens de ce tableau sont tirés de l'*Histoire de l'Empire Germanique*, du comte de Bünau, t. 2, p. 872—930, in-4°. Leipzig, 1732.

nant je reproduis ici la question que j'élevais tout à l'heure sur les guerres de Charlemagne : est-il vrai, est-il possible que, de ce gouvernement si actif, si puissant, rien ne soit resté, que tout ait disparu avec Charlemagne, qu'il n'ait rien fondé au dedans et pour l'état social ?

Ce qui est tombé avec Charlemagne, ce qui tenait à lui seul et ne pouvait lui survivre, c'est le gouvernement central. Après s'être prolongées quelque temps sous Louis le débonnaire et Charles le chauve, mais de plus en plus sans force et sans effet, les assemblées générales, les *missi dominici*, toute l'administration centrale et souveraine ont disparu ; mais il n'en a pas été ainsi du gouvernement local, de ces ducs, comtes, vicaires, centeniers, bénéficiers, vassaux, qui, sous Charlemagne, en exerçaient les pouvoirs. Avant lui, le désordre n'était pas moindre dans chaque localité que dans l'État en général : les propriétés, les magistratures changeaient sans cesse de main ; aucune régularité, aucune permanence dans les situations et les influences locales. Pendant les quarante-six années de son gouvernement, elles eurent le temps de s'affermir sur le même sol, dans les mêmes familles ; elles devinrent stables, première condition du progrès qui devait les rendre indépendantes, héréditaires, c'est-à-dire en faire les élémens du régime féodal. Rien à coup sûr ne ressemble moins à la féodalité que l'unité souveraine à laquelle aspirait Charlemagne; et pourtant c'est lui qui en a été le véritable fondateur : c'est lui qui, en arrêtant le mouvement extérieur de l'invasion, en réprimant jusqu'à un certain point le désordre intérieur, a donné aux situations, aux fortunes, aux influences locales, le temps de prendre vraiment possession du territoire et de ses habitans. Après lui, son gouvernement général a péri comme ses conquêtes, la souveraineté unique comme l'empire; mais de même que l'empire s'est dissous en États particuliers qui ont vécu d'une vie forte et durable, de même, la souveraineté centrale de Charlemagne s'est dissoute en une multitude de souverainetés locales qui avaient puisé dans sa force et acquis, pour ainsi dire, sous son ombre, les conditions de la réalité et de la durée. En sorte que sous ce second point de vue, et en pénétrant au delà des apparences, il a beaucoup fait et beaucoup fondé.

Je pourrais vous le montrer, Messieurs, accomplissant et laissant dans l'Église des résultats analogues. Là aussi, il a arrêté la dissolution jusqu'à lui toujours croissante : là aussi, il a donné à la société le temps de se reprendre, d'acquérir quelque consistance et d'entrer dans de nouvelles voies. Mais l'heure me presse : il faut que je vous parle encore aujourd'hui de l'influence de Charlemagne dans l'ordre intellectuel, et de la place qu'a occupée son règne dans l'histoire de l'esprit humain; à peine pourrai-je vous en indiquer les principaux traits.

Il est encore plus difficile ici que partout ailleurs de résumer les faits, et de les présenter en forme de tableau. Les actes de Charlemagne en faveur de la civilisation morale ne forment aucun ensemble, ne se manifestent sous aucune forme systématique; ce sont des actes isolés, épars, tantôt la fondation de certaines écoles, tantôt quelques mesures prises pour le perfectionnement des offices ecclésiastiques, et le progrès de la science qui en dépend; ailleurs, des recommandations générales pour l'instruction des clercs et des laïques; le plus souvent une protection empressée pour les hommes distingués, et un soin particulier de s'en entourer. Il n'y a rien là de systématique, rien qu'on puisse apprécier par le simple rapprochement des chiffres et des mots. Je voudrais cependant, d'un seul coup et sans entrer encore dans les détails, mettre sous vos yeux quelques faits qui vous donnassent une idée de ce genre d'action de Charlemagne dont on parle beaucoup plus qu'on ne la connaît. Il m'a paru qu'un tableau des hommes célèbres morts ou nés sous son règne, c'est-à-dire des hommes célèbres qu'il a employés et de ceux qu'il a faits, atteindrait assez bien à ce but; cet ensemble de noms et de travaux peut être pris comme une preuve certaine, et même comme une mesure assez exacte de l'influence de Charlemagne sur les esprits.

TABLEAU des hommes célèbres nés ou morts sous le règne de Charlemagne.

NOM.	PATRIE.	NAIS^{ce}.	MORT.	ÉTAT.	OUVRAGES.
1° Alcuin (il prit le nom d'*Albinus* et le surnom de *Flaccus*).	Angleterre (com. d'York).	Vers 735	804	Chef de l'école du palais de Charlemagne, abbé de Saint-Martin de Tours.	Plus de 30 ouvrages, savoir : 1° Des Commentaires sur l'Écriture ; 2° Des écrits polémiques, moraux et littéraires ; 3° Des écrits historiques, des lettres et des poésies.
2° Angilbert (surnommé *Homère*).	Neustrie.		814	Premier conseiller de Pepin, roi d'Italie, duc de la France maritime, de l'Escaut à la Seine, secrétaire de Charlemagne, abbé de Saint-Riquier.	1° Des poésies ; 2° Une relation de ce qu'il avait fait pour son monastère depuis qu'il en était abbé.
3° Leidrade.	Norique.		Vers 816	Archevêque de Lyon, l'un des principaux *missi dominici* de Charlemagne.	1° Des lettres ; 2° Quelques écrits théologiques.
4° Smaragde.			Vers 820	Abbé de St.-Mihiel, employé par Charlemagne dans plusieurs négociations.	1° Des traités de morale ; 2° Des Commentaires sur le Nouveau-Testament ; 3° Une grande Grammaire.
5° Saint Benoît [d'Aniane].	Septimanie.	751	821	Abbé d'Aniane et	1° Le Code des règles monas-

6° Théodulf.	Italie (Goth).		821	Évêque d'Orléans, *missus* de Charlemagne. d'Italie, réformateur des monastères.	tiques; 2° La Concorde des Règles; 3° Des écrits théologiques. 1° Des Instructions sur les écoles; 2° Des écrits théologiques; 3° Des poésies.
7° Adalhard.	Austrasie.	753	826	Conseiller de Pepin, roi d'Italie, de Charlemagne; abbé de Corbie.	1° Des statuts pour l'abbaye de Corbie; 2° Des lettres; 3° Un traité *de ordine palatii*, reproduit par Hincmar.
8° Anségise.	Bourgogne.		833	Intendant des bâtimens de Charlemagne, employé à diverses missions, abbé de Fontenelle.	Le premier recueil des Capitulaires de Charlemagne et de Louis-le-Débonnaire, en quatre livres.
9° Wala (surnommé *Arsène* et *Jérémie*).	Austrasie.		836	Conseiller de Louis-le-Débonnaire, abbé de Corbie.	Il a joué un grand rôle dans les révolutions du règne de Louis-le-Débonnaire.
10° Amalaire (surnommé *Symphosius*).	Austrasie.		837	Chef de l'école du Palais, Prêtre à Metz.	1° La Règle des Chanoines; 2° Un grand traité des offices ecclésiastiques; 3° Des lettres.
11° Eginhard.	Austrasie.		839	Secrétaire de Charlemagne, abbé de Seligenstadt.	1° La Vie de Charlemagne; 2° Des Annales; 3° Des lettres.
12° Agobard.	Espagne.	779	840	Archevêque de Lyon.	1° Des écrits théologiques, empreints de l'esprit de réforme; 2° Des lettres; 3° Quelques poésies.
13° Thégan.	Austrasie.		Vers 846	Chorévêque de Trèves.	La Vie de Louis-le-Débonnaire.

NOM.	PATRIE.	NAIS^{ce}.	MORT.	ÉTAT.	OUVRAGES.
14° Raban Maur.	Austrasie.	776	856	Abbé de Fulde, archevêque de Mayence.	51 ouvrages de théologie, de morale, de philosophie, de philologie, chronologie, des lettres, etc.
15° Walfried Strabo.	Allemagne.	807	849	Abbé de Reichenau, près de Constance.	1° Un Commentaire sur toute la Bible; 2° Une vie de saint Gall; 3° Plusieurs autres écrits théologiques; 4° Des poésies, entre autres un poème descriptif *hortulus*.
16° Nithard.	Austrasie.	Avant 790	Vers 859	Duc de la France maritime, moine à Saint-Riquier.	L'Histoire des dissentions des fils de Louis-le-Débonnaire.
17° Florus.	Bourgogne.		Vers 860	Diacre et prêtre à Lyon.	Beaucoup d'écrits théologiques, ayant la plupart un caractère polémique. Le principal est une réfutation de Jean Érigène. Des poésies, entre autres la complainte sur le démembrement de l'Empire après Louis-le-Débonnaire.
18° St. Prudence (nom or. *Galindo*).	Espagne.		861	Évêque de Troyes. [Gatinois.]	Des écrits théologiques, entre autres sur la prédestination et contre Jean Érigène.
19° Servat-Loup.	Dioc. de Sens.		Vers 862	Abbé de Ferrières en	1° Des écrits théologiques,

20° Radbert (Paschase).	Diocèse de Soissons.	865	Abbé de Corbie.	Des écrits théologiques, entre autres son ouvrage sur le Sacrement de l'Autel, ou le Corps et le Sang de J.-C.
21° Ratramne.		Vers 868	Moine à Corbie	Des écrits théologiques, entre autres sur la transsubstantiation et la prédestination.
22° Gottschalk.	Saxon.	869	Moine à Orbais.	Ses écrits pour la prédestination.
23° Jean dit Scot ou Erigène.	Irlande.	Entre 872 et 877		Plusieurs ouvrages philosophiques, entre autres : 1° De la Prédestination Divine ; 2° De la Division des Natures.

(entre autres sur la prédestination ; 2° Des lettres ; Une histoire des Empereurs (perdue.))

Certes, Messieurs, un tel tableau suffit pour prouver qu'à cette époque, et sous l'étoile de Charlemagne, l'activité intellectuelle fut grande. Rappelez-vous les temps dont nous sortons ; rappelez-vous que, du VI° au VIII° siècle, nous avons eu grand'peine à trouver quelques noms, quelques ouvrages ; que des sermons et des légendes sont presque les seuls monumens que nous ayons rencontrés. Ici, au contraire, vous voyez reparaître, et presque tout à coup, des écrits philosophiques, historiques, philologiques, critiques ; vous vous retrouvez en face de l'étude et de la science, c'est-à-dire de l'activité intellectuelle pure, désintéressée, du mouvement propre de l'esprit humain. Je vous entretiendrai bientôt avec plus de détails de ces hommes et de ces travaux que je viens de nommer, et vous verrez qu'ils commencent bien réellement une époque nouvelle, et méritent la plus sérieuse attention.

Maintenant, je vous le demande, Messieurs, est-on en droit de dire que Charlemagne n'a rien fondé, que rien n'est resté de ses œuvres ? A peine vous en ai-je fait entrevoir, comme dans un panorama fugitif, les principaux résultats ; et pourtant leur permanence s'y est révélée aussi clairement que leur grandeur. Il est évident que, par ses guerres, par son gouvernement, par son action sur les esprits, Charlemagne a laissé les traces les plus profondes; que si beaucoup des choses qu'il a faites ont disparu avec lui, beaucoup d'autres lui ont survécu; que l'Europe occidentale en un mot est sortie de ses mains tout autre qu'il ne l'avait reçue.

Quel est le caractère général, dominant, de ce changement, de la crise à laquelle Charlemagne a présidé?

Embrassez d'une seule pensée, Messieurs, cette histoire de la civilisation en France sous les rois mérovingiens, que nous venons d'étudier : c'est l'histoire d'une décadence constante, universelle. Dans l'homme individuel comme dans la société, dans la société religieuse comme dans la société civile, partout nous avons vu s'étendre de plus en plus l'anarchie et l'impuissance; nous avons vu toutes choses s'énerver et se dissoudre, les institutions et les idées, ce qui restait du monde romain et ce que les Germains avaient apporté. Jusqu'au VIIIe siècle rien de ce qui était auparavant ne peut continuer à vivre; rien de ce qui semble poindre ne peut réussir à se fonder.

A partir de Charlemagne, la face des choses change; la décadence s'arrête, le progrès recommence. Long-temps encore le désordre sera immense, le progrès partiel, ou peu sensible, ou souvent suspendu. N'importe : nous ne rencontrerons plus ces longs siècles de désorganisation, de stérilité intellectuelle toujours croissante : à travers mille souffrances, mille lacunes, nous verrons la force et la vie renaître dans l'homme et la société. Charlemagne marque la limite à laquelle est enfin consommée la dissolution de l'ancien monde, romain et barbare, et où commence vraiment la formation de l'Europe moderne, du monde nouveau. C'est sous son règne et, pour ainsi dire, sous sa main que s'est opérée la secousse par laquelle la société européenne, faisant volte-face, est sortie des voies de la destruction pour entrer dans celles de la création.

Voulez-vous savoir ce qui a vraiment péri avec lui, et quelle est, indépendamment des changemens de forme et d'apparence, la portion de ses œuvres qui ne lui a point survécu ? Si je ne m'abuse, le voici.

En ouvrant ce cours, le premier fait qui se soit présenté à nos yeux, le premier spectacle auquel nous ayons assisté, c'est celui du vieil empire romain se débattant contre les Barbares. Ils ont triomphé; ils ont détruit l'empire. En le combattant, ils le respectaient; à peine l'ont-ils détruit qu'ils ont aspiré à le reproduire. Tous les grands chefs barbares, Ataulphe, Théodoric, Euric, Clovis, se montrent préoccupés du désir de succéder aux empereurs romains, de pousser leurs peuples dans les cadres de cette société qui est leur conquête. Aucun d'eux n'y réussit; aucun d'eux ne parvient à ressusciter, même un seul moment, le nom et les formes de l'Empire; ils sont surmontés par ce torrent d'invasion, par ce cours général de dissolution qui emporte toutes choses; la barbarie s'étend et se renouvelle sans cesse; mais l'empire romain est encore présent à toutes les imaginations; c'est entre la barbarie et la civilisation romaine qu'est posée la question, dans tous les esprits un peu étendus, un peu élevés.

Elle se posait encore ainsi quand arriva Charlemagne; lui aussi, lui surtout rêva l'espoir de la résoudre comme avaient voulu la résoudre tous les grands barbares venus avant lui, c'est-à-dire en reconstituant l'empire. Ce que Dioclétien, Constantin, Julien, avaient tenté de soutenir avec les vieux débris des légions romaines, c'est-à-dire la lutte contre l'invasion, Charlemagne l'entreprit avec des Francs, des Goths, des Lombards : il occupait le même territoire; il se proposa le même dessein. Au dehors, et presque toujours sur les mêmes frontières, il soutint la même lutte; au dedans, il rendit à l'empire son nom; il essaya de ramener l'unité de son administration; il remit sur sa tête la couronne impériale. Contraste bizarre! Il habitait en Germanie; à la guerre, dans les assemblées nationales, dans l'intérieur de sa famille, il agissait en Germain; sa nature personnelle, sa langue, ses mœurs, ses formes extérieures, sa façon de vivre étaient germaines; et non seulement elles étaient germaines, mais il ne voulait pas les changer : « Il portait toujours, » dit Éginhard, l'habit de ses pères, l'habit des » Francs... Les habits étrangers, quelque riches » qu'ils fussent, il les méprisait et ne souffrait » pas qu'on l'en revêtît. Deux fois seulement, » dans les séjours qu'il fit à Rome, d'abord à la » prière du pape Adrien, ensuite sur les instances » de Léon, successeur de ce pontife, il consentit » à prendre la longue tunique, la chlamyde et la » chaussure romaine. » Tout en lui, en un mot, était germain, sauf l'ambition de sa pensée; c'était vers l'empire romain, vers la civilisation romaine qu'elle se portait; c'était là ce qu'il voulait rétablir, avec des barbares pour instrumens.

C'était là, en lui, la part de l'égoïsme et du rêve; ce fut en cela aussi qu'il échoua. L'empire romain et son unité répugnaient invinciblement à la nouvelle distribution de la population, aux relations nouvelles, au nouvel état moral des hommes ; la civilisation romaine ne pouvait plus entrer que comme un élément transformé dans le monde nouveau qui se préparait. Cette pensée, ce vœu de Charlemagne n'étaient point une pensée, un besoin public. Ce qu'il avait fait pour l'accomplir périt avec lui. De cela même, cependant, quelque chose resta ; ce nom d'empire d'occident qu'il avait relevé, et les droits qu'on croyait attachés au titre d'empereur, rentrèrent, si je puis ainsi parler, au nombre des élémens de l'histoire, et furent encore, pendant plusieurs siècles, un objet d'ambition, un principe d'évènemens. En sorte que, même dans la portion purement égoïste et éphémère de ses œuvres, on ne peut pas dire que la pensée de Charlemagne ait été absolument stérile, ni que toute durée lui ait manqué.

Il faut que je m'arrête, Messieurs ; la carrière est longue, et j'ai couru si vite qu'à peine ai-je eu le temps de décrire les principaux accidens du terrain. Il est difficile, il est fatigant d'avoir à resserrer dans une heure ce qui a rempli la vie d'un grand homme. Je n'ai pu aujourd'hui que vous donner une idée générale du règne de Charlemagne, et de sa place dans l'histoire de notre civilisation. J'emploierai probablement plusieurs de nos réunions prochaines à vous le faire connaître sous certains rapports spéciaux ; et je serai bien loin, à coup sûr, de suffire au sujet.

VINGT-UNIÈME LEÇON.

Objet de la leçon. — Des capitulaires en général. — Tableau des capitulaires des rois francs Carlovingiens. — Des deux formes sous lesquelles les capitulaires nous sont parvenus. — 1° Capitulaires épars. — 2° Recueil d'Anségise et du diacre Benoît. — De l'édition des capitulaires, par Baluze. — Idée fausse qu'on se forme en général des capitulaires. — Ce ne sont pas toujours des lois. — Grande variété de ces actes. — Essai de classification. — Tableau du contenu des capitulaires de Charlemagne. — 1° Législation morale. — 2° Législation politique. — 3° Législation pénale. — 4° Législation civile. — 5° Législation religieuse. — 6° Législation canonique. — 7° Législation domestique. — 8° Législation de circonstance. — Du véritable caractère général des capitulaires.

MESSIEURS,

J'ai essayé de résumer le règne de Charlemagne et ses résultats, en le considérant dans ses guerres, dans son gouvernement, dans son influence sur le développement intellectuel. Sous le premier point de vue, le tableau que j'ai eu l'honneur de mettre sous vos yeux me paraît suffisant ; il laisse, je crois, sur le rôle des guerres de Charlemagne dans l'histoire de la civilisation en Occident, des idées assez complètes et précises ; je ne pourrais d'ailleurs en dire davantage sans raconter les évènemens. Quant au gouvernement de Charlemagne et à son action sur les esprits, ce que j'ai dit dans notre dernière réunion est prodigieusement incomplet ; et je puis, sans me perdre dans les détails, serrer d'un peu plus près les faits et les questions. Je vais donc le tenter. La législation de Charlemagne nous occupera aujourd'hui. Ce qu'il a fait pour le développement intellectuel, l'histoire des hommes distingués qui ont vécu et travaillé sous son influence, sera l'objet des réunions prochaines.

On croit communément que le mot *capitulaires* ne désigne que les lois de Charlemagne. C'est une erreur. On appelle de ce nom, *capitula*, petits chapitres, articles, toutes les lois des rois francs. Je n'ai rien à dire aujourd'hui des capitulaires, d'ailleurs peu important, de la première race ; il nous en reste 152 de la seconde, savoir :

5 capitulaires de Pepin-le-bref, à partir de l'an 752, époque de son élévation au titre de roi des Francs.

65 [1] de Charlemagne,
20 de Louis-le-débonnaire,
52 de Charles-le-chauve,
3 de Louis-le-bègue,
3 de Carloman,
1 du roi Eudes,
3 de Charles-le-simple.

Je ne compte ici que les actes des Carlovingiens qui ont régné en France; plusieurs des descendans de Charlemagne, établis en Allemagne et en Italie, ont laissé aussi des capitulaires; mais je n'ai point à m'en occuper.

Ceux que je viens de rappeler nous sont parvenus sous deux formes différentes. Nous les avons en autant d'actes distincts, épars dans les manuscrits, tantôt avec, tantôt sans date; et il en existe un recueil fait dans le cours du IX⁰ siècle, et divisé en sept livres. Les quatre premiers livres

---

[1] Je dis 65, quoique le tableau inséré dans la 20⁰ leçon n'en porte que 60, parce qu'il y a cinq actes particuliers que je n'avais pas compris dans ce tableau, et que je crois devoir rétablir au nombre des capitulaires.

furent l'ouvrage d'Auségise, abbé de Fontenelle, l'un des conseillers de Charlemagne, et mort en 833; il rassembla et classa les capitulaires de ce prince et une partie de ceux de Louis-le-Débonnaire. Le premier livre contient 162 *capitula* de Charlemagne, relatifs aux affaires ecclésiastiques.

Le IIe, 48 *capitula* de Louis-le-Débonnaire sur le même sujet.

Le III, 91 *capitula* de Charlemagne sur les affaires temporelles.

Le IVe, 77 *capitula* de Louis-le-Débonnaire sur le même sujet.

A ces quatre livres, qui acquirent, dès leur publication, un si grand crédit que Charles-le-Chauve, dans ses capitulaires propres, les cite comme un code officiel, un diacre de Mayence appelé Benoit, ajouta, vers 842, à la demande de son archevêque, Otger, trois nouveaux livres qui forment ainsi les 5e, 6e, et 7e livres du recueil, et contiennent :

  Le 5e 405 *capitula*.
  Le 6e 436
  Le 7e 478
  En tout,   1697.

Mais indépendamment des capitulaires qu'Anségise avait omis, ou de ceux qui avaient été rendus depuis la rédaction de son recueil, les trois livres du diacre Benoit renferment une foule d'actes tout-à-fait étrangers aux rois Carlovingiens, par exemple, des fragmens du droit romain, pris dans le code Théodosien, dans le *Breviarium* des Visigoths, dans Justinien, Julien, etc. On y trouve même des fragmens considérables du fameux recueil connu sous le nom de fausses Décrétales, ou prétendus canons et autres actes des premiers papes, recueil qui commençait à peine à se répandre, et que le diacre Benoit mit un des premiers en vogue ; si bien que beaucoup de savans lui en ont attribué la fabrication.

Enfin, outre ces sept livres, quatre supplémens qui y ont été joints plus tard, sans qu'on en connaisse les auteurs, portent à 2100 le nombre des articles de ce recueil.

Sous l'une et sous l'autre de ces deux formes, les capitulaires ont été publiés plusieurs fois. La meilleure de ces éditions est, sans contredit, celle de Baluze en deux volumes in-fol., Paris, 1677. C'est non-seulement la meilleure ; mais indépendamment de toute comparaison, elle passe pour excellente : « De toutes les sources du droit » du moyen âge, vient de dire tout récemment

» M. de Savigny[1], aucune n'a été aussi bien tra-
» vaillée et rendue d'un usage aussi commode
» que les capitulaires dans l'excellente édition
» de Baluze. » Elle est en effet beaucoup plus complète et plus soignée que celles de Lindenbrog, Pithou, Hérold, du Tillet, etc. Baluze avait rassemblé un grand nombre de manuscrits; il a publié des fragmens et des capitulaires entiers jusques-là inédits; son travail peut être regardé comme une grande et bonne collection de textes; mais, à vrai dire, c'est là tout son mérite. Ces textes n'ont été l'objet d'aucun examen, d'aucune révision critique; Baluze les a donnés tels quels, sans s'inquiéter de savoir si les copistes ne les avaient pas brouillés et chargés de fautes. C'eût été sans doute une grande erreur que de vouloir introduire dans les capitulaires un ordre étranger aux idées du législateur primitif, de les classer systématiquement, d'en retrancher les répétitions émanées du législateur lui-même, et qui sont l'un des caractères de son ouvrage. Mais il y a, dans les manuscrits, une confusion, une incorrection qui proviennent évidemment des copistes seuls : une

---

[1] *Histoire du Droit Romain dans le moyen âge.* T. 2, p. 91, not. 36; édit. allem.

foule de mots sont dénaturés; une foule d'articles hors de leur place; des variantes de manuscrits sont présentées comme des capitulaires différens. Je n'ai garde de prétendre à vous entretenir ici de toutes les méprises de ce genre et à en discuter la rectification; mais il importe de savoir qu'elles abondent, que les deux volumes de Baluze contiennent, non une édition, mais seulement les matériaux d'une véritable édition des capitulaires, et qu'un long et difficile travail de critique serait à faire pour l'en tirer.

Abordons l'examen des capitulaires mêmes.

Au premier coup d'œil, il est impossible de ne pas être frappé de la confusion qui règne sous ce mot; il couvre indistinctement tous les actes insérés dans le recueil de Baluze; et pourtant la plupart sont essentiellement différens. Qu'arriverait-il, Messieurs, si dans quelques siècles, on prenait tous les actes d'un gouvernement de nos jours, de l'administration française par exemple, sous le dernier règne, et que les jetant pêle-mêle sous un même nom, on donnât ce recueil pour la législation, le code de cette époque? Evidemment, ce serait un chaos absurde et trompeur; des lois, des ordonnances, des arrêtés, des brevets, des jugemens, des circulaires, y seraient au hasard rapprochés, assimilés, confondus. C'est précisément ce qui est arrivé pour les capitulaires. Je vais décomposer sous vos yeux le recueil de Baluze en classant, selon leur nature et leur objet, les actes de tous genres qui s'y trouvent : vous verrez quelle en est la variété.

On y rencontre, sous le nom de capitulaires :

1° D'anciennes lois nationales revisées et publiées de nouveau, la loi salique par exemple[1].

2° Des extraits des anciennes lois, salique, lombarde, bavaroise, etc., extraits publiés évidemment dans une intention particulière, pour un certain lieu, un certain moment, et à l'occasion de quelque besoin spécial que rien ne nous indique plus[2].

3° Des additions aux anciennes lois, à la loi salique[3], à la loi des Lombards[4], à celle des Bavarois[5], etc. Ces additions semblent faites dans une forme et avec des solennités particulières ;

---

[1] Sous la date de l'année 798 ; Baluze. T. 1, col. 281.

[2] Extrait de la loi des Lombards ; cap. a. 801 ; Bal. T. 1, col. 349. — de la loi des Ripuaires ; cap. a. 803 ; T. 1, col. 395.

[3] Cap. a. 803 ; T. 1, col. 387.

[4] Cap. a. 801 ; T. 1, col. 345.

[5] Cap. a. 788 ; T. 1, col. 207.

celle qui se rapporte à la loi salique est précédée, dans un ancien manuscrit, par ces mots :

Ce sont ici les articles que le seigneur Charles-le-Grand, empereur, a fait écrire dans son conseil, et a ordonné de placer entre les autres lois.

Le législateur paraît même demander plus expressément à ce sujet l'adhésion de la population ; en 803, c'est-à-dire, dans la même année où furent faites des additions à la loi salique, Charlemagne donne pour instruction à ses *missi* :

Que le peuple soit interrogé au sujet des articles qui ont été récemment ajoutés à la loi, et après que tous auront consenti, qu'ils apposent aux-dits articles leur confirmation et leur signature[1].

4° Des extraits des actes des conciles et de toute la législation canonique : le grand capitulaire rendu à Aix-la-Chapelle en 789[2], et une foule d'articles répandus dans les autres ne sont rien de plus.

5° Des lois nouvelles dont les unes sont rédigées dans les assemblées générales, avec le concours des grands laïques et des grands ecclé-

---

[1] Cap. a. 803, § 19; Bal. T. 1, col. 394.
[2] Bal. T. 1, col. 209.

siastiques réunis, ou des ecclésiastiques seuls, ou des laïques seuls; tandis que les autres paraissent l'ouvrage de l'empereur seul, et ressemblent à ce que nous appellerions aujourd'hui des ordonnances. Ces distinctions ne sont pas marquées par des caractères bien précis; cependant, en y regardant de près, on parvient à les reconnaître.

6° De pures instructions données par Charlemagne à ses *missi*, au moment où ils partent pour les provinces, et qui ont pour objet, tantôt de régler leur conduite, tantôt de les diriger dans leurs recherches, souvent de les employer comme intermédiaire, comme moyen de communication entre le peuple et l'empereur. Les actes de ce genre, fort étrangers, en partie du moins, à la législation, sont en grand nombre dans les capitulaires[1] : des articles d'une tout autre nature s'y trouvent quelquefois mêlés.

7° Des réponses données par Charlemagne à des questions qui lui sont adressées par les comtes, ou les évêques, ou les *missi dominici*, à l'occa-

---

[1] Cap. a. 789; Bal. T. 1, col. 243; a. 802; T. 1, col. 351; a. 802; T. 1, col. 375; a. 803; T. 1, col. 391; a. 806; T. 1, col. 449.

sion de difficultés qui se sont présentées à eux dans leur administration¹. Il résout ces difficultés qui portent tantôt sur des matières que nous appellerions législatives, tantôt sur des faits de simple administration, tantôt sur des intérêts particuliers.

8° Des questions que Charlemagne se propose de faire, soit aux évêques, soit aux comtes, quand ils viendront à l'assemblée générale. Il les faisait évidemment rédiger d'avance, pour se rendre compte à lui-même de ce qu'il avait besoin de savoir et voulait demander. Ces questions, qui sont au nombre des actes les plus curieux du recueil, ont en général un caractère de blâme et de leçon pour ceux à qui elles s'adressent. En voici quelques-unes qui feront juger de la liberté d'esprit de Charlemagne, et de son bon sens ; je traduis textuellement :

Pourquoi il se fait que, soit sur les marches, soit à l'armée, lorsqu'il y a quelque chose à faire pour la défense de la patrie, l'un ne veuille pas prêter appui à l'autre²?

D'où viennent ces continuels procès par lesquels chacun veut avoir ce qu'il voit posséder à son pareil³.

---

¹ 6ᵉ Cap. a. 803 ; Bal. T. 1, col. 401.
² 1ʳᵉ Cap. a. 811, §1 ; Bal. T. 1, col. 477.
³ *Ibid.* § 2.

Demander à quels sujets et en quels lieux les ecclésiastiques font obstacle aux laïques et les laïques aux ecclésiastiques dans l'exercice de leurs fonctions. Rechercher et discuter jusqu'à quel point un évêque ou un abbé doit intervenir dans les affaires séculières, et un comte ou tout autre laïque dans les affaires ecclésiastiques. Les interroger d'une façon pressante sur le sens de ces paroles de l'apôtre : « Nul homme qui combat au service de Dieu ne s'embar- » rasse des affaires du monde. » A qui s'adressent-elles [1] ?

Demander aux évêques et aux abbés de nous déclarer avec vérité ce que veulent dire ces mots dont ils se servent souvent : *Renoncer au siècle ;* et à quels signes on peut distinguer ceux qui renoncent au siècle de ceux qui suivent encore le siècle : est-ce à cela seul qu'ils ne portent point d'armes et ne sont pas mariés publiquement [2] ?

Demander encore si celui-là a renoncé au siècle qui travaille chaque jour, n'importe par quel moyen, à accroître ses possessions, tantôt promettant la béatitude du royaume des cieux, tantôt menaçant des supplices éternels de l'enfer; ou bien, sous le nom de Dieu ou de quelque saint, dépouillant de ses biens quelque homme, riche ou pauvre, simple d'esprit et peu avisé, de telle sorte que ses héritiers légitimes en soient privés, et que la plupart, à cause de la misère dans laquelle ils tombent, soient poussés à toutes sortes de désordres et de crimes, et commettent presque nécessairement des désordres et des brigandages [3].

---

[1] *Ibid.* § 4.

[2] 2ᵉ Cap. a. 811, § 4; Bal. T. 1, col. 479.

[3] *Ibid.* § 5.

A coup sûr, de telles questions ne ressemblent point à des articles de loi.

9° Certains capitulaires ne sont pas même des questions, mais de simples notes, des *memoranda*, pour ainsi dire, que Charlemagne semble avoir fait écrire pour lui seul, et afin de ne pas oublier telle ou telle mesure qu'il se proposait de prendre. On lit, par exemple, à la suite d'un capitulaire, ou instruction aux *missi dominici*, de l'an 803, ces deux articles :

> Il nous faudra ordonner que ceux qui nous amèneront des chevaux en don fassent inscrire leur nom sur chaque cheval. Qu'il en soit de même pour les vêtemens des abbayes.
>
> Il nous faudra ordonner que partout où on trouvera des vicaires faisant ou laissant faire quelque chose de mal, on les chasse, et on en mette de meilleurs [1].

Je pourrais citer plusieurs autres textes de ce genre.

10° D'autres articles contiennent des jugemens, des arrêts, recueillis sans doute dans l'intention de les faire servir à établir une jurisprudence. Ainsi, je lis dans un capitulaire de l'an 803 :

> De l'homme qui se saisit d'un esclave. Il lui a ordonné

---

[1] Bal., t. 1, col. 395.

de tuer ses maîtres, deux enfans, l'un qui avait neuf ans, l'autre onze; ensuite, et après que l'esclave a eu tué les enfans, ses maîtres, il l'a fait jeter lui-même dans une fosse. Il a été jugé que ledit homme paierait un *wehrgeld* pour l'enfant de neuf ans, un double *wehrgeld* pour celui de onze, un triple *wehrgeld* pour l'esclave qu'il avait rendu meurtrier, et en outre notre ban [1].

C'est là évidemment un jugement rendu sur un cas particulier, et inséré dans les capitulaires, pour servir de règle dans les cas semblables.

11º On y rencontre également des actes de pure administration financière, domestique, des actes relatifs à l'exploitation des domaines de Charlemagne, et qui entrent à ce sujet dans les plus minutieux détails. Le fameux capitulaire intitulé *de villis* en est un exemple. Plusieurs articles épars ont le même caractère.

12º Enfin, indépendamment de tous les actes si divers que je viens d'énumérer, les capitulaires contiennent des actes purement politiques, des mesures de circonstance, des nominations, des recommandations, des différens terminés. J'ouvre le capitulaire rendu en 794 dans l'assemblée de

---

[1] Cap. a. 803, § 12; Bal., t. 1, col. 398.
[2] Bal., t. 1, col. 331.

Francfort[1], et dans les cinquante-quatre articles qui le composent, je trouve :

(Art. 1ᵉʳ.) Des lettres de grâce accordées à Tassilon, duc des Bavarois, qui s'était révolté contre Charlemagne.

(Art. 6.) Des dispositions sur la querelle de l'évêque de Vienne et de l'archevêque d'Arles, ainsi que sur les limites des diocèses de la Tarentaise, d'Embrun et d'Aix. On lit des lettres du pape à ce sujet; on décide qu'on le consultera de nouveau.

(Art. 7.) Sur la justification et la réconciliation de l'évêque Pierre.

(Art. 8.) Sur la déposition du prétendu évêque Gerbod, dont l'ordination était douteuse.

(Art. 53.) Charlemagne se fait autoriser par l'assemblée des évêques, et d'après le consentement du pape, à garder auprès de lui l'évêque Hildebold, pour l'administration des affaires ecclésiastiques.

(Art. 54.) Il recommande Alcuin à la bienveillance et aux prières de l'assemblée.

N'est-ce pas là de la pure politique de circonstance? y a-t-il rien de moins législatif?

---

[1] Bal., t. 1, col. 26:.

Ainsi, Messieurs, à un premier coup-d'œil, par le simple examen de la nature de ces divers actes, et sans entrer encore dans aucun détail sur leur contenu, vous voyez déjà combien est fausse l'idée générale, l'idée commune qu'on se fait des capitulaires; ils forment tout autre chose qu'un code; ils contiennent toute autre chose que des lois. Pénétrons maintenant, pour en juger de plus près, dans l'intérieur même du recueil; examinons les articles dont chaque capitulaire se compose : nous y trouverons la même variété, la même confusion; nous reconnaîtrons pareillement l'insuffisance de l'étude dont ils ont été jusqu'ici l'objet, et la fausseté de la plupart des résultats qu'on en a déduits.

J'ai décomposé en huit parties les soixante-cinq capitulaires de Charlemagne, en classant sous huit chefs, selon la nature des dispositions, les articles qu'ils comprennent. Ces huit chefs sont : 1° la législation morale, 2° la législation politique, 3° la législation pénale, 4° la législation civile, 5° la législation religieuse, 6° la législation canonique, 7° la législation domestique, 8° la législation de circonstance. Je vais mettre sous vos yeux le tableau complet de cette classification. Je reprendrai ensuite chacun de ces chefs pour vous donner une idée des dispositions qui s'y rapportent.

TABLEAU analytique des capitulaires de Charlemagne.

Date.	Articles.	Législation morale.	Législation politique.	Législation pénale.	Législation civile.	Législation religieuse.	Législation canonique.	Législation domestique.	Législ. de circonst.
769	18	1	3			3	11		
779	23		9	5	2	2	5		
788	1	1							
Id.	1	1							
Id.	8			4	3		1		
789	80	16	5		3	11	45		
Id.	16					2	14		
Id.	23	6	9		2	1	5		
Id.	34		5	18	3	3	5		
793	17		6		7		4		
794	54	3	6		4	6	27		8
797	11	1	5	5					
799	5						5		
800	1		1						
Id.	70							70	
Id.	5		5						
801	8			5	3				
Id.	1		1						
Id.	22		2				20		
802	41	9	10	5		1	16		
Id.	23	2	13	3			5		
803	7						7		
Id.	1						1		
Id.	1						1		
Id.	11		2	4	5				
Id.	34		20	2	8		2		2
Id.	12		3	3	6				
Id.	14	1	6	2	3	1	1		
	542	41	111	56	49	30	175	70	10

COURS

Date	articles	Législation morale.	Législation politique.	Législation pénale.	Législation civile.	Législation religieuse.	Législation canonique.	Législation domestique.	Législ. de circonst.
803	8		4		4				
Id.	13	1	5	1	3	1	2		
Id.	3					1	2		
804	20	2	3				15		
Id.	1	1							
805	16	4					12		
Id.	25	4	13	3	4		1		
Id.	24								
Id.	16								
Id.	1	1							
806	20		20						
Id.	8			4	3				
Id.	6		3	1	2		1		
Id.	8	1	4	1	2				
Id.	19	7	10				2		
Id.	23					7	16		
807	7		7						2
808	30		11	10	6		1		
809	37	3	15	6	12		1		
Id.	16								
810	18	6	8	4					
Id.	16	5	4	3	2	2			
Id.	5		5						
811	12		4				8		
Id.	13					9	4		
Id.	9		9						
812	9		9						
Id.	11	1	9		1				
Id.	13		10		3				
813	28	3	2			3	20		
Id.	20		6	2	7		2	3	
Rep...	542	41	111	56	49	30	175	70	10
	997	80	272	91	98	53	262	73	12

Date	Articles	Législation morale.	Législation politique.	Législation pénale.	Législation civile.	Législation religieuse.	Législation canonique.	Législation domestique.	Législ. de circonst.
813	46			39	7				
d'Année incertaine	59	5	13		3		9	29	
Id.	14					14			
Id.	13					9	4		
Id.	13	2	8		2		1		
Id.	9						9		
Rep...	997	80	272	91	98	53	262	73	12
	1151	87	293	130	110	85	305	73	12

Examinons maintenant d'un peu plus près le contenu de ce tableau : cet examen sera bien rapide ; j'espère cependant qu'il vous fera entrevoir le vrai caractère du gouvernement de Charlemagne et des monumens qui nous en restent dans ce recueil.

I. *Législation morale.* J'ai classé sous ce nom les articles qui n'ont rien d'impératif ni de prohibitif, qui, à vrai dire, ne sont point des lois, mais de simples conseils, des avertissemens ou des préceptes purement moraux. En voici quelques-uns :

L'avarice consiste à desirer ce que possèdent les autres,

et à ne rien donner à personne de ce qu'on possède, et, selon l'apôtre, elle est la racine de tous les maux¹.

Ceux-là font un gain honteux, qui, dans une vue de gain et par divers artifices, s'appliquent à amasser toutes sortes de choses².

Il faut pratiquer l'hospitalité³.

Interdisez-vous avec soin les larcins, les mariages illégitimes et les faux témoignages, comme nous y avons souvent exhorté, et comme les interdit la loi de Dieu⁴.

Le législateur va plus loin : il semble se croire responsable de la conduite de tous les individus, et s'excuse de ne pouvoir y suffire :

Il faut, dit-il, que chacun s'applique à se maintenir lui-même, selon son intelligence et ses forces, au saint service de Dieu et dans la voie de ses préceptes, car le seigneur empereur ne peut veiller sur chacun individuellement avec tout le soin nécessaire, et retenir chacun dans la discipline⁵.

N'est-ce pas là de la pure morale? De telles dispositions sont étrangères aux lois des sociétés naissantes et à celles des sociétés perfec-

---

¹ Cap. a. 806, § 15; Bal., t. 1, col. 454.
² Ibid. § 16.
³ Cap. a. 794, § 33; t. 1, col. 268.
⁴ Cap. a. 789, § 56; t. 1, col. 236.
⁵ Cap. a. 802, § 3; t. 1, col. 364.

tionnées : ouvrez la loi salique et nos codes ; vous n'y trouverez rien de semblable ; ils ne s'adressent point à la liberté humaine pour lui donner des conseils ; ils ne contiennent que des textes formellement prohibitifs ou impératifs. Mais dans le passage de la barbarie primitive à la civilisation, la législation prend un autre caractère ; la morale s'y introduit, et devient, pendant un certain temps, matière de loi. Les législateurs habiles, les fondateurs ou les réformateurs de sociétés comprennent tout l'empire qu'exerce sur les hommes l'idée du devoir ; l'instinct du génie les avertit que sans son appui, sans ce libre concours de la volonté humaine, la société ne peut se maintenir ni se développer en paix ; et ils s'appliquent à faire entrer cette idée dans l'âme des hommes par toutes sortes de voies, et ils font de la législation une sorte de prédication, un moyen d'enseignement. Consultez l'histoire de tous les peuples, des Hébreux, des Grecs, etc. ; vous reconnaîtrez partout ce fait : vous trouverez partout, entre l'époque des lois primitives qui sont purement pénales, prohibitives, destinées à réprimer les abus de la force, et l'époque des lois savantes qui ont confiance dans la moralité, dans la raison des individus, et laissent tout ce qui est purement moral dans le domaine de la liberté, entre ces deux époques, dis-je, vous en trouverez toujours une où la morale est l'objet de la législation, où la législation l'écrit et l'enseigne formellement. La société franco-gauloise en était à ce point lorsque Charlemagne la gouvernait; et ce fut là une des causes de son étroite alliance avec l'Église, seule puissance capable d'enseigner et de prêcher alors la morale.

Je comprends aussi sous le nom de *législation morale* tout ce qui est relatif au développement intellectuel des hommes; par exemple, toutes les dispositions de Charlemagne sur les écoles, les livres à répandre, l'amélioration des offices ecclésiastiques, etc.

II. *Législation politique.* C'est une des parties les plus considérables des capitulaires; elle comprend 293 articles. Je range sous ce chef :

1° Les lois et mesures de tout genre de Charlemagne pour assurer l'exécution de ses ordres dans toute l'étendue de ses États; par exemple, toutes les dispositions relatives à la nomination ou à la conduite de ses divers agens, comtes, ducs, vicaires, centeniers, etc.; elles sont nombreuses et sans cesse répétées.

2° Les articles qui ont pour objet l'administration de la justice, la tenue des plaids locaux, les formes qui doivent y être suivies, le service militaire, etc.

3° Les dispositions de police qui sont très-variées, et entrent quelquefois dans les plus minutieux détails; les provinces, l'armée, l'église, les marchands, les mendians, les lieux publics, l'intérieur du palais impérial, en sont tour à tour l'objet. On y rencontre, par exemple, la tentative de fixer le prix des denrées, un véritable essai de *maximum* :

Le très-pieux seigneur notre roi a décrété, avec le consentement du saint synode, que nul homme, ecclésiastique ou laïque, ne pourrait, soit en temps d'abondance, soit en temps de cherté, vendre les vivres plus cher que le prix récemment fixé par boisseau, savoir : le boisseau d'avoine, un denier; d'orge, deux deniers; de seigle, trois deniers; de froment, quatre deniers. S'il veut les vendre en pain, il devra donner douze pains de froment, chacun de deux livres, pour un denier; quinze pains de seigle, vingt pains d'orge, et vingt-cinq pains d'avoine, du même poids, aussi pour un denier, etc. [1].

La suppression de la mendicité et la taxe des pauvres y paraissent également :

Quant aux mendians qui courent dans le pays, nous

---

[1] Cap. a 794, § 2; t. 1, col. 263.

voulons que chacun de nos fidèles nourrisse ses pauvres, soit sur son bénéfice, soit dans l'intérieur de sa maison, et ne leur permette pas d'aller mendier ailleurs. Et si on trouve de tels mendians, et qu'ils ne travaillent point de leurs mains, que personne ne s'avise de leur rien donner [1].

Les dispositions relatives à la police intérieure du palais donnent une singulière idée des désordres et des violences qui s'y commettaient :

Nous voulons et ordonnons qu'aucun de ceux qui servent dans notre palais ne se permette d'y recevoir quelque homme qui y cherche un refuge et s'y vienne cacher, pour cause de vol, d'homicide, d'adultère ou de quelque autre crime : que si quelque homme libre viole notre défense, et cache un tel malfaiteur dans notre palais, il sera tenu de le porter sur ses épaules jusqu'à la place publique, et là il sera attaché au même poteau que le malfaiteur..... Quiconque trouvera des hommes se battant dans notre palais, et ne pourra ou ne voudra pas mettre fin à la rixe, supportera sa part du dommage qu'ils auront causé [2], etc.

Les capitulaires contiennent une foule de dispositions analogues; la police avait évidemment, dans le gouvernement de Charlemagne, une grande importance.

---

[1] Cap. a. 806, § 10; t. 1, col. 454.
[2] Cap. a. 800, § 3 et 4; t. 1, col. 343.

4° Je range aussi sous le chef de législation politique, tout ce qui tient à la distinction des pouvoirs laïque et ecclésiastique, et à leurs rapports. Charlemagne se servait beaucoup des ecclésiastiques ; ils étaient, à vrai dire, son principal moyen de gouvernement ; mais il voulait s'en servir en effet, et non se mettre à leur service : les capitulaires attestent sa vigilance à gouverner le clergé lui-même, et à le contenir sous son pouvoir. Vous avez vu par quelques-unes des questions qu'il se proposait d'adresser aux évêques, dans les assemblées générales, à quel point il en était préoccupé.

5° Il faut enfin, ce me semble, rapporter à la législation politique, les dispositions relatives à l'administration des bénéfices concédés par Charlemagne, et à ses relations avec les bénéficiers. C'était, à coup sûr, une des plus grandes affaires de son gouvernement, et une de celles sur lesquelles il appelle le plus assidûment l'attention de ses *missi*.

Je n'ai pas besoin de vous faire remarquer que le caractère général de toute cette législation politique, dans ses diverses parties, est un effort continuel, infatigable, vers l'ordre et l'unité.

III. *Législation pénale.* Celle-ci n'est guère en général que la répétition ou l'extrait des anciennes lois salique, ripuaire, lombarde, bavaroise, etc. La pénalité, la répression des crimes, des abus de la force, est, vous l'avez vu, l'objet presque unique, le caractère essentiel de ces lois. Il y avait donc moins à faire sous ce rapport que sous tout autre. Les dispositions nouvelles que Charlemagne a quelquefois ajoutées ont en général pour objet d'adoucir l'ancienne législation, surtout la rigueur des châtimens envers les esclaves. Dans certains cas cependant, il aggrave la pénalité au lieu de l'adoucir; lorsque les peines par exemple, sont entre ses mains un instrument politique. Ainsi, la peine de mort, si rare dans les lois barbares, revient presque à chaque article dans un capitulaire de l'an 789, destiné à contenir et à convertir les Saxons : presque toute violation de l'ordre, toute rechute dans les pratiques idolâtres sont punies de mort [1]. Sauf de telles exceptions, la législation pénale de Charlemagne a peu d'originalité et d'intérêt.

IV. La *législation civile* n'en offre guère davantage. En cette matière aussi les anciennes lois, les anciennes coutumes continuaient d'être en vigueur; Charlemagne avait peu à s'en mêler. Il

---

[1] Bal., T. 1, col. 251.

s'occupa cependant avec soin, et sans doute à l'instigation des ecclésiastiques, de l'état des personnes, surtout des rapports des hommes et des femmes. Il est évident qu'à cette époque les rapports de ce genre étaient prodigieusement irréguliers, qu'un homme prenait et quittait une femme sans scrupule et presque sans formalité. Il en résultait un grand désordre dans la moralité individuelle et dans l'état des familles : la loi civile était par-là fort intéressée au redressement des mœurs; et Charlemagne le comprit. De là le grand nombre des dispositions insérées dans ses capitulaires sur les conditions des mariages, les degrés de parenté, les devoirs des maris envers les femmes, les obligations des veuves, etc. La plupart de ces dispositions sont empruntées à la législation canonique : mais ne croyez pas que leur motif et leur origine fussent purement religieux : l'intérêt de la vie civile, la nécessité de fonder et de régler la famille y avaient évidemment beaucoup de part.

V. *Législation religieuse*. J'entends par législation religieuse les dispositions relatives non au clergé, aux ecclésiastiques seuls, mais aux fidèles, au peuple chrétien et à ses rapports avec les clercs. C'est par-là qu'elle se distingue de la législation canonique, qui ne porte que sur la société ecclésiastique, sur les rapports des clercs entre eux. Voici quelques dispositions de législation religieuse :

« Qu'on se garde de vénérer les noms de faux martyrs et
» la mémoire de saints douteux [1].
» Que personne ne croie qu'on ne peut prier Dieu que
» dans trois langues [2] ; car Dieu est adoré dans toutes les
» langues, et l'homme est exaucé s'il demande des choses
» justes [3].
» Que la prédication se fasse toujours de telle sorte que
» le commun peuple puisse bien comprendre [4]. »

Ces dispositions ont en général un caractère de bon sens, de liberté d'esprit même, qu'on ne s'attend guères à y rencontrer.

VI. La *législation canonique* est celle qui occupe, dans les capitulaires, le plus de place : rien de plus simple ; les évêques étaient, j'ai déjà eu l'honneur de vous le dire, les principaux conseillers de Charlemagne ; c'était eux qui siégeaient en plus grand nombre dans les assemblées générales ; ils y faisaient leurs affaires avant tout. Aussi ces assemblées ont-elles été en général con-

---

[1] Cap. a. 789, § 41 ; a. 794, § 40 ; t. 1, col. 228, 269.
[2] Probablement en latin, en grec et en langue germanique.
[3] Cap. a. 794, § 50 ; t. 1, col. 270.
[4] Cap. a. 813, § 14 ; t. 1, col. 505.

sidérées comme des conciles, et leurs lois ont-elles passé dans les recueils de canons. Elles sont presque toutes rédigées dans l'intérêt du pouvoir des évêques. Vous vous rappelez qu'à l'avènement de la race Carlovingienne, l'aristocratie épiscopale, bien qu'elle eût prévalu, était dans une complète dissolution : Charlemagne l'a reconstituée; elle a repris, sous sa main, la régularité, l'ensemble qu'elle avait perdus, et est devenue, pour des siècles, le régime dominant de l'Église. Je vous en entretiendrai plus tard avec détail.

VII. La *législation domestique* ne contient que ce qui est relatif à l'administration des biens propres, des métairies de Charlemagne. Un capitulaire tout entier, intitulé *de Villis*, est un recueil de diverses instructions adressées, à différentes époques de son règne, aux employés de ses domaines, et qu'on a rassemblées, à tort, sous la forme d'un seul capitulaire. M. Anton a donné, dans son *Histoire de l'Agriculture allemande au moyen âge*[1], un commentaire très-curieux sur ce capitulaire, et sur tous les détails domestiques qui s'y rencontrent.

---

[1] En allemand, T. 1, p. 177-243.

VIII. La *législation de circonstance* est peu considérable ; douze articles seulement appartiennent à ce chef, et j'en ai tout-à-l'heure cité quelques-uns.

Je borne ici, Messieurs, cet exposé beaucoup trop bref, sans doute, et pourtant plus détaillé, plus précis, je crois, qu'on ne l'a fait encore, de la législation de Charlemagne et de son objet. Je dis *législation*, pour me servir du mot dont on se sert communément ; car il est clair qu'il n'y a rien là de ce que nous appelons un code, et que Charlemagne a fait, dans ses capitulaires, tout autre chose que de la législation. Les capitulaires sont, à vrai dire, l'ensemble des actes de son gouvernement, des actes publics de tout genre par lesquels s'est manifestée son autorité. Il est évident que le recueil qui nous reste est fort loin de contenir tous ces actes, et qu'il nous en manque un grand nombre. Il y a des années entières pour lesquelles nous n'avons point de capitulaires ; on remarque, dans ceux que nous possédons, des dispositions qui se rapportent à des actes que nous n'avons plus. Le recueil de Baluze est un recueil de fragmens ; ce sont les débris mutilés, non de la législation seule, mais de tout le gouvernement de Charlemagne. C'est là le point de vue dans lequel devra se placer quiconque voudra faire des capitulaires une étude précise, les comprendre et les expliquer.

Dans notre prochaine réunion, nous commencerons à nous occuper de l'état des esprits à la même époque, et de l'influence de Charlemagne sur le développement intellectuel.

VINGT-DEUXIÈME LEÇON.

De la décadence intellectuelle dans la Gaule-Franque du V⁰ au VIII⁰ siècle. — De ses causes. — Elle cesse sous le règne de Charlemagne. — Difficulté de peindre l'état de l'esprit humain à cette époque. — Alcuin en est le représentant le plus complet et le plus fidèle. — Vie d'Alcuin. — De ses travaux pour la restauration des manuscrits. — Pour la restauration des écoles. — De son enseignement dans l'école du palais. — De ses relations avec Charlemagne. — De sa conduite comme abbé de Saint-Martin de Tours. — De ses ouvrages : — 1° théologiques ; — 2° philosophiques et littéraires ; — 3° historiques ; — 4° poétiques. — De son caractère général.

MESSIEURS,

J'ai dit, et je tiens pour établi que, du V⁰ au VIII⁰ siècle, la décadence a été, dans la Gaule-Franque, constante, générale ; qu'elle est le caractère essentiel du temps, et ne s'est arrêtée que sous le règne de Charlemagne.

Si ce caractère a été quelque part plus visible, plus éclatant que partout ailleurs, c'est dans l'ordre intellectuel, dans l'histoire de l'esprit humain à cette époque. Rappelez-vous, je vous prie, par quelles vicissitudes nous l'avons vu passer. A la fin du IVe siècle, deux littératures, deux philosophies, la littérature profane et la littérature sacrée, la philosophie payenne et la théologie chrétienne, marchaient pour ainsi dire côte à côte. A la vérité, la littérature profane et la philosophie payenne étaient mourantes, cependant elles respiraient encore. Bientôt, nous les avons vu disparaître; la littérature sacrée et la théologie chrétienne sont restées seules. Nous avons continué de marcher; la théologie chrétienne et la littérature sacrée elles-mêmes ont disparu; nous n'avons plus rencontré que des sermons, des légendes, monumens d'une activité intellectuelle toute pratique, vouée aux besoins de la vie réelle, étrangère à la recherche et à la contemplation du vrai et du beau. C'est l'état où est tombé l'esprit humain dans le VIIe et pendant la première moitié du VIIIe siècle.

On a, en général, imputé cette décadence à la tyrannie de l'Église, au triomphe du principe de l'autorité et de la foi sur le principe de la liberté et de la raison. Des écrivains très-modernes même et d'ailleurs impartiaux et savans, M. Tennemann, par exemple, dans son *histoire de la philosophie* [1], ont adopté cette explication. Je crains qu'elle ne soit prématurée. L'autorité absolue de l'Église et la doctrine de la foi pure et simple, opposée à celle de l'examen rationel, ont, sans nul doute, puissamment contribué à l'affaiblissement de l'esprit humain; mais c'est plus tard que s'est exercée leur influence; à l'époque qui nous occupe, cette cause, je crois, n'avait encore que bien faiblement agi. Rappelez-vous le tableau que j'ai mis sous vos yeux de l'état de l'Église chrétienne au V° siècle [2]; la liberté y était grande. Or, du V° au VIII° siècle, l'Église ne se constitua ni assez régulièrement ni assez fortement pour exercer la tyrannie; aucun des moyens de gouvernement par lesquels elle a, plus tard, dominé les esprits, n'était alors entre ses mains; la papauté naissante ne possédait encore qu'un pouvoir d'influence et de conseil; l'épiscopat, bien qu'il fût le régime dominant de la société ecclésiastique, était faible et désordonné; les conciles devenaient rares; aucune autorité n'était générale et ferme : s'il y

---

[1] En allemand, T. 8, p. 1-8.
[2] Voyez les 3° et 4° Leçons, p. 111-126; 169-173.

eût eu dans les esprits une énergie véritable, sans nul doute elle se serait fait jour aisément. Plus tard, du XIe au XIVe siècle, l'Église était forte ; son pouvoir était régulièrement organisé; le principe de la soumission implicite à ses décisions régnait dans les esprits; et pourtant l'activité intellectuelle fut bien plus grande : il y eut alors un danger réel à lutter contre l'Église, et pourtant on lutta; on résista à ses prétentions, on attaqua même son titre. Le VIIe siècle ne fit aucune tentative d'attaque ni de résistance ; le pouvoir ecclésiastique et la liberté de la pensée n'eurent pas même occasion d'en venir aux mains.

Ce n'est donc pas à cette cause qu'il faut s'en prendre de l'apathie et de la stérilité intellectuelle de cette époque : la chute de l'Empire, ses désordres et ses misères, la dissolution des rapports et des liens sociaux, les préoccupations et les souffrances de l'intérêt personnel, l'impossibilité de tout long travail et de tout paisible loisir, telles furent les véritables causes de la décadence morale aussi bien que politique, et des ténèbres qui couvrirent l'esprit humain.

Quoi qu'il en soit des causes, le fait est indubitable : à considérer dans son ensemble l'histoire de l'esprit humain dans l'Europe moderne, du V⁰ siècle jusqu'à nos jours, on trouvera, je crois, que le VII⁰ siècle est le point le plus bas où il soit descendu, le *nadir* de son cours, pour ainsi dire. Avec la fin du VIII⁰ siècle commença son mouvement de progrès.

Il est assez difficile de caractériser ce mouvement avec précision, et de résumer en quelques traits l'état intellectuel de la Gaule-Franque, sous Charlemagne. Aucune idée simple n'y domine ; les travaux qui occupèrent alors les esprits ne forment point un ensemble, ne se rattachent à aucun principe ; ce sont des travaux partiels, isolés ; l'activité est assez grande, mais ne se manifeste point par de grands résultats. Toute tentative de systématiser ce temps sous le point de vue moral, de le réduire à quelque fait général et éclatant, le fausserait infailliblement.

Un autre procédé me paraît plus propre à le faire connaître et comprendre. Un homme s'y rencontre, esprit plus actif et plus étendu, sans aucun doute, que tout autre, Charlemagne excepté ; supérieur en instruction et en fécondité intellectuelle à tous ses contemporains, sans s'élever beaucoup au-dessus d'eux par l'originalité de sa science ou de ses idées ; représentant fidèle en un mot du progrès intellectuel de son époque, qu'il a devancée en toutes choses, mais sans jamais s'en séparer. Cet homme est Alcuin. Il faut en général ne se confier qu'avec une extrême réserve à cette tentation de prendre un homme pour image, pour représentant d'une époque. De tels rapprochemens sont plus ingénieux que solides. D'une part, une société, quelque déchue et stérile qu'elle soit, est presque toujours, intellectuellement parlant, plus grande et plus riche qu'un individu; elle renferme une foule d'idées, de connaissances, de faits et de besoins moraux, qui ne se reproduisent point dans l'étroit espace d'une existence individuelle : d'autre part, un homme distingué, quand même l'originalité n'est pas son caractère éminent, diffère toujours beaucoup de la masse de ses contemporains; il est lui-même et non un peuple; en sorte que, sous un double rapport, la représentation est inexacte et l'image trompeuse. Gardez-vous donc, je vous prie, dans le cas particulier qui nous occupe, d'y ajouter trop pleine foi : elle est peut-être ici plus fidèle que partout ailleurs; Alcuin est peut-être un des hommes qui représentent le mieux son époque : cependant il y aurait encore beaucoup de restrictions à apporter; et au moment même où je le veux mettre sous vos yeux comme l'expression de l'état de l'esprit humain à la fin du VIII° siècle, j'ai besoin d'être sûr que vous réduirez cette comparaison à sa juste valeur.

Alcuin n'était pas français. Il vous suffit de jeter un coup-d'œil sur le dernier des tableaux que j'ai eu l'honneur de mettre sous vos yeux dans notre avant-dernière réunion, pour voir que Charlemagne avait pris grand soin d'attirer dans ses États les hommes distingués étrangers, et que, parmi ceux qui l'aidèrent à seconder, dans la Gaule-Franque, le développement intellectuel, plusieurs étaient venus du dehors. Charlemagne faisait même davantage. On voit, au XVII° siècle, Louis XIV, non content de protéger les lettres dans son royaume, leur adresser, dans toute l'Europe, ses encouragemens et ses faveurs; Colbert écrit à des savans allemands, hollandais, italiens, pour leur annoncer, de la part du roi, des gratifications, des pensions qui s'élèvent même jusqu'à 3,000 livres. Des faits analogues se rencontrent sous Charlemagne; non-seulement il s'efforçait d'attirer dans ses États les hommes distingués, mais il les protégeait et les encourageait partout où il les découvrait; plus d'une abbaye anglo-saxonne eut part à ses libéralités; et les savans qui, après l'avoir suivi en Gaule, voulaient retourner dans leur patrie, ne lui devenaient point étrangers.

Ainsi l'éprouvèrent Pierre de Pise et Paul Warnefried, qui ne firent en Gaule qu'un assez court séjour.

Alcuin s'y fixa tout-à-fait. Il était né en Angleterre, à York, vers 735. L'état intellectuel de l'Irlande et de l'Angleterre était alors supérieur à celui du continent; les lettres et les écoles y prospéraient plus que partout ailleurs. Il est assez difficile d'assigner à ce fait des causes un peu précises : voici, je crois, la principale. Le christianisme avait été porté en Irlande par des missionnaires grecs, et en Angleterre, par des missionnaires latins. En Irlande, dans les premiers siècles qui suivirent son introduction, aucune invasion de barbares ne vint arrêter ses progrès, disperser les monastères, les écoles, étouffer le mouvement intellectuel qu'il avait imprimé. En Angleterre, quand arrivèrent les missionnaires de Grégoire-le-Grand, l'invasion barbare était consommée; les Saxons étaient établis : là aussi donc le christianisme n'eut à subir, du moins à cette époque et jusqu'aux grandes incursions des Danois, aucun bouleversement social; ses études, ses travaux de tout genre ne furent pas violemment interrompus. J'ai mis sous vos yeux, en commençant ce cours¹, le tableau de l'état intellectuel de la Gaule dans le IV⁰ et au commencement du V⁰ siècle; ni les écoles ni les lettrés n'y manquaient; et si les Visigoths, les Bourguignons, les Francs n'y fussent venus apporter le chaos et la ruine, l'esprit humain, bien qu'affaibli, n'y serait pas tombé dans l'état où nous le trouvons au VII⁰ siècle. C'est là, Messieurs, l'avantage qu'avait à cette époque l'Angleterre; la société n'y avait pas été ravagée, dissoute par des invasions récentes, continuelles; les établissemens d'étude et de science qu'y avait fondés le christianisme étaient debout, et poursuivaient assez tranquillement leurs travaux.

Que cette cause soit ou non suffisante pour expliquer le fait, il est incontestable : les écoles d'Angleterre, et particulièrement celle d'York, étaient supérieures à celles du continent; elle possédait même une riche bibliothèque où se trouvaient plusieurs des grands ouvrages de l'antiquité payenne, entre autres ceux d'Aristote, dont il ne faut point croire, comme on le répète sans cesse, que l'Europe moderne ait dû la connaissance aux seuls Arabes,

---

1 Leçons 3⁰ et 4⁰.

car, du Ve au Xe siècle, il n'est aucune époque où on ne les trouve mentionnés dans quelque bibliothèque, où ils n'aient été connus et étudiés de quelque lettré. Alcuin nous informe lui-même de l'objet de l'enseignement qu'on donnait dans l'école du monastère d'York : on lit dans son poëme intitulé : *Des Pontifes et des Saints de l'Église d'York* :

Le docte Ælbert abreuvait, aux sources d'études et de sciences diverses, les esprits altérés : aux uns, il s'empressait de communiquer l'art et les règles de la grammaire; pour les autres, il faisait couler les flots de la rhétorique; il savait exercer ceux-ci aux combats de la jurisprudence, et ceux-là aux chants d'Aonie; quelques-uns apprenaient de lui à faire résonner les pipeaux de Castalie, et à frapper d'un pied lyrique les sommets du Parnasse; à d'autres, il faisait connaître l'harmonie du ciel, les travaux du soleil et de la lune, les cinq zônes du pôle, les sept étoiles errantes, les lois du cours des astres, leur apparition et leur déclin, les mouvemens de la mer, les tremblemens de la terre, la nature des hommes, du bétail, des oiseaux et des habitans des bois; il dévoilait les diverses qualités et les combinaisons des nombres; il enseignait à calculer avec certitude le retour solennel de la Pâque, et surtout il expliquait les mystères de la Sainte-Écriture [1].

---

[1] *Des Pontifes et des Saints de l'Église d'York*; v. 1431-1447; *Alcuini opera*, t. II, p. 256, édit. de Frobben. 1777.

Ramenez cette pompeuse description à des termes simples : la grammaire, la rhétorique, la jurisprudence, la poésie, l'astronomie, l'histoire naturelle, les mathématiques, la chronologie et l'explication des Saintes Écritures, c'est-là, à coup sûr, un enseignement assez étendu, plus étendu qu'on ne l'eût rencontré à cette époque dans aucune école de Gaule ou d'Espagne. Celui qui le donnait, cet Ælbert que célèbre Alcuin, devint archevêque d'York, et Alcuin lui succéda dans ses fonctions.

Il avait déjà fait vers ce temps, avant 766, un ou même deux voyages sur le continent. L'occasion et la date de ces voyages sont assez difficiles à déterminer ; je ne vous occuperai point de ces détails de critique minutieux et compliqués. Quelques savans ont pensé que dès-lors, à Pavie peut-être, Alcuin avait vu Charlemagne ; si le fait est vrai, il est stérile, car on ne sait absolument rien sur leurs premières relations. Mais, en 780, à la mort de l'archevêque Ælbert et à l'avènement de son successeur Eanbald, Alcuin reçut de lui la mission d'aller à Rome pour obtenir du pape et lui rapporter le *Pallium*. En revenant de Rome, il passa à Parme où il trouva Charlemagne : qu'il le vît ou non pour la première fois, Charles le pressa de s'établir en

France. Après quelque hésitation, Alcuin s'y engagea, pourvu qu'il en obtînt la permission de son évêque et de son roi. Il l'obtint en effet, et en 782 on le trouve établi à la cour de Charlemagne, qui lui donne sur-le-champ trois abbayes, celles de Ferrières en Gatinois, de Saint-Loup à Troyes, et de Saint-Josse dans le comté de Ponthieu.

Alcuin fut, dès cette époque, le confident, le conseiller, le docteur et, pour ainsi dire, le premier ministre intellectuel de Charlemagne. Essayons de nous former une idée un peu nette et complète de ses travaux.

Il faut distinguer son activité pratique et son activité scientifique, les résultats immédiats de son influence et ses écrits.

Sous le point de vue pratique, comme premier ministre intellectuel de Charlemagne, Alcuin a fait surtout trois choses : 1° il a corrigé et restitué les manuscrits de l'ancienne littérature ; 2° il a restauré les écoles et ranimé les études ; 3° il a lui-même enseigné.

I. Les historiens ne parlent qu'en passant, et sans y attacher aucune importance, d'un fait qui a joué dans la renaissance de l'activité intellectuelle à cette époque, un rôle considérable, je veux dire la révision et la correction des manuscrits sacrés ou profanes. Du VIe au VIIIe siècle, ils étaient tombés aux mains de possesseurs ou de copistes si ignorans, que les textes étaient devenus méconnaissables : une foule de passages avaient été confondus ou mutilés ; les feuillets étaient dans le plus grand désordre ; toute exactitude d'orthographe et de grammaire avait disparu ; il fallait déjà, pour lire et comprendre, une véritable science, et elle manquait davantage de jour en jour. La réparation de ce mal, la restitution des manuscrits, surtout de la grammaire et de l'orthographe, fut un des premiers travaux d'Alcuin, travail dont il s'occupa toute sa vie, qu'il recommanda constamment à ses élèves, et dans lequel Charlemagne lui prêta le secours de son autorité. On lit, dans les capitulaires, une ordonnance conçue en ces termes :

Charles, avec l'aide de Dieu, roi des Francs et des Lombards, et patrice des Romains, aux lecteurs religieux soumis à notre domination :... Ayant à cœur que l'état de nos églises s'améliore de plus en plus, et voulant relever par un soin assidu la culture des lettres, qui a presque entièrement péri par l'inertie de nos ancêtres, nous excitons, par notre exemple même, à l'étude des arts libéraux, tous ceux que nous y pouvons attirer. Aussi avons-nous déjà, avec le constant secours de Dieu, exactement corrigé les livres de l'ancienne et de la nouvelle alliance, corrompus par l'ignorance des copistes... Nous ne pouvons souffrir que, dans les lectures divines, au milieu des offices sacrés, il se glisse de discordans solécismes, et nous avons dessein de réformer les dites lectures. Nous avons chargé de ce travail le diacre Paul, notre client familier. Nous lui avons enjoint de parcourir avec soin les écrits des pères catholiques, de choisir, dans ces fertiles prairies, quelques fleurs, et de former, pour ainsi dire, des plus utiles une seule guirlande. Empressé d'obéir à notre Altesse, il a relu les traités et les discours des divers pères catholiques, et choisissant les meilleurs, il nous a offert, en deux volumes, des lectures pures de faute, convenablement adoptées à chaque fête, et qui suffiront à toute l'année. Nous avons examiné le texte de ces volumes avec notre sagacité ; nous les avons décrétés de notre autorité, et nous les transmettons à votre religion pour les faire lire dans les églises du Christ. [1]

Pendant qu'il faisait ainsi recueillir et corriger les textes destinés aux lectures religieuses, Alcuin travaillait lui-même à une révision complète des livres sacrés. Il la termina vers 801, dans l'abbaye de Saint-Martin de Tours, et l'envoya à Charlemagne :

J'ai long-temps cherché, lui écrivit-il, quel présent je pourrais vous offrir qui ne fût pas indigne de l'éclat de votre puissance impériale, et qui ajoutât quelque chose à

---

[1] Constitution de Charlemagne adressée aux évêques, en 788 ; Bal. t. 1, col. 203.

votre trésor si opulent. Je ne voulais pas que, tandis que les autres vous apportaient toutes sortes de riches dons, mon petit génie s'engourdît dans une honteuse oisiveté, ni que le messager de mon humilité parût les mains vides devant la face de votre béatitude. J'ai enfin trouvé, avec l'inspiration de l'Esprit-Saint, ce qu'il convenait à mon nom de vous offrir, et ce qui pouvait être agréable à votre sagesse... Rien de plus digne de vous que les livres divins que j'envoie à votre très-illustre autorité, réunis en un seul corps et corrigés très-soigneusement... Si le dévouement de mon cœur avait pu trouver quelque chose de mieux, je vous l'offrirais avec le même zèle pour l'accroissement de votre glorieuse fortune. [1]

Ce présent excita, à ce qu'il paraît, l'émulation de Charlemagne lui-même, car on lit dans Thégan, chroniqueur contemporain, que : « l'année qui précéda sa mort, il corrigea soigneusement, avec des Grecs et des Syriens, les quatre évangiles de Jésus-Christ. » [2]

De tels exemples, à l'appui de tels ordres, ne pouvaient manquer d'être efficaces; aussi l'ardeur pour la reproduction des anciens manus-

---

[1] *Lettres d'Alcuin*, 103e. T. 1, p. 153.

[2] *De la vie et des actes de Louis-le-Débonnaire*, dans ma *Collection des mémoires relatifs à l'histoire de France*. t. 3, p. 281.

crits devint-elle générale : dès qu'une révision exacte de quelque ouvrage avait été faite par Alcuin, ou quelqu'un de ses disciples, on en envoyait des copies dans les principales églises et abbayes ; et là des copies nouvelles en étaient faites, pour être de nouveau revues et propagées. L'art de copier devint une source de fortune, de gloire même : on célébrait les monastères où se faisaient les copies les plus exactes et les plus belles, et, dans chaque monastère, les moines qui excellaient à copier. L'abbaye de Fontenelle en particulier, et deux de ses moines, Ovon et Hardouin, acquirent en ce genre une véritable renommée. A Rheims, à Corbie, on s'appliqua à les égaler : au lieu du caractère corrompu dont on s'était servi depuis deux siècles, on reprit l'usage du petit caractère romain. Aussi les bibliothèques monastiques devinrent-elles bientôt considérables : un trèsgrand nombre de manuscrits datent de cette époque ; et quoique le zèle s'appliquât surtout à la littérature sacrée, cependant la littérature profane n'y demeura pas étrangère. Alcuin luimême, à en croire certains témoignages, revit et copia les comédies de Térence.

II. En même temps qu'il restituait les manuscrits, et rendait ainsi en quelque sorte à l'étude de bons matériaux, il travaillait avec ardeur au rétablissement des écoles partout déchues : ici encore une ordonnance de Charlemagne nous instruit des mesures prises à ce sujet, et que sans doute Alcuin lui suggéra :

Charles, avec l'aide de Dieu etc... à Baugulf abbé, et à toute la congrégation... salut :
Que votre dévotion agréable à Dieu sache que, de concert avec nos fidèles, nous avons jugé utile que, dans les épiscopats et dans les monastères confiés, par la faveur du Christ, à notre gouvernement, on prît soin non seulement de vivre régulièrement et selon notre sainte religion, mais encore d'instruire dans la science des lettres, et selon la capacité de chacun, ceux qui peuvent apprendre avec l'aide de Dieu... Car, quoiqu'il soit mieux de bien faire que de savoir, il faut savoir avant de faire... Or, plusieurs monastères nous ayant, dans ces dernières années, adressé des écrits dans lesquels on nous annonçait que les frères priaient pour nous dans les saintes cérémonies et leurs pieuses oraisons, nous avons remarqué que, dans la plupart de ces écrits, les sentimens étaient bons et les paroles grossièrement incultes ; car, ce qu'une pieuse dévotion inspirait bien au-dedans, une langue malhabile, et qu'on avait négligé d'instruire, ne pouvait l'exprimer sans faute. Nous avons dès-lors commencé à craindre que, de même qu'il y avait peu d'habileté à écrire, de même l'intelligence des Saintes-Écritures ne fût beaucoup moindre qu'elle ne devrait être... Nous vous exhortons donc non-seulement à ne pas négliger l'étude des lettres, mais à travailler,

d'un cœur humble et agréable à Dieu, pour être en état de pénétrer facilement et sûrement les mystères des Saintes-Écritures. Or, il est certain que, comme il y a, dans les Saintes-Écritures, des allégories, des figures et autres choses semblables, celui-là les comprendra plus facilement, et dans leur vrai sens spirituel, qui sera bien instruit dans la science des lettres. Qu'on choisisse donc pour cette œuvre des hommes qui aient la volonté et la possibilité d'apprendre et l'art d'instruire les autres... Ne manque pas, si tu veux obtenir notre faveur, d'envoyer un exemplaire de cette lettre à tous les évêques suffragans et à tous les monastères. [1]

Beaucoup d'autres monumens attestent que cette *circulaire impériale*, pour parler le langage de notre temps, ne demeura pas une vaine recommandation : elle eut pour résultat le rétablissement des études dans les cités épiscopales et dans les grands monastères. De cette époque datent la plupart des écoles qui acquirent bientôt une grande célébrité, et d'où sortirent les hommes les plus distingués du siècle suivant; par exemple : celles de Ferrières en Gatinois; de Fulde dans le diocèse de Mayence; de Reichenau dans celui de Constance; d'Aniane en Languedoc; de Fontenelle ou Saint-Vandrille

---

[1] Bal. t. 1, col. 201.

en Normandie; et les hommes qui les honorèrent avaient été presque tous au nombre des disciples d'Alcuin, car indépendamment de ses soins pour rétablir les écoles, il enseigna lui-même, et avec un grand éclat.

III. Ce ne fut point dans un monastère ni dans aucun établissement public qu'eut lieu d'abord son enseignement : de 782 à 796, durée de son séjour à la cour de Charlemagne, Alcuin fut à la tête d'une école intérieure, dite *l'École du Palais*, qui suivait Charles partout où il se transportait, et à laquelle assistaient ceux qui se transportaient partout avec lui. Là, outre beaucoup d'autres, Alcuin eut pour auditeurs :

1° Charles, fils de Charlemagne.
2° Pepin.   *id.*
3° Louis.   *id.*
4° Adalbard.
5° Angilbert.
6° Flavius Damoetas. } Conseillers habituels de Charlemagne
7° Eginhard.
8° Riculf, archevêque de Mayence.
9° Rigbod, archevêque de Trèves.
10° Gisla, sœur de Charlemagne.
11° Gisla, fille de Charlemagne.
12° Richtrude, religieuse à Chelles ;
13° Gundrade, sœur d'Adalbard.

Et avant tous, Charlemagne lui-même qui prenait à ces leçons le plus vif intérêt.

Il est difficile de dire quel en était l'objet; je suis tenté de croire qu'à de tels auditeurs, Alcuin parlait un peu au hasard et de toutes choses, qu'il y avait dans l'école du Palais plus de conversations que d'enseignement proprement dit, et que le mouvement d'esprit, la curiosité sans cesse excitée et satisfaite en était le principal mérite. A de telles époques, Messieurs, aux jours de sa renaissance, dans la joie de ses premières conquêtes, l'esprit n'est ni régulier, ni difficile; il s'inquiète peu de la beauté et de l'utilité réelle de son travail; ce qui lui en plaît surtout, c'est le jeu de la pensée; il jouit de lui-même plutôt qu'il n'étudie; sa propre activité lui importe plus que les résultats; qu'on l'occupe, qu'on l'intéresse, c'est tout ce qu'il demande; il est charmé pourvu qu'il découvre ou produise quelque chose de nouveau, d'inattendu. Il nous reste de cet enseignement de l'école du Palais un singulier échantillon : c'est une conversation, intitulée *Disputatio*, entre Alcuin et Pepin, second fils de Charlemagne, qui avait probablement alors quinze ou seize ans : j'en vais mettre textuellement sous vos yeux la plus grande partie : vous jugerez si c'est là de la science, et ce que nous appelons aujourd'hui des leçons :

Interlocuteurs : PEPIN, ALCUIN.

PEPIN. Qu'est-ce que l'écriture ?
ALCUIN. La gardienne de l'histoire.
P. Qu'est-ce que la parole ?
A. L'interprète de l'âme.
P. Qu'est-ce qui donne naissance à la parole ?
A. La langue.
P. Qu'est-ce que la langue ?
A. Le fouet de l'air.
P. Qu'est-ce que l'air ?
A. Le conservateur de la vie.
P. Qu'est-ce que la vie ?
A. Une jouissance pour les heureux, une douleur pour les misérables, l'attente de la mort.
P. Qu'est-ce que la mort ?
A. Un événement inévitable, un voyage incertain, un sujet de pleurs pour les vivans, la confirmation des testamens, le larron des hommes.
P. Qu'est-ce que l'homme ?
A. L'esclave de la mort, un voyageur passager, hôte dans sa demeure.....
P. Comment l'homme est-il placé ?
A. Comme une lanterne exposée au vent.
P. Où est-il placé ?
A. Entre six parois.
P. Lesquelles ?
A. Le dessus, le dessous, le devant, le derrière, droite, la gauche.....
P. Qu'est-ce que le sommeil ?

A. L'image de la mort.
P. Qu'est-ce que la liberté de l'homme ?
A. L'innocence.
P. Qu'est-ce que la tête ?
A. Le faîte du corps.
P. Qu'est-ce que le corps ?
A. La demeure de l'âme.

Ici suivent vingt-six questions relatives aux diverses parties du corps humain, et que je supprime, parce qu'elles sont dépourvues de tout intérêt. Pepin reprend :

P. Qu'est-ce que le ciel ?
A. Une sphère mobile, une voûte immense.
P. Qu'est-ce que la lumière ?
A. Le flambeau de toutes choses.
P. Qu'est-ce que le jour ?
A. Une provocation au travail.
P. Qu'est-ce que le soleil ?
A. La splendeur de l'univers, la beauté du firmament, la grâce de la nature, la gloire du jour, le distributeur des heures.

Je supprime également ici cinq questions sur les astres et les élémens.

P. Qu'est-ce que la terre ?
A. La mère de tout ce qui croît, la nourrice de tout ce qui existe, le grenier de la vie, le gouffre qui dévore tout.
P. Qu'est-ce que la mer ?

A. Le chemin des audacieux, la frontière de la terre...., l'hôtellerie des fleuves, la source des pluies......

Suivent six questions insignifiantes sur des objets matériels pris dans la nature.

Après :

P. Qu'est-ce que l'hiver ?
A. L'exil de l'été.
P. Qu'est-ce que le printemps ?
A. Le peintre de la terre.
P. Qu'est-ce que l'été ?
A. La puissance qui vêtit la terre et mûrit les fruits.
P. Qu'est-ce que l'automne ?
A. Le grenier de l'année.
P. Qu'est-ce que l'année ?
A. Le quadrige du monde.

J'omets cinq questions astronomiques.

P. Maître, je crains d'aller sur mer.
A. Qu'est-ce qui te conduit sur mer ?
P. La curiosité.
A. Si tu as peur, je te suivrai partout où tu iras.
P. Si je savais ce que c'est qu'un vaisseau, je t'en préparerais un, afin que tu vinsses avec moi.
A. Un vaisseau est une maison errante, une auberge partout, un voyageur qui ne laisse pas de traces.....
P. Qu'est-ce que l'herbe ?
A. Le vêtement de la terre.
P. Qu'est-ce que les légumes ?

A. Les amis des médecins, la gloire des cuisiniers.

P. Qu'est-ce qui rend douces les choses amères ?

A. La faim.

P. De quoi les hommes ne se lassent-ils point ?

A. Du gain.

P. Quel est le sommeil de ceux qui sont éveillés ?

A. L'espérance.

P. Qu'est-ce que l'espérance ?

A. Le rafraichissement du travail, un événement douteux.

P. Qu'est-ce que l'amitié ?

A. La similitude des âmes.

P. Qu'est-ce que la foi ?

A. La certitude de choses ignorées et merveilleuses.

P. Qu'est-ce qui est merveilleux ?

A. J'ai vu dernièrement un homme debout, un mort marchant, et qui n'a jamais été.

P. Comment cela a-t-il pu être ? explique-le moi ?

A. C'était une image dans l'eau.

P. Pourquoi n'ai-je pas compris cela moi-même, ayant vu tant de fois une chose semblable ?

A. Comme tu es un jeune homme de bon caractère et doué d'esprit naturel, je te proposerai plusieurs autres choses extraordinaires; essaie si tu peux de les découvrir toi-même.

P. Je le ferai; mais si je me trompe, redresse-moi.

A. Je le ferai comme tu le désires. Quelqu'un qui m'est inconnu a conversé avec moi sans langue et sans voix; il n'était pas auparavant, et ne sera point après, et je ne l'ai ni entendu, ni connu.

P. Un rêve peut-être t'agitait, maitre ?

A. Précisément, mon fils : écoute encore ceci : j'ai vu les morts engendrer le vivant, et les morts ont été consumés par le souffle du vivant.

P. Le feu est né du frottement des branches, et il a consumé les branches.

A. Il est vrai.

Suivent quatorze énigmes du même genre, et la conversation se termine en ces termes :

A. Qu'est-ce qui est et n'est pas en même temps ?
P. Le néant.
A. Comment peut-il être et ne pas être ?
P. Il est de nom, et n'est pas de fait.
A. Qu'est-ce qu'un messager muet ?
P. Celui que je tiens à la main.
A. Que tiens-tu à la main ?
P. Ma lettre.
A. Lis donc heureusement, mon fils [1].

A coup sûr, Messieurs, comme enseignement, de telles conversations sont étrangement puériles : comme symptôme et principe de mouvement intellectuel, elles méritent toute notre attention ; elles attestent cette curiosité avide avec laquelle l'esprit, jeune et ignorant, se porte sur toutes choses, et ce plaisir si vif qu'il prend à toute

---

[1] Œuvres d'Alcuin, t. II, p. 352-354.

combinaison inattendue, à toute idée un peu ingénieuse; disposition qui se manifeste dans la vie des individus comme dans celle des peuples, et qui enfante tantôt les rêves les plus bizarres, tantôt les plus vaines subtilités. Elle dominait sans nul doute dans le palais de Charlemagne : elle amena la formation de cette espèce d'académie dans laquelle tous les hommes d'esprit du temps portaient des surnoms puisés dans la littérature sacrée ou profane, Charlemagne-David, Alcuin-Flaccus, Angilbert-Homère, Friedgies - Nathanaël, Amalaire-Symphosius, Gisla-Lucie, Gundrade-Eulalie, etc. et la singulière conversation que je viens de vous lire n'est probablement qu'un échantillon de ce qui se passait fort souvent, à leur grande joie, entre ces beaux esprits semi-barbares, semi-lettrés.

Si l'influence d'Alcuin s'était bornée à leur procurer ce genre de plaisirs, elle aurait été de peu de valeur : mais il avait surtout affaire à Charlemagne, et l'activité intellectuelle de celui-ci était plus sérieuse et plus féconde. Pour vous donner une idée des relations de ces deux hommes, et du prodigieux mouvement d'esprit auquel Alcuin était chargé de suffire, je ne sais rien de mieux que de mettre sous vos yeux le monument le plus authentique qui en reste, c'est-à-dire leur correspondance. Nous avons en tout deux cent trente-deux lettres d'Alcuin : de ce nombre, trente sont adressées à Charlemagne : je vais les passer en revue, tantôt en en traduisant quelques phrases, tantôt en en indiquant seulement l'objet :

TABLEAU des lettres d'Alcuin à Charlemagne.

N° de la lettre.	DATE.	OBJET.
14	en 793	Sur la transfiguration de J. C.
28	796	Il le félicite de ses victoires sur les Huns (Avares) et lui donne des conseils sur la manière dont il faut procéder à leur conversion : 1° Envoyer des missionnaires doux ; 2° ne pas exiger la dîme : « Il vaut mieux perdre la dîme que la foi : nous autres nés, nourris, instruits dans la foi catholique, nous consentons à peine à donner la dîme de notre bien : combien la foi naissante, le cœur faible et l'esprit avare de ces peuples y consentiront encore moins! » 3° Observer un certain ordre dans l'enseignement religieux. « Cet ordre doit être, je crois, celui que le bienheureux Augustin a établi dans le livre auquel il a donné pour titre : *De l'instruction des simples*. Il faut d'abord instruire l'homme de l'immortalité de l'âme, de la vie future, de la rétribution des bons et des méchans, et de l'éternité de leur destinée. Il faut lui enseigner en-

N° de la lettre.	DATE.	OBJET.
		suite pour quels crimes et quels péchés il aura à souffrir, auprès du diable, des peines éternelles, et pour quelles bonnes actions il jouira, avec le Christ, d'une gloire éternelle. Enfin il faut lui inculquer avec soin la foi dans la Sainte-Trinité et lui expliquer la venue en ce monde du fils de Dieu, N. S. J.-C., pour le salut du genre humain. »
32	796	Il lui recommande l'indulgence envers les prisonniers huns et la clémence envers ses ennemis.
38	796	Il lui rend compte de ce qu'il fait pour la prospérité de l'école de l'abbaye de Tours : «Moi, votre Flaccus, selon votre exhortation et votre sage volonté, je m'applique à servir aux uns, sous le toit de Saint-Martin, le miel des saintes écritures ; j'essaie d'enivrer les autres du vieux vin des anciennes études ; je nourris ceux-ci des fruits de la science grammaticale ; je tente de faire briller aux yeux de ceux-là l'ordre des astres... Mais il me manque en partie les plus excellens livres de l'érudition scholastique, que je m'étais procurés dans ma patrie, soit par les soins dévoués de mon maitre, soit par mes propres sueurs. Je demande donc à V. E. qu'il plaise à votre sagesse de permettre que j'envoie quelques-uns de nos serviteurs, afin qu'ils rapportent en France les fleurs de la Bretagne... Au matin de ma vie, j'ai semé, dans la Bretagne, les germes de la science ;

N° de la lettre.	DATE.	OBJET.
		maintenant, sur le soir, et bien que mon sang soit refroidi, je ne cesse pas de les semer en France; et j'espère qu'avec la grâce de Dieu, ils prospéreront dans l'un et l'autre pays. »
61	797	Il lui donne une explication détaillée du cycle lunaire.
64	798	Il lui recommande plusieurs personnes.
65	798	Il lui explique l'origine des noms de la septuagésime et de la sexagésime. (La 66° est une réponse de Charlemagne qui lui fait des objections).
67	798	Il revient sur le même sujet et se défend du reproche d'opiniâtreté : « Quant à ce que vous m'avertissez à la fin de votre lettre, amicalement et pour mon bien, que, s'il y a quelque chose à réformer dans mon opinion, je dois le réformer humblement, je n'ai jamais été, avec la grâce de Dieu, obstiné dans mon erreur, ni confiant dans mon sentiment; je puis me rendre sans peine à un meilleur avis, car il a été dit, je le sais, qu'il faut se servir plus souvent de ses oreilles que de sa langue. Je supplie donc votre sagesse de penser que je lui écris non comme à un disciple, mais comme à un juge, et que je lui adresse mes humbles idées, non comme à quelqu'un qui ignore, mais comme à quelqu'un qui doit corriger. »
68	797	Sur le cours du soleil et les phases de l'année; sur l'hérésie de Félix, évêque d'Urgel.

N° de la lettre.	DATE.	OBJET.
69	798	Sur l'astronomie et la chronologie; il répond à plusieurs questions que lui avait adressées une femme, probablement Gisla, la sœur de Charlemagne.
70	798	Sur l'astronomie; il répond à plusieurs questions de Charlemagne sur le cours du soleil, les constellations, etc.
71	798	Sur le même sujet.
80	799	Sur l'état des affaires; il l'engage à un peu de douceur envers les Saxons.
81	799	Il s'excuse d'accompagner Charlemagne à Rome; il allègue sa mauvaise santé.
84	800	Lettre de complimens; il lui envoye quelques calculs astronomiques.
85	800	Il le remercie de s'être fait lire le traité qu'il avait écrit contre l'évêque Félix; il lui envoye des essais d'orthographe et d'arithmétique.
90	800	Il le console de la mort de sa femme Lintgarde, et lui envoie une petite épitaphe.
91	800	Sur le même sujet.
93	800	Il le félicite sur ses victoires; l'exhorte à la clémence; lui parle de la santé du pape Léon: s'excuse de ne lui avoir pas écrit, et refuse d'aller à Rome.
104	801	Il se réjouit du retour de Charlemagne (d'Italie).
103	801	Il dit qu'ayant cherché long-temps quel présent il pourrait faire à Charlemagne digne de la puissance et de l'affection qu'il lui porte, il lui envoie un exemplaire des saintes écritures corrigé par lui.

N.º de la lettre.	DATE.	OBJET.
104	801	Il s'excuse sur sa vieillesse pour ne pas aller à la cour.
105*	801	Il s'afflige de la mort de Mainfroi, demande des constructions pour l'église de Saint-Pierre de Bénévent, et prie Charlemagne de bien prendre garde aux dangers de l'expédition de Bénévent. « Quoique mon affection puisse paraître insensée, du moins on ne pourra la taxer d'infidélité, ni dans les petites choses, ni dans les grandes ; et la confiance que j'ai en votre humilité éprouvée m'a donné la hardiesse d'écrire ceci. » Peut-être quelqu'un dira-t-il : pourquoi se mêle-t-il de ce qui lui est étranger ? Celui-là ignore que rien de ce qui touche votre prospérité ne m'est étranger, car je déclare qu'elle m'est plus chère que la santé de mon corps ou la durée de ma vie. Tu es le bonheur du royaume, le salut du peuple, l'honneur des églises, le protecteur de tous les fidèles du Christ ; c'est sous l'ombre de ta puissance et l'abri de ta piété que la grâce divine nous a accordé de pratiquer la vie religieuse et de servir J.-C. dans une tranquille paix : il est donc juste et nécessaire que, d'un esprit attentif et d'un cœur dévoué, nous soyons occupés de ta fortune et de ta santé, et que nous invoquions Dieu à ce sujet, très-excellent et digne de tout honneur seigneur roi David. »
106	801	Il le remercie de ses bontés, et le sup-

N° de la lettre	DATE.	OBJET.
195	802 ou 803	plie, à cause de ses infirmités, de le laisser à Saint-Martin. Il s'excuse, ainsi que les frères de Saint-Martin au sujet de l'asile qu'ils avaient donné à un clerc de l'église d'Orléans, d'où s'était ensuivi un grand tumulte dans l'église de Saint-Martin, et beaucoup de mécontentement de la part de Charlemagne et de Théodulf.
123	an. inc.	Il répond à des questions de Charlemagne sur la différence qu'il y a entre *éternel* et *sempiternel*, *perpétuel* et *immortel*, *siècle*, *âge* et *temps*.
124	an. inc.	Il répond à des questions posées par Charlemagne sur des passages de l'évangile.
125	an. inc.	Il répond à Charlemagne qui demande pourquoi on ne trouve dans aucun évangile l'hymne que J.-C. a chantée après la cène.
126	an. inc.	Il répond à Charlemagne qui demande, au nom d'un savant grec, à qui a été remis le prix de la rédemption de l'homme.
127	an. inc.	Il envoie à Charlemagne des conseils, sous le titre de capitulaires, sur les testaments, les successions et plusieurs autres sujets.

Certes, Messieurs, ce n'était pas pour Alcuin chose facile que de suffire à de telles relations, de répondre à toutes les questions, d'assouvir toutes les exigences intellectuelles de ce maître infatigable qui pensait à tout, s'occupait de tout, d'histoire, de morale, de théologie, d'astronomie, de chronologie, de grammaire, et voulait probablement, là comme ailleurs, que sa volonté fût toujours et promptement accomplie. Il y a sans doute un charme puissant dans la société d'un grand homme; mais quand le grand homme est un souverain, c'est bientôt un pesant fardeau que d'avoir à le satisfaire à tout moment, sur toutes choses. Aucun texte formel ne nous le révèle; mais Charlemagne portait sans nul doute, dans ses relations avec Alcuin, cet égoïsme impitoyable d'un génie supérieur et despotique qui ne considère les hommes, même ceux qu'il aime le mieux et dont il fait le plus de cas, que comme des instrumens, et marche à son but sans s'inquiéter de ce qu'il en coûte à ceux qu'il emploie à l'atteindre. Une lassitude profonde s'empara d'Alcuin : il sollicita avec instance la permission de se retirer de la cour et d'aller vivre dans la retraite : en 796, il écrit à un archevêque dont le nom est inconnu :

Que votre paternité le sache : moi, votre fils, je désire ardemment déposer le fardeau des affaires du siècle, et ne plus servir que Dieu seul. Tout homme a besoin de se préparer avec vigilance à la rencontre de Dieu; à plus forte raison les vieillards brisés par les années et les infirmités [1].

Et à son ami Angilbert :

A ton départ, j'ai tenté plusieurs fois de me réfugier dans le port du repos ; mais le roi de toutes choses, le maître des âmes, ne m'a pas encore accordé ce que depuis long-temps il m'a fait vouloir. [2]

Charlemagne consentit enfin à le laisser partir, et vers 796, à ce qu'il paraît, il lui donna pour retraite l'abbaye de Saint-Martin de Tours, l'une des plus riches du royaume.

Alcuin se hâta d'en aller prendre possession : la retraite était magnifique ; il avait, dans les domaines des abbayes qu'il possédait, plus de 20,000 colons ou serfs; et la correspondance qu'il continuait d'entretenir avec Charlemagne animait sa vie sans l'accabler. Il ne resta point oisif dans sa nouvelle situation; il remit la règle et l'ordre dans le monastère, enrichit la bibliothèque de

---

[1] Lett. d'Alcuin; 168°; t. I, p. 228.
[2] Lett. d'Alcuin; 21°; t. I, p. 31.

manuscrits copiés à York, par de jeunes clercs qu'il y avait envoyés dans ce dessein, et donna à l'école, par son propre enseignement, un éclat qu'elle n'avait jamais connu. Ce fut à cette époque que plusieurs des hommes les plus distingués du siècle suivant, entre autres Raban Maur qui devint archevêque de Mayence, et Amalaire, savant prêtre de Metz, se formèrent à ses leçons.

Charlemagne tenta plusieurs fois de rappeler Alcuin auprès de lui : il aurait voulu entre autres s'en faire accompagner à Rome lorsqu'il y alla, en 800, relever l'empire d'Occident :

« C'est une honte, lui écrivait-il, de préférer les toits enfumés des gens de Tours aux palais dorés des Romains [1].

Mais Alcuin tint bon :

Je ne crois pas, lui répondit-il, que mon corps frêle et brisé par des douleurs quotidiennes, puisse supporter ce voyage. Je l'aurais bien désiré si je l'avais pu [2]... Comment me contraindre à combattre de nouveau et à suer sous le poids des armes, moi que mes infirmités laissent à peine en état de les soulever de terre ?... [3] Je vous sup-

---

[1] Lett. d'Alcuin ; 93°; I, p. 138.
[2] *Ibid.* 81° lett. p. 120.
[3] *Ibid.* 104° lett. p. 154.

plie de me laisser achever ma carrière auprès de St. Martin : toute l'énergie, toute la dignité de mon corps s'est évanouie, j'en conviens, et s'évanouit de jour en jour ; et je ne la retrouverai pas en ce monde. J'avais désiré et espéré, dans ces derniers temps, voir encore une fois la face de votre Béatitude : mais le déplorable progrès de mes infirmités me prouve qu'il y faut renoncer. J'en conjure donc votre inépuisable bonté : que cet esprit si saint, cette volonté si bienveillante, qui sont en vous, ne s'irritent point contre ma faiblesse ; permettez, avec une pieuse compassion, qu'un homme fatigué se repose, qu'il prie pour vous dans ses oraisons, et qu'il se prépare, dans la confession et les larmes, à paraître devant le juge éternel [1].

Charlemagne, à ce qu'il paraît, n'insista pas davantage ; et Alcuin, peut-être pour se mettre à l'abri de nouvelles instances, résolut de renoncer complètement à toute activité, même à celle à laquelle il se livrait encore dans sa retraite. En 801, il se démit de ses abbayes, obtint qu'elles fussent partagées entre ses principaux disciples, et déchargé de toute affaire, ne s'occupa plus, jusqu'au jour de sa mort, (19 mai 804) que de sa santé et de son salut.

Je me suis laissé aller à vous entretenir long-temps de ses rapports avec Charlemagne,

---

[1] *Ibid.* 106ᵉ lett. p. 157.

et des situations diverses de sa vie : c'est là surtout que se réfléchit l'image de son temps, et que se révèle le mouvement social au milieu duquel il vivait. L'heure est déjà avancée; il faut pourtant que je vous parle encore de ses ouvrages; quelques mots et quelques citations suffiront, j'espère, pour vous en donner au moins une idée.

On peut les diviser en quatre classes : 1° œuvres théologiques; 2° œuvres philosophiques et littéraires; 3° œuvres historiques; 4° œuvres poétiques.

1° Les œuvres théologiques sont de trois sortes : 1° des commentaires sur diverses parties de l'Écriture Sainte; commentaires qui ont surtout pour objet de découvrir l'intention allégorique, et de déterminer le sens moral des livres sacrés. 2° Des traités dogmatiques, la plupart dirigés contre l'hérésie des Adoptiens sur la nature de Jésus-Christ; hérésie qui joua dans ce temps un assez grand rôle, que condamnèrent deux conciles tenus par ordre de Charlemagne, et dont Alcuin fut le principal adversaire. 3° Des ouvrages de liturgie, sur la célébration des offices ecclésiastiques.

2° Les ouvrages philosophiques et littéraires sont au nombre de six : 1° Une espèce de traité de morale pratique, intitulé de *virtutibus et vitiis*, et adressé au comte Wido ou Guy, par une épître dédicatoire et une péroraison conçues en ces termes :

Je me rappelle ta demande et ma promesse : tu m'as prié instamment de t'écrire en style concis quelques exhortations, afin qu'au milieu des occupations que te donnent les affaires militaires, tu aies constamment sous les yeux un manuel de maximes et de conseils paternels, où tu puisses t'examiner toi-même, et t'exciter à la recherche de la béatitude éternelle. Je me rends très-volontiers à un si juste désir, et sois assuré que, bien que ces conseils te paraissent écrits sans éloquence, ils sont dictés par la sainte charité. J'ai divisé ce discours en chapitres séparés, afin que mes avis puissent se graver plus facilement dans la mémoire de ta piété : car je te sais occupé de beaucoup de choses du siècle. Que le saint désir de ton salut te fasse, je t'en conjure, recourir souvent à cette lecture, comme à un utile délassement, de façon que ton âme, fatiguée des soins extérieurs, rentre en elle-même, y trouve de la jouissance et comprenne bien à quoi elle doit surtout s'appliquer.

Et ne te laisse pas épouvanter par l'habit de laïque que tu portes, ou la vie séculière que tu mènes, comme si, sous cet habit, tu ne pouvais franchir les portes de la vie céleste. Car de même que la béatitude du royaume de Dieu est prêchée à tous sans distinction, de même l'entrée de ce royaume est ouverte également, et selon le rang des mérites, à tout sexe, tout âge, et toute personne. Là, on ne distingue pas qui sur la terre a été laïque ou clerc, riche ou pauvre, jeune ou vieux, maître ou esclave, mais la gloire éternelle couronne chacun selon ses œuvres [1].

Suivent trente-cinq chapitres sur les diverses vertus et vices, la sagesse, la foi, la charité, l'indulgence, l'envie, l'orgueil, etc. On n'y rencontre rien de bien original ni de bien profond; mais l'utilité pratique y est cherchée avec beaucoup de bon sens, et la nature humaine observée et décrite quelquefois avec une finesse fort spirituelle. En voici deux chapitres qui le prouvent :

De la tristesse.

Il y a deux sortes de tristesse, l'une salutaire, l'autre funeste. La tristesse est salutaire quand l'âme du pécheur s'afflige de ses péchés, et s'en afflige de telle sorte qu'elle aspire à la confession et à la pénitence, et désire se convertir à Dieu. Autre est la tristesse du siècle, qui opère la mort de l'âme, devenue incapable de rien accomplir de bon; celle-ci trouble l'homme, et souvent le désole à ce point qu'il perd l'espérance des biens éternels : de cette tristesse naissent la malice, la rancune, la pusillanimité, l'amertume et le désespoir, souvent même le dégoût de

---

[1] *Alcuini opera*, t. II, p. 128, 145.

cette vie. Elle est vaincue par la joie spirituelle, l'espérance des biens à venir, la consolation que donnent les Écritures, et par de fraternels entretiens animés d'un enjouement spirituel [1].

De la vaine gloire.

Cette peste, la vaine gloire, est une passion à mille formes qui se glisse de tous côtés dans le cœur de l'homme occupé de combattre contre les vices, et même de l'homme qui les a vaincus. Dans le maintien en effet et la beauté du corps, dans la démarche, la parole, l'action, les jeûnes, la prière, la solitude, la lecture, la science, le silence, l'obéissance, l'humilité, la longanimité de la patience, elle cherche un moyen d'atteindre le soldat du Christ; elle ressemble à un dangereux écueil caché sous les vagues enflées, et qui prépare, tandis qu'on ne s'en défie pas, un terrible naufrage à ceux qui voguent le plus heureusement. Celui-ci ne peut ressentir d'orgueil pour de beaux et éclatans habits; le démon de la fausse gloire s'efforce de lui en inspirer pour la laideur et la grossièreté de vêtemens communs; celui-là a résisté aux tentations des honneurs, il le perdra par celles de l'humilité; tel ne s'est point laissé enfler par les avantages de la science et de l'éloquence; il le subjuguera par la gravité du silence. L'un jeûne publiquement, et la vaine gloire le possède; pour lui échapper, il jeûne en secret; elle glisse son venin dans le gonflement de cœur de l'homme intérieur; de peur de succomber,

---

[1] Chap. 33, T. II, p. 143.

celui-ci évite de prier longuement devant ses frères, mais ce qu'il fait en secret n'est pas à l'abri des aiguillons de la vanité; elle enorgueillit l'un de ce qu'il est très-patient dans ses œuvres et ses travaux, l'autre de ce qu'il est très-prompt à obéir, celui-ci de ce qu'il surpasse tous les autres en humilité, celui-là de son zèle pour la science, tel autre de son application à la lecture, tel autre encore de la longueur de ses veilles. Mal terrible qui s'efforce de souiller l'homme, non-seulement dans les œuvres du siècle, mais jusques dans ses vertus![1]

Il y a là une assez habile observation de la nature humaine, et assez d'art à en exprimer les résultats.

Le second ouvrage de cette classe a pour titre *de ratione animæ, de la nature de l'âme*, et est adressé à l'une des femmes qui avaient assisté aux leçons d'Alcuin dans l'école du Palais, à Gundrade, sœur d'Adalhard et surnommée Eulalie. C'est un essai plus purement philosophique que le précédent, et dans lequel revient, sous toutes les formes, l'idée de l'unité de l'âme, exprimée avec finesse et énergie:

L'âme, dit-il, porte divers noms selon la nature de ses opérations; en tant qu'elle vit et fait vivre, elle est l'âme

---

[1] Chap. 34, T. II, p. 144.

(*anima*); en tant qu'elle contemple, elle est l'esprit (*spiritus*); en tant qu'elle sent, le sentiment (*sensus*); en tant qu'elle réfléchit, elle est la pensée (*animus*); en tant qu'elle comprend, l'intelligence (*mens*); en tant qu'elle discerne, la raison (*ratio*); en tant qu'elle consent, la volonté (*voluntas*); en tant qu'elle se souvient, la mémoire (*memoria*). Mais ces choses ne sont point divisées quant à la substance comme dans les noms, car toutes ces choses c'est l'âme, et une seule âme [1].

Et ailleurs :

L'âme a dans sa nature une image, pour ainsi dire, de la Sainte-Trinité, car elle a l'intelligence, la volonté et la mémoire. L'âme, qu'on appelle aussi pensée, la vie, la substance qui renferme ces trois facultés en elle-même, est une; ces trois facultés ne constituent pas trois vies, mais une vie, ni trois pensées, mais une pensée, ni trois substances, mais une substance. Quand on donne à l'âme les noms de pensée, ou de vie, ou de substance, on ne la considère qu'en elle-même; mais, quand on l'appelle mémoire, ou intelligence, ou volonté, on la considère par rapport à quelque chose. Ces trois facultés ne font qu'un en tant que la vie, la pensée, la substance est une... Elles font trois en tant qu'on les considère dans leurs rapports extérieurs; car la mémoire est la mémoire de quelque chose; l'intelligence est l'intelligence de quelque chose; la volonté est la volonté de quelque chose, et elles se distinguent

---

[1] T. 2, p. 149.

en cela. Et cependant il y a dans ces trois facultés une certaine unité. Je pense que je pense, que je veux et que je me souviens ; je veux penser, et me souvenir, et vouloir ; je me souviens que j'ai pensé, et voulu, et que je me suis souvenu. Et ainsi les trois facultés se réunissent dans une seule [1]. »

Du reste, il n'y a dans ce traité que des idées éparses et aucun caractère systématique.

Après ces deux petits essais moraux, viennent quatre traités : 1° *de la grammaire,* 2° *de l'orthographe,* 3° *de la rhétorique,* 4° *de la dialectique,* que je me bornerai à indiquer, parce qu'il faudrait, pour en faire connaître le contenu et le mérite, entrer dans de trop longs détails. Les deux derniers sont en forme de dialogue entre Alcuin et Charlemagne, et ont évidemment pour objet d'instruire Charlemagne des procédés des anciens sophistes et rhéteurs, surtout en ce qui concerne la dialectique et l'éloquence judiciaire.

3° Les œuvres historiques d'Alcuin sont de peu d'importance : elles se bornent à quatre vies de saints, saint Waast, saint Martin, saint Riquier et saint Willibrod. La dernière contient cependant des détails assez curieux pour l'histoire des

---

[1] T. 2, p. 147.

mœurs. Alcuin avait écrit, dit-on, une histoire de Charlemagne, en particulier de ses guerres contre les Saxons; mais cet ouvrage est perdu, s'il est vrai qu'il ait jamais existé.

4° Ses œuvres poétiques, quoique nombreuses, sont aussi de peu de valeur : il y a deux cent quatre-vingts pièces de vers, sur toutes sortes de sujets, la plupart sur des circonstances du moment. La principale est le poëme sur les évêques et les saints de l'Église d'York; il mérite d'être lu, comme renseignement sur l'état intellectuel du temps.

Je regrette, Messieurs, de ne pouvoir entrer plus avant dans l'examen de ces monumens d'un esprit si actif et si distingué. Quelques personnes penseront peut-être que je m'y suis arrêté bien long-temps; pour moi, je trouve que j'y ai jeté à peine un coup-d'œil; et, si nous en faisions une étude approfondie, nous y trouverions, n'en doutez pas, plaisir et profit : mais il faut se borner. En résumé, voici quels me paraissent être le caractère général, la physionomie intellectuelle d'Alcuin et de ses travaux. Il est théologien de profession; l'atmosphère où il vit, où vit le public auquel il s'adresse, est essentiellement théologique : et pourtant l'esprit théologique ne règne point seul en lui; c'est aussi vers la philosophie, vers la littérature ancienne que tendent ses travaux et ses pensées ; c'est là ce qu'il se plait aussi à étudier, à enseigner, ce qu'il voudrait faire revivre. Saint Jérome et saint Augustin lui sont très-familiers; mais Pythagore, Aristote, Aristippe, Diogène, Platon, Homère, Virgile, Sénèque, Pline, reviennent aussi dans sa mémoire. La plupart de ses écrits sont théologiques; mais les mathématiques, l'astronomie, la dialectique, la rhétorique le préoccupent habituellement. C'est un moine, un diacre, la lumière de l'Église contemporaine; mais c'est en même temps un érudit, un lettré classique. En lui commence enfin l'alliance de ces deux élémens dont l'esprit moderne a si long-temps porté l'incohérente empreinte, l'antiquité et l'Église, l'admiration, le goût, dirai-je le regret de la littérature païenne, et la sincérité de la foi chrétienne, l'ardeur à sonder ses mystères et défendre son pouvoir.

VINGT-TROISIÈME LEÇON.

Classification des hommes célèbres du siècle de Charlemagne. — 1° de Leidrade, archevêque de Lyon. — Sa lettre à Charlemagne sur ce qu'il a fait dans son diocèse. — 2° de Théodulf, évêque d'Orléans. — Ses mesures pour l'instruction du peuple. — Son poëme intitulé : *Exhortation aux juges.* — 3° de Smaragde, abbé de S.-Mihiel. — Son traité de morale pour les rois, intitulé : *Via regia.* — 4° d'Eginhard. — Son prétendu mariage avec une fille de Charlemagne. — Leurs relations. — Ce qu'il devint après la mort de ce prince. — Ses lettres. — *Sa vie de Charlemagne.* — Résumé.

Messieurs,

Quand j'ai mis sous vos yeux le tableau des hommes célèbres du siècle de Charlemagne, j'y ai compris ceux qui étaient morts et ceux qui étaient nés sous son règne, ses contemporains proprement dits et ceux qui lui ont survécu long-temps; les premiers trouvés pour ainsi dire et employés par lui, les seconds formés sous son influence. Distinction importante quand on veut apprécier avec équité une époque et l'influence d'un homme. Un souverain arrive au pouvoir au milieu de circonstances, sous l'empire de causes antérieures et indépendantes de sa volonté; elles ont semé autour de lui des hommes distingués; il les recueille, mais il ne les a point faits; son mérite consiste à savoir les reconnaître, les accepter, s'en servir; mais ils ne sont pas le résultat de son action; il ne faut point la juger à leur mesure. Nous avons dans les temps modernes un grand exemple de l'importance de cette distinction. La plupart des hommes qui ont fait la gloire du règne de Louis XIV se sont formés très-indépendamment de lui, quand les grandes luttes religieuses retentissaient encore en France, au milieu des troubles de la Fronde et dans une liberté qui ne tarda pas à disparaître. Les véritables fruits de l'influence de Louis XIV appartiennent à la dernière période de son règne; ce sont les mœurs et les hommes de ce temps-là qu'il faut considérer pour bien juger des effets de son gouvernement, et de la direction qu'il imprima aux esprits. A coup sûr, la différence est grande et mérite qu'on en tienne compte.

Nous n'en apercevrons point une semblable entre les hommes que Charlemagne a trouvés et ceux qui se sont formés sous lui. Ces derniers ne furent point inférieurs à leurs prédécesseurs; mais ils furent autres, et la vérité de la distinction que j'indique s'y révèle également.

Je vous ai parlé, dans notre dernière réunion, du premier et sans contredit du plus distingué des contemporains de Charlemagne. Les hommes dont j'ai à vous entretenir aujourd'hui, presque tous du moins, appartiennent à la même époque, à la même classe; comme Alcuin, ils n'ont pas été formés par Charlemagne, il les a trouvés et s'en est servi. Deux d'entre eux, Leidrade et Théodulf, étaient, comme Alcuin, étrangers à la Gaule Franque; et sans Charlemagne, ils n'y auraient probablement jamais paru.

I. Leidrade était né dans la province que les Romains appelaient le Norique, située sur les confins de l'Italie et de l'Allemagne. Il fut d'abord attaché à Arnon, évêque de Saltzbourg, et se fit remarquer de bonne heure par son esprit et sa science. Charlemagne se l'attacha d'abord comme bibliothécaire, et l'employa dans diverses missions. Les *missi dominici*, principaux instrumens, comme vous l'avez vu, de son gouvernement, étaient presque tous des hommes de cette sorte, qu'il avait attirés de toutes parts, et qu'il retenait habituellement auprès de lui pour les envoyer, selon le besoin, inspecter telle ou telle portion de ses États, sauf à s'en séparer plus tard en leur donnant quelque grande charge, ecclésiastique ou civile. Ainsi il arriva à Leidrade: après plusieurs missions, dont la dernière, dans la Gaule méridionale, l'empêcha même quelque temps de se faire sacrer, il fut nommé en 798 archevêque de Lyon. L'église de Lyon était toujours une des plus considérables du midi de la Gaule, et en même temps une de celles où le désordre avait été le plus grand et devait donner plus de peine à réparer. Ce fut à ce titre, et pour satisfaire à ce besoin que Charlemagne la confia à Leidrade. Il nous reste un monument curieux de ce que fit dans son diocèse le nouvel archevêque. C'est une lettre dans laquelle il rend lui-même à Charlemagne un compte détaillé de ses travaux et de leurs résultats. Permettez-moi de vous la lire tout entière, malgré ses emphatiques longueurs: il faut les supporter pour se former une idée vraie du tour d'esprit de ce temps et des relations d'un archevêque avec le souverain. La date n'en est pas précisément connue; mais elle appartient probablement aux premières années du neuvième siècle.

A Charles-le-Grand, Empereur.

Au puissant Charles, empereur, Leidrade, évêque de Lyon, salut. Notre seigneur, empereur perpétuel et sacré, je supplie la clémence de Votre Altesse d'écouter d'un visage favorable cette courte épitre, de telle sorte que votre pieuse prudence connaisse ce qu'elle renferme, et que votre noble clémence se rappelle l'intention de ma demande. Vous avez daigné jadis destiner au gouvernement de l'église de Lyon, moi, le plus infirme de vos serviteurs, incapable et indigne de cette charge. Mais comme vous traitez les hommes bien moins selon leur mérite que selon votre bonté accoutumée, vous en avez agi avec moi comme il a plu à votre ineffable piété; et sans aucun titre de ma part, vous avez bien voulu me charger d'avoir à prendre soin de cette église, et à faire en sorte qu'à l'avenir les abus qui y avaient été commis fussent réformés et évités. Il manquait beaucoup de choses, extérieurement et intérieurement, à cette église, tant en ce qui concerne les saints offices que pour les édifices et les autres besoins ecclésiastiques. Écoutez donc ce que moi, votre très-humble serviteur, j'y ai fait depuis mon arrivée, avec l'aide de Dieu et la vôtre. Le Seigneur tout-puissant, et qui voit les consciences, m'est témoin que je ne vous expose pas ces choses pour en tirer aucun profit, et que je n'ai point arrangé et ne vous dis point ceci pour que cela me procure quelque nouvel avantage, mais parce que je m'attends chaque jour à sortir de cette vie, et qu'à cause de mes infirmités, je me crois très-près de la mort. Je vous dis ces choses afin que, parvenues à vos oreilles bénignes, et pesées avec indulgence, si vous jugez qu'elles ont été faites convenablement et selon votre volonté, elles ne soient pas après ma mort exposées à languir et périr.

Lorsque j'eus, suivant votre ordre, pris possession de cette église, j'agis de tout mon pouvoir, selon les forces de ma petitesse, pour amener les offices ecclésiastiques au point où, avec la grâce de Dieu, ils sont à peu près arrivés. Il a plu à votre piété d'accorder à ma demande la restitution des revenus qui appartenaient autrefois à l'église de Lyon; au moyen de quoi, avec la grâce de Dieu et la vôtre, on a établi dans ladite église une psalmodie où l'on suit, autant que nous l'avons pu, le rite du sacré palais, en tout ce que comporte l'office divin. J'ai des écoles de chantres, dont plusieurs sont déjà assez instruits pour pouvoir en instruire d'autres. En outre, j'ai des écoles de lecteurs qui, non-seulement s'acquittent de leurs fonctions dans les offices, mais qui, par la méditation des livres saints, s'assurent les fruits de l'intelligence des choses spirituelles. Quelques-uns peuvent expliquer le sens spirituel des évangiles; plusieurs ont l'intelligence des prophéties; d'autres des livres de Salomon, des psaumes et même de Job. J'ai fait aussi tout ce que j'ai pu dans cette église pour la copie des livres. J'ai procuré également des vêtemens aux prêtres, et ce qui était nécessaire pour les offices. Je n'ai rien omis de ce qui a été en mon pouvoir pour la restauration des églises, si bien que j'ai fait recouvrir de nouveau la grande église de cette ville, dédiée à saint Jean-Baptiste, et que j'ai reconstruit de nouveau une portion des murs. J'ai réparé aussi le toit de l'église de Saint-Etienne; j'ai rebâti de nouveau l'église de Saint-Nizier et celle de Sainte-Marie : sans compter les monastères et les maisons épiscopales, dont il y a une en particulier qui était presque détruite, et que j'ai réparée et recouverte. J'en ai construit aussi une autre avec une plate-forme en haut, et je l'ai doublée : c'est pour vous que je l'ai préparée afin que, si vous venez dans ces régions, vous puissiez y être reçu. J'ai construit, pour les clercs, un cloître dans lequel ils habitent maintenant tous réunis en un seul édifice. J'ai réparé encore dans ce diocèse d'autres églises, dont l'une dédiée à sainte Eulalie et où se trouvait un monastère de filles dédié à saint George; je l'ai fait recouvrir et reprendre dans les fondemens une partie des murailles. Une autre maison en l'honneur de saint Paul a été aussi recouverte. J'ai réparé depuis les fondemens, l'église et la maison d'un monastère de filles consacré à saint Pierre, où repose le corps de saint Annemond, martyr, et fondé par ce saint évêque lui-même. Trente-deux vierges du Seigneur y vivent actuellement sous une règle monastique. J'ai réparé aussi, en renouvelant les toits et une partie des murailles, le monastère royal de l'île Barbe; quatre-vingt-dix moines y vivent maintenant sous une discipline régulière. Nous avons donné à son abbé le pouvoir de lier et de délier, comme l'avaient eu ses prédécesseurs Ambroise, Maximien, Licinius, hommes illustres qui avaient gouverné ce lieu et qu'Euchère, Loup, Genest et les autres évêques de Lyon, lorsqu'ils étaient absens, ou ne pouvaient le faire en personne, envoyaient pour s'enquérir si la foi catholique était crue avec sincérité, et si la fraude hérétique ne pullulait pas. Ces abbés étaient même chargés, si l'église de Lyon était veuve de son chef, de lui servir en toutes choses de guides et de consolateurs, jusqu'à ce qu'elle fût, avec la grâce de Dieu, pourvue d'un digne pasteur. Nous avons donné également cette puissance à leurs successeurs. Sur toutes choses, nous avons ordonné que les décrets des anciens rois de France fussent exécutés, afin que, comme il a été par eux statué sur les achats et les agrandissemens, ces moines possèdent à jamais sans contestation tout ce qu'ils ont à-présent, et ce qu'avec la grâce de Dieu, ils pourront acquérir un jour. [1]

Je puis m'épargner tout commentaire : la lettre est assez détaillée pour bien montrer ce que faisait alors un archevêque qui voulait rétablir dans son diocèse la religion, la société et la science. Leidrade passa sa vie en travaux de ce genre ; on ne le voit quitter son église que deux fois pour aller en Espagne, par ordre de Charlemagne, discuter et prêcher contre l'hérésie des Adoptiens; son éloquence y remporta, dit-on, d'éclatans triomphes, et des milliers d'hérétiques se convertirent à sa voix. Quoi qu'il en soit, en 814, presque immédiatement après la mort de Charlemagne, soit tristesse, soit prévoyance, il se démit de son archevêché et se renferma dans le monastère de Saint-Médard de Soissons.

---

[1] *S. Agobardi opera*; t. 2, p. 125—129; édit. de Baluze, Paris, 1665.

Il en fut tiré un moment par Louis le débonnaire qui le chargea de rétablir l'ordre dans l'église de Macon. Aucun chroniqueur ne prononce plus son nom après cette époque, et sauf la lettre que je viens de vous lire, il ne nous reste de lui que deux ou trois petits écrits théologiques fort insignifians.

II. Nous connaissons mieux un ami de Leidrade, son compagnon dans la grande mission que lui donna Charlemagne dans la Gaule-Narbonnaise ; je veux parler de Théodulf, évêque d'Orléans. Comme Alcuin et Leidrade, il était étranger, Goth de nation et né en Italie. Charlemagne l'appela, on ne sait à quelle époque ; on le trouve établi en Gaule en 781 ; et de 786 à 794 il devint évêque d'Orléans. Il prit des soins particuliers pour le rétablissement des écoles dans son diocèse. Nous avons de lui, sur les devoirs des prêtres, un capitulaire en quarante-six articles, qui annonce des vues d'ordre et de morale assez élevées, et contient entre autres les deux articles suivans :

Si quelqu'un des prêtres veut envoyer à l'école son neveu, ou tout autre de ses parens, nous lui permettons de l'envoyer à l'église de la Sainte-Croix, ou au monastère de Saint-Aignan, ou de Saint-Benoit, ou de Saint-Lifard, ou à tout autre des monastères confiés à notre gouvernement.

Que les prêtres tiennent des écoles dans les bourgs et les campagnes; et si quelqu'un des fidèles veut leur confier ses petits enfans pour leur faire étudier les lettres, qu'ils ne refusent point de les recevoir et de les instruire, mais qu'au contraire, ils les enseignent avec une parfaite charité, se souvenant qu'il a été écrit : « Ceux qui auront » été savans brilleront comme les feux du firmament, et ceux » qui en auront instruit plusieurs dans la voie de la justice » luiront comme des étoiles, dans toute l'éternité[1]. » Et qu'en instruisant les enfans, ils n'exigent pour cela aucun prix, et ne reçoivent rien, excepté ce que les parens leur offriront volontairement et par affection[2].

Ce dernier article est presque le seul monument de cette époque qui institue positivement un enseignement destiné à d'autres qu'à des clercs. Toutes les mesures soit d'Alcuin, soit de Charlemagne, dont je vous ai entretenus jusqu'ici, ont l'éducation littéraire des clercs pour objet; ici il s'agit des fidèles en général, du peuple; et non-seulement du peuple des villes, mais du peuple des campagnes, en général bien plus

---

[1] Daniel, c. 12, v. 3.
[2] *Theod. Cap.* § 19, 20.

négligé en fait d'instruction. Rien ne nous fait connaître les résultats des recommandations de Théodulf dans son diocèse, et ils furent probablement à peu près nuls; mais la tentative mérite d'être remarquée.

Vers l'an 798, Théodulf fut envoyé par Charlemagne, et avec Leidrade, dans les deux Narbonnaises, pour observer et réformer l'administration de ces provinces. A son retour, il composa un poème de 956 vers intitulé : *Parænesis ad judices* (exhortation aux juges), et destiné en effet à instruire les magistrats de leurs devoirs dans de telles missions. La marche de l'ouvrage est simple. Après un préambule religieux, que termine l'éloge de Charlemagne, Théodulf décrit la route que Leidrade et lui ont suivie, et les principales villes qu'ils ont parcourues, Vienne, Orange, Avignon, Nîmes, Agde, Beziers, Narbonne, Carcassonne, Arles, Marseille, Aix. A cette énumération succède le tableau des dangers qui assaillent la probité des magistrats, et de toutes les tentatives qu'on a faites pour les corrompre, Leidrade et lui. Viennent ensuite ses exhortations aux juges; exhortations où il se complaît longuement, en homme qui a vu le mal, et en évêque accoutumé à donner à toutes choses la forme de la prédication. Le poème finit brusquement par cette exhortation générale aux grands du monde :

Mortel, sois toujours prêt à traiter doucement des mortels ; la loi de la nature est la même pour eux et pour toi. Quelque diverse que soit ici bas votre carrière, toi et eux, vous partez du même point ; c'est au même point que vous allez aboutir. Une source sacrée coule pour eux comme pour toi, et les lave, aussi bien que toi, de la souillure paternelle.. L'auteur de la vie est mort pour eux comme pour toi, et il répandra ses dons sur chacun selon ses mérites. Replions ici les voiles de mon livre, et que l'ancre retienne mon navire sur ce bord [1].

Il y a dans tout cela, vous le voyez, fort peu d'invention et d'art ; mais comme monument historique et moral, le poème n'est dépourvu ni de mérite ni d'intérêt. Le morceau le plus curieux, à mon avis, est celui où Théodulf décrit toutes les tentatives de corruption qu'il a eu à repousser :

Une grande foule [2], dit-il, s'empresse autour de nous ; de tout sexe et de tout âge ; l'enfant, le vieillard, le jeune

---

[1] *Parænesis ad judices*, v. 947-956 ; dans les *Opera varia* du P. Sirmond, T. 2, p. 1046.
[2] *Ibid.* v. 163-290 ; T. 2, p. 1032-1034.

homme, l'adolescent, la vierge, le garçon, celui qui a
atteint la majorité, celui qui arrive à la puberté, la vieille,
l'homme fait, la femme mariée, celle qui est encore mineure. Mais que tardai-je? le peuple entier nous promet
avec instance des dons, et pense qu'à ce prix, ce qu'il
désire est comme fait. C'est là la machine avec laquelle
tous s'efforcent d'abattre le mur de l'âme, le bélier dont
ils veulent la frapper pour s'en emparer. Celui-ci m'offre des crystaux et les pierres précieuses de l'Orient si je
le rends maître des domaines d'autrui : celui-là apporte
une quantité de monnaies d'or que sillonnent la langue et
les caractères des Arabes, ou de celles que le poinçon
latin a gravées sur un argent éclatant de blancheur; il
veut acquérir ainsi des terres, des champs, une maison.
Un autre appelle en secret un de nos serviteurs, et lui dit
à voix basse ces paroles qui doivent m'être répétées : « Je
» possède un vase remarquable par sa ciselure et son anti-
» quité; il est d'un métal pur et d'un poids considérable : on
» y voit gravée l'histoire des crimes de Cacus, les visages
» des bergers fracassés à coups de massue de fer et souillés
» de sang, les signes de ses nombreuses rapines, un champ
» inondé du sang des hommes et des troupeaux; on voit
» Hercule en fureur qui brise les os du fils de Vulcain, et
» celui-ci, de sa bouche féroce, vomissant les feux ter-
» ribles de son père; mais Alcide lui enfonce l'estomac
» avec le genou, les flancs avec les pieds, et de sa mas-
» sue lui fracasse le visage et le gosier d'où sortent des
» torrens de fumée. Tu vois ensuite Alcide faire sor-
» tir de la caverne les bœufs qui semblent craindre d'être
» traînés une seconde fois à reculons. Tout ceci est dans
» la partie creuse du vase dont un cercle uni forme le

»bord ; l'autre côté, couvert de dessins moins grands,
»montre l'enfant de Tyrinthe étouffant les deux ser-
»pens, et ses dix fameux travaux y sont placés dans
»leur ordre. Mais un fréquent usage a tellement poli la
»partie extérieure qu'effacées par le temps, les effigies
»qui représentaient Hercule, le fleuve Chalydon et Nessus
»combattant pour ta beauté, Déjanire, ont presque com-
»plétement disparu. On voit encore la funeste robe em-
»poisonnée du sang de Nessus, et l'horrible destin du
»malheureux Lychas, et Antée étouffé dans des bras re-
»doutables, lui qui ne pouvait être vaincu ni abattu sur
»terre, comme les autres mortels. J'offrirai donc cela au
»seigneur (car il ne manque pas de m'appeler seigneur),
»s'il veut bien favoriser mes vœux. Il y a un grand
»nombre d'hommes, de femmes, de jeunes gens, d'en-
»fans des deux sexes, à qui mon père et ma mère ont
»accordé l'honneur de la liberté, et cette nombreuse
»troupe se trouve affranchie ; mais en altérant leurs chartes,
»nous jouirons, ton maître, de ce vase antique ; moi, de
»tous ces gens ; et toi, de mes dons. »

Un autre dit : « J'ai des manteaux teints en couleurs va-
»riées, qui viennent, à ce que je crois, des Arabes au re-
»gard farouche : on y voit le veau suivre sa mère, et la
»génisse le taureau ; la couleur du veau et celle de la génisse
»sont semblables, et aussi celles du bœuf et de la vache.
»Regarde comme ils sont brillans, et quelle est la pureté
»des couleurs, et avec quel art les grands pans sont joints
»aux petits. J'ai avec quelqu'un une querelle au sujet de
»beaux troupeaux, et je propose à ce sujet un présent con-
»venable, puisque j'offre taureau pour taureau, vache pour
»vache, bœuf pour bœuf. »

En voici un qui promet de donner de belles coupes, si par là il peut obtenir de moi ce que je ne dois pas lui donner : l'intérieur en est doré, et l'extérieur est noir, la couleur de l'argent ayant cédé à l'atteinte du soufre. Un autre dit : « J'ai des draps propres à couvrir de brillans lits ou de » beaux vases; je les donnerai si l'on m'accorde ce que je » désire. — Un domaine bien arrosé, et orné de vignes, d'o-» liviers, de prés et de jardins, a été laissé par mon père, » dit celui-ci; mes frères et mes sœurs en réclament de moi » une partie, mais je veux le posséder sans partage; j'ob-» tiendrai l'accomplissement de ce vœu, s'il trouve faveur » devant toi; et si tu acceptes ce que je te donne, je compte » que tu me donneras ce que je demande. » L'un veut s'emparer des maisons de son parent, l'autre de ses terres; de ces deux-ci, l'un a déjà pris, l'autre veut prendre ce qui ne lui appartient pas; tous deux brûlent du désir, celui-là de garder, celui-ci d'acquérir; l'un m'offre une épée et un casque, l'autre des boucliers. Un frère est en possession de l'héritage de son père, son frère y prétend également; l'un me propose des mulets, l'autre des chevaux.

Ainsi agissent les riches : les pauvres ne sont pas moins pressans, et la volonté de donner ne leur manque pas davantage. Avec des moyens divers, la conduite est pareille : de même que les grands offrent de grands présens, les petits en offrent de petits..... En voici qui étalent des peaux qui prennent de toi leur nom, Cordoue; l'un en apporte de blanches, l'autre de rouges; celui-ci offre de belles toiles, celui-là des étoffes de laine, pour me couvrir la tête, les pieds ou les mains. Tel offre pour don un de ces tissus qui nous servent à laver, avec un peu d'eau, notre visage et nos mains; tels autres apportent des coffres; il en est même qui, d'un air de triomphe, présentent de rondes bougies de cire. Comment énumérer toutes choses? tous se fiaient à leurs dons, et il ne se trouvait personne qui crût, sans présent, pouvoir rien obtenir. O peste scélérate répandue en tous lieux! ô crime! ô fureur! ô vice digne d'horreur, et qui peut se vanter de s'être asservi l'univers! nulle part on ne manque de gens qui donnent et de gens qui reçoivent à tort. Ils se hâtaient pour me gagner; et ils n'auraient pas cru me trouver tel, si, avant moi, il ne s'en était trouvé de pareils. Nul ne cherche des sangliers dans les ondes, des poissons dans les forêts, un bûcher dans la mer, de l'eau dans un foyer... On s'attend à trouver chaque chose là où on a coutume de la rencontrer, et les mortels pensent que ce qui est arrivé arrivera toujours. Lorsqu'ils voient se briser les dards de leurs paroles, et que les armes de leurs promesses ne leur servent à rien, lorsqu'ils voient que je reste ferme comme l'est une ville forte après le combat, et que je ne me laisse prendre à aucun de leurs artifices, chacun aussitôt ne s'occupe plus que de son affaire; chacun reçoit suivant son droit... Ainsi quelqu'un qui voit fermé le passage par où il a coutume de voler, poursuit son chemin sans espoir. Mais pour ne pas manquer de discrétion et de mesure, pour qu'on ne pût penser que nous n'agissions pas franchement, pour que notre conduite n'étonnât pas trop par sa nouveauté, et que le mal si récent ne fît pas haïr le bien, j'ai dédaigné de refuser ce que m'offrait une bienveillance réelle, celle qui, unissant les esprits, fait qu'on prend et reçoit volontiers... J'ai accepté de bonne grâce de petits présens que me faisait, non pas la main de la colère, mais celle de l'amitié, les fruits des arbres, les légumes des jardins, des œufs, du vin, des pains, du foin; j'ai pris aussi de jeunes poulets et des oiseaux, dont le corps est petit, mais bon à manger. Heureuse la vertu que tempère, orne et entretient la discrétion, nourrice de toutes les vertus!

Les invasions et leurs désastres, tant de fois renouvelés, n'avaient pas détruit, vous le voyez, dans les cités de la Gaule méridionale, toutes les richesses, et il y restait encore abondamment de quoi tenter l'avidité des magistrats.

Indépendamment de ces détails sur l'état de la société, le poëme de Théodulf est remarquable par la douceur de sentimens qui y règne : on est étonné de rencontrer, au milieu des désordres et des tyrannies barbares, cette bonté délicate et prévoyante qui semble n'appartenir qu'aux temps de grande civilisation et de paix. Il exhorte les juges à ménager tous ceux qui se présentent devant eux :

Si l'un, dit-il, a perdu son père, l'autre sa mère, un autre son mari, prends un soin particulier de leur cause; sois leur protecteur, leur avocat; rends à celle-ci son mari, à celui-là sa mère. Si quelqu'un vient à toi, faible, infirme ou malade, ou enfant, ou vieillard, porte lui avec compassion un charitable secours; fais asseoir celui qui ne peut se tenir debout; prends par la main celui qui ne peut se lever; soutiens et encourage celui à qui le cœur ou la

voix, ou la main, ou les jambes sont près de manquer ;
relève par tes paroles celui qui est abattu; apaise celui qui
est irrité; rends des forces à celui qui tremble ; rappelle
au respect celui qui s'emporte.[1]

Permettez-moi même de vous citer le texte
original de ce passage : le style, quoique très-
fautif, est d'une concision et d'une énergie remarquables :

> Qui patre seu matre orbatur, vel si qua marito,
>   Istorum causas sit tua cura sequi :
> Horum causiloquus, horum tutela maneto;
>   Pars hæc te matrem noverit, illa virum.
> Debilis, invalidus, puer, æger, anusve, senexve,
>   Si veniant, fer opem his miserando piam;
> Fac sedeat qui stare nequit, qui surgere prende;
>   Cui cor, voxque tremit, pesque, manusque, juva;
> Dejectum verbis releva, sedato minacem;
>   Qui timet, huic vires, qui furit, adde metum.

Indépendamment de ce poème, il reste de
Théodulf soixante-onze pièces diverses, divisées en cinq livres ; mais elles sont de peu de valeur. On a aussi recueilli de lui deux petits
traités théologiques, et quelques fragmens de
sermons.

---

[1] Vers 621-624.

Après la mort de Charlemagne, Louis le-Débonnaire employa encore Théodulf à diverses missions; mais en 817, compromis dans la conspiration de Bernard, roi d'Italie, contre l'empereur, son oncle, il fut exilé de son diocèse, et relégué dans la ville d'Angers, où il mourut en 821.

III. Smaragde, abbé de saint Mihiel, dans le diocèse de Verdun, était un homme de même nature et de même position que les deux évêques dont je viens de vous parler. On ne sait ni de quel pays il était, ni à quelle époque Charlemagne l'avait pris à son service; mais on le voit abbé de saint Mihiel avant 805, et employé, en 809, à diverses négociations avec Rome. Il prit dans le diocèse de Verdun un soin particulier des écoles, et, dans les écoles, de l'enseignement de la grammaire. En exposant et discutant les préceptes de Donat, grammairien du IVe siècle qui avait été précepteur de saint Jérome, Smaragde écrivit une grande grammaire latine qui fut célèbre de son temps, et dont il existe encore plusieurs manuscrits. Elle n'a jamais été imprimée. Nous avons de lui deux autres ouvrages : le premier, intitulé *Via regia*, est un traité de morale à l'usage des princes, divisé en trente-deux chapitres, et adressé soit à Charlemagne soit à Louis-le-Débonnaire, on ne démêle pas bien auquel des deux. Les idées en sont sages et douces, mais communes; un seul fait mérite d'être remarqué; c'est le caractère beaucoup plus moral que religieux de l'ouvrage. L'Église y tient peu de place, et sauf quelques recommandations générales, l'auteur n'en parle qu'en passant et pour exhorter le prince à la surveiller. Si le livre fut adressé à Louis-le-Débonnaire, l'empereur était beaucoup plus moine que l'abbé de Saint-Mihiel.

Le second écrit de Smaragde, intitulé : *le diadème des moines*, est purement religieux et n'a d'autre objet que de donner aux moines des conseils sur les moyens d'entretenir ou de ranimer leur ferveur. L'abbé de Saint-Mihiel prit une part active, entre autres dans le concile d'Aix-la-Chapelle en 817, à toutes les mesures pour la réforme des ordres monastiques. Il mourut, à ce qu'il paraît, peu après 819.

Tels sont, Messieurs, parmi les clercs, les plus remarquables des hommes qu'employa Charlemagne. Leur origine est claire : leur science fit leur fortune; ce fut à titre de lettrés que Charlemagne les distingua et les appela près de lui. A côté d'eux, on rencontre des hommes d'une autre sorte, d'une autre origine, des politiques, des hommes de guerre, qui prennent le goût de la science, et finissent par s'y vouer après avoir été engagés d'abord dans une toute autre carrière. Charlemagne employait les lettrés dans les affaires, et inspirait aux hommes d'affaires l'estime des lettres. Parmi ces derniers, trois surtout méritent notre attention, tous trois étrangers, dans la première portion de leur vie, à l'église et à la science, soldats ou conseillers de Charlemagne, appliqués aux soins du gouvernement civil, prenant part aux expéditions guerrières, et qui ont pourtant fini tous trois par l'étude, la vie religieuse, et nous ont laissé des monumens de leur activité intellectuelle. Ce sont Angilbert, saint Benoît d'Aniane et Éginhard.

Je ne ferai que nommer les deux premiers : ils ont fort peu écrit; il ne nous reste d'Angilbert que quelques poésies et quelques documens sur l'abbaye de Saint-Riquier, où il se retira; et quand nous nous occuperons spécialement de l'histoire de l'Église à cette époque, je retrouverai là saint Benoît d'Aniane qui, après avoir fait la guerre dans sa jeunesse, devint le second réformateur des ordres monastiques. Éginhard seul tient, dans la littérature de ce temps, une grande place, et nous occupera aujourd'hui.

Il était de race franque, né peut-être au-delà du Rhin, et s'appelle lui-même « un barbare peu exercé dans la langue des Romains[1]. » Charlemagne le prit fort jeune à son service, le fit élever avec ses enfans dans cette école du palais dont Alcuin était le chef; et quand Éginhard fut arrivé à l'âge d'homme, il en fit non seulement le surintendant général de tous ces travaux que nous appelons aujourd'hui travaux publics, routes, canaux, bâtimens de toute sorte, mais son conseiller et son secrétaire particulier.

Les traditions vont plus loin : elles attribuent à Éginhard l'honneur d'avoir épousé Emma, fille de Charlemagne, et l'aventure qui amena, dit-on, ce mariage, est l'un des souvenirs les plus populaires de notre vieille histoire. La voici telle que la rapporte la Chronique du monastère de Lauresheim[2], le seul monument ancien qui en fasse mention :

« Éginhard, archi-chapelain et secrétaire de l'empereur

---

[1] *Préface* de sa *vie de Charlemagne*; dans ma *Collection*, T. 3, p. 121.

[2] Lauresheim ou Lorch, dans le diocèse de Worms, à quatre lieues de Heidelberg. Cette Chronique s'étend de l'an 763 ou 764, époque de la fondation du monastère, à l'an 1179.

Charles, s'acquittant très-honorablement de son office à la cour du roi, était bien venu de tous, et surtout aimé de très-vive ardeur par la fille de l'empereur lui-même, nommée Emma, et promise au roi des Grecs. Un peu de temps s'était écoulé, et chaque jour croissait entre eux l'amour. La crainte les retenait, et de peur de la colère royale, ils n'osaient courir le grave péril de se voir. Mais l'infatigable amour triomphe de tout : enfin cet excellent jeune homme, brûlant d'un feu sans remède, et n'osant s'adresser par un messager aux oreilles de la jeune fille, prit tout d'un coup confiance en lui-même, et secrètement, au milieu de la nuit, se rendit là où elle habitait. Ayant frappé tout doucement, et comme pour parler à la jeune fille par ordre du roi, il obtint la permission d'entrer; et alors, seul avec elle, et l'ayant charmée par de secrets entretiens, il donna et reçut de tendres embrassemens, et son amour jouit du bien tant désiré. Mais lorsqu'à l'approche de la lumière du jour, il voulut retourner, à travers les dernières ombres de la nuit, là d'où il était venu, il s'aperçut que soudainement il était tombé beaucoup de neige, et n'osa sortir de peur que la trace des pieds d'un homme ne trahît son secret. Tous deux pleins d'angoisse de ce qu'ils avaient fait, et saisis de crainte, ils demeuraient en dedans; enfin, comme dans leur trouble, ils délibéraient sur ce qu'ils avaient à faire, la charmante jeune fille, que l'amour rendait audacieuse, donna un conseil, et dit que s'inclinant elle le recevrait sur son dos, qu'elle le porterait avant le jour tout près de sa demeure, et que l'ayant déposé là, elle reviendrait en suivant bien soigneusement les mêmes pas.

Or l'empereur, par la volonté divine, à ce qu'on croit,

avait passé cette nuit sans sommeil, et se levant avant le jour, il regardait du haut de son palais. Il vit sa fille marchant lentement et d'un pas chancelant sous le fardeau qu'elle portait, et lorsqu'elle l'eut déposé au lieu convenu, reprenant bien vite la trace de ses pas. Après les avoir long-temps regardés, l'empereur, saisi à la fois d'admiration et de chagrin, mais pensant que cela n'arrivait pas ainsi sans une disposition d'en haut, se contint et garda le silence sur ce qu'il avait vu.

Cependant Éginhard, tourmenté de ce qu'il avait fait, et bien sûr que, de façon ou d'autre, la chose ne demeurerait pas long-temps ignorée du roi son seigneur, prit enfin une résolution dans son angoisse, alla trouver l'empereur, et lui demanda à genoux une mission, disant que ses services, déjà grands et nombreux, n'avaient pas reçu de convenable récompense. A ces paroles, le Roi, ne laissant rien connaître de ce qu'il savait, se tut quelque temps, et puis assurant Éginhard qu'il répondrait bientôt à sa demande, il lui assigna un jour. Aussitôt il convoqua ses conseillers, les principaux de son royaume et ses autres familiers, leur ordonnant de se rendre près de lui. Cette magnifique assemblée de divers seigneurs ainsi réunie, il commença disant que la majesté impériale avait été insolemment outragée par le coupable amour de sa fille avec son secrétaire, et qu'il en était grandement troublé. Les assistans demeurant frappés de stupeur, et quelques uns paraissant douter encore, tant la chose était hardie et inouie, le roi la leur fit connaître avec évidence en leur racontant avec détail ce qu'il avait vu de ses yeux, et il leur demanda leur avis à ce sujet. Ils portèrent, contre le présomptueux auteur du fait, des sentences fort diverses,

les uns voulant qu'il fût puni d'un châtiment jusque là sans exemple, les autres qu'il fût exilé, d'autres enfin qu'il subît telle ou telle peine, chacun parlant selon le sentiment qui l'animait. Quelques-uns cependant, d'autant plus doux qu'ils étaient plus sages, après en avoir délibéré entre eux, supplièrent instamment le roi d'examiner lui-même cette affaire, et de décider selon la prudence qu'il avait reçue de Dieu. Lorsque le roi eut bien observé l'affection que lui portait chacun, et qu'entre les divers avis, il se fut arrêté à celui qu'il voulait suivre, il leur parla ainsi : « Vous n'ignorez pas que les hommes sont sujets à de nom-
» breux accidens, et que souvent il arrive que des choses
» qui commencent par un malheur ont une issue plus favo-
» rable ; il ne faut donc point se désoler, mais bien plutôt,
» dans cette affaire qui, par sa nouveauté et sa gravité, a
» surpassé notre prévoyance, il faut pieusement rechercher
» et respecter les intentions de la providence qui ne se
» trompe jamais, et sait faire tourner le mal à bien. Je ne
» ferai donc pas subir à mon secrétaire, pour cette déplo-
» rable action, un châtiment qui accroîtrait le déshonneur
» de ma fille, au lieu de l'effacer. Je crois qu'il est plus
» sage et qu'il convient mieux à la dignité de notre empire
» de pardonner à leur jeunesse et de les unir en légitime
» mariage, et de donner ainsi à leur honteuse faute une
» couleur d'honnêteté. » Ayant ouï cet avis du roi, tous se réjouirent hautement et comblèrent de louanges la grandeur et la douceur de son âme. Éginhard eut ordre d'entrer : le roi, le saluant comme il avait résolu, lui dit d'un visage tranquille : « Vous avez fait parvenir à nos oreilles
» vos plaintes de ce que notre royale munificence n'avait
» pas encore répondu dignement à vos services. A vrai-dire,

« c'est votre propre négligence qu'il faut en accuser, car
» malgré tant et de si grandes affaires, dont je porte seul
» le poids, si j'avais connu quelque chose de votre desir,
» j'aurais accordé à vos services les honneurs qui leur sont
» dus. Pour ne pas vous retenir par de longs discours, je
» ferai maintenant cesser vos plaintes par un magnifique
» don. Comme je veux vous voir toujours fidèle à moi
» comme par le passé, et attaché à ma personne, je vais
» vous donner ma fille en mariage, votre *porteuse*, celle
» qui, déjà ceignant sa robe, s'est montrée si docile à vous
» porter. » Aussitôt, d'après l'ordre du roi, et au milieu
d'une suite nombreuse, on fit entrer sa fille, le visage
couvert d'une charmante rougeur, et le père la mit de sa
main entre les mains d'Éginhard, avec une riche dot,
quelques domaines, beaucoup d'or et d'argent, et d'autres
meubles précieux. Après la mort de son père, le très-pieux
empereur Louis donna également à Éginhard le domaine
de Michlenstadt et celui de Mühlenheim qui s'appelle
maintenant Seligentadt[1]. »

C'est là le gracieux récit sur lequel se sont
fondés tous les contes, tous les poëmes, tous les
drames dont cette aventure a été le sujet. Le
chroniqueur écrivait à une époque assez voisine
de l'évènement, dans une abbaye qu'Éginhard
avait dotée, et dont les moines pouvaient être

---

[1] *Recueil des historiens des Gaules et de la France*, t. v, p. 383.

bien instruits des incidens de sa vie. Cependant, c'est le seul monument du temps où l'aventure soit rappelée. Bien plus, elle semble démentie par le silence d'Éginhard lui-même, et par quelques passages de sa vie de Charlemagne. Parmi les enfans de ce prince, dont il énumère les noms, on ne trouve point d'Emma ou Imma : il nomme sept garçons et huit filles, que Charlemagne avait eus de ses femmes ou de ses maîtresses; aucune des filles ne s'appelle Imma [1]; et dans aucune des autres listes qui nous restent des

---

[1] Selon Éginhard, Charlemagne eut :
1° De Hildegarde : 3 fils, Charles ; 3 filles, Rotrude,
                        Pépin,   Berthe,
                        Louis,   Gisla.
2° De Fastrade. . . . . 2 filles, Thédrade,
                                         Hildrude.
3° D'une concubine. . . . . 1 fille, Rothaïde.
   (Himiltrude).
4° De Mathalgarde (concubine). . 1 fille, Rothilde.
5° De Gersuinthe (id.). . . . . 1 fille, Adelrude.
6° De Régina (id.). 2 fils, Drogon,
                            Hugues.
7° D'Adalinde (id.). 1 fils, Théodoric.
8° D'une concubine 1 fils, Pépin.
En tout sept fils et huit filles[*].

[*] *Vie de Charlemagne*, p. 142-145.

enfans de Charlemagne, on ne rencontre ce nom.

De plus, on lit dans la *vie* de Charlemagne :

> Ses filles étaient fort belles, et il les aimait avec passion ; aussi, à l'étonnement de tous, ne voulut-il jamais en marier une seule, soit à quelqu'un des siens, soit à quelque étranger ; il les garda toutes chez lui et avec lui jusqu'à sa mort, disant qu'il ne pouvait se priver de leur société. Quoique heureux en toute autre chose, il éprouva dans ses filles la malignité de la fortune ; mais il dissimula ce chagrin, et se conduisit comme si jamais elles n'eussent fait naître de soupçons injurieux, et qu'aucun bruit ne s'en fût répandu [1].

Si l'aventure que je viens de vous lire était vraie, comment un tel passage se rencontrerait-il dans l'ouvrage d'Éginhard ? comment eût-il lui-même parlé des bruits qui couraient sur la conduite des filles de Charlemagne, quand sa femme en eût été le principal objet ? Il est impossible de résoudre ce petit problème historique : mais, obligé d'avoir un avis, je pencherais fort à douter du récit de la chronique de Lauresheim.

Quoiqu'il en soit, l'affection de Charlemagne pour son secrétaire était grande, et ils vivaient ensemble dans une étroite intimité. Ce fut sur-

---

[1] *Ibid.*, p. 145.

tout par reconnaissance qu'Éginhard écrivit la vie de l'Empereur :

Un autre motif, dit-il, qui ne me semble pas déraisonnable, suffirait au surplus pour me décider à composer cet ouvrage : nourri par ce monarque, du moment où je commençai d'être admis à sa cour, j'ai vécu avec lui et ses enfans dans une amitié constante, qui m'a imposé envers lui, après sa mort comme pendant sa vie, tous les liens de la reconnaissance. On serait donc autorisé à me croire et à me déclarer bien justement ingrat si, ne gardant aucun souvenir des bienfaits accumulés sur moi, je ne disais pas un mot des hautes et magnifiques actions d'un prince qui s'est acquis tant de droits à ma gratitude, et si je consentais que sa vie restât comme s'il n'avait jamais existé, sans un souvenir écrit, et sans le tribut d'éloges qui lui est dû[1].

Charlemagne ne se séparait point de son secrétaire ; il ne l'employait pas dans des missions extraordinaires : une seule fois, en 806, il l'envoya à Rome, pour faire confirmer son testament par le pape ; à l'exception de cette circonstance, il le garda constamment auprès de lui.

Après la mort de Charlemagne, Éginhard

---

[1] *Préface de la vie de Charlemagne*, par Éginhard, t. 3, p. 120, dans ma *Collection*.

jouit, auprès de Louis le Débonnaire, de la même faveur; mais bientôt il tomba dans un profond dégoût, et n'aspira plus qu'à se retirer de la cour. Parmi les soixante-trois lettres, qui nous restent de lui, plusieurs sont un monument curieux de la situation et de l'abattement des compagnons de Charlemagne lorsqu'ils se trouvèrent séparés de ce prince, et forcés de vivre sous le gouvernement déplorable de son fils :

Je ne te demande pas, écrit Éginhard à l'un de ses amis, de me rien écrire sur l'état des affaires du palais, car rien de ce qui s'y fait ne me plaît à savoir : je m'inquiète seulement d'apprendre où sont et ce que font mes amis, s'il en reste là quelque autre que toi[1].

Ailleurs il conjure un des officiers du palais de l'excuser auprès de l'empereur s'il ne se rend pas à la cour :

La reine, en quittant Aix, m'a ordonné de la rejoindre à Compiègne, car je ne pouvais partir avec elle. Pour obéir à ses ordres, je me suis rendu, à grand'peine et en dix jours, à Valenciennes. De là, hors d'état de monter à

---

[1] Lett. 47, dans le *Recueil des historiens de France*, t. 6, p. 382.

cheval, je suis venu par eau jusqu'à Saint-Bavon. Mais je suis alternativement attaqué de douleurs de reins et d'un relâchement d'entrailles, tellement que, depuis mon départ d'Aix, je n'ai pas passé un seul jour sans souffrir de l'un ou de l'autre de ces maux. Je suis également atteint de ce qui m'a tant abattu l'an dernier, d'un engourdissement continuel de la cuisse droite, et d'une douleur de foie presque intolérable. Au milieu de ces souffrances, je mène une vie fort triste, et à peu près dénuée de toute joie; mais ce qui m'afflige le plus, c'est que je crains de ne pas mourir où je voudrais, et d'avoir à m'occuper d'autre chose que du service des saints martyrs du Christ[1].

Les chagrins domestiques vinrent bientôt se joindre aux dégoûts politiques. Qu'elle fût ou non fille de Charlemagne, Éginhard avait épousé une Imma dont il parle à plusieurs reprises dans ses lettres, et qu'il aimait tendrement. Dans leur vieillesse, comme il arrivait très-souvent à cette époque, elle s'était séparée de lui pour se vouer à la vie religieuse. Elle mourut en 836, dans le monastère où elle s'était retirée, et Éginhard écrivit à son ami Loup, abbé de Ferrières :

Tous mes travaux, tous mes soins pour les affaires de mes amis ou pour les miennes, ne me sont plus de rien;

---

[1] Lett. 41, *ibid.*, t. 6, p. 385.

tout s'efface, tout s'abîme devant la cruelle douleur dont m'a frappé la mort de celle qui fut jadis ma fidèle femme, qui était encore ma sœur et ma compagne chérie. C'est un mal qui ne peut finir, car ses mérites sont si profondément enracinés dans ma mémoire que rien ne saurait les en arracher. Ce qui redouble mon chagrin et aigrit chaque jour ma blessure, c'est de voir ainsi que tous mes vœux n'ont eu aucune puissance, et que les espérances que j'avais mises dans l'intervention des saints martyrs sont déçues. Aussi les paroles de ceux qui essaient de me consoler, et qui souvent ont réussi auprès d'autres hommes, ne font-elles que rouvrir et envenimer cruellement la plaie de mon cœur, car ils veulent que je supporte avec courage des douleurs qu'ils ne sentent point, et me demandent de me féliciter d'une épreuve où ils sont incapables de me faire découvrir le moindre sujet de contentement[1].

Le langage de la douleur, entaché, dans la plupart des monumens de ce temps, d'un froid et sec jargon religieux qui le réduit à de monotones lieux communs, est ici franc et simple, et prouve qu'Éginhard n'avait pas emprisonné dans les habitudes monastiques son âme comme sa vie.

Il ne survécut pas long-temps à sa femme : il mourut en 859, dans le monastère de Seligenstadt qu'il avait fondé.

---

[1] Lett. d'Éginhard à Loup, abbé de Ferrières, *ibid*. t. 6, p. 402.

Il nous reste de lui, indépendamment de ses lettres : 1° la *Vie de Charlemagne*; 2° des *Annales* de son temps. De ces deux ouvrages, le premier est, sans aucune comparaison, du VIe au VIIIe siècle, le morceau d'histoire le plus distingué, le seul même qu'on puisse appeler une histoire, car c'est le seul où l'on rencontre des traces de composition, d'intention politique et littéraire. Je n'ai guères eu à vous parler jusqu'ici que de misérables chroniqueurs. La vie de Charlemagne n'est point une chronique; c'est une véritable biographie politique, écrite par un homme qui a assisté aux évènemens, et les a compris. Éginhard commence par exposer l'état de la Gaule-Francque sous les derniers Mérovingiens. On voit que leur détrônement par Pepin préoccupait encore un certain nombre d'hommes, et causait à la race de Charlemagne quelque inquiétude. Éginhard prend soin d'expliquer comment on ne pouvait faire autrement; il décrit avec détail l'abaissement et l'impuissance où les Mérovingiens étaient tombés; part de cette exposition pour raconter l'avénement naturel des Carlovingiens; dit quelques mots sur le règne de Pepin, sur les commencemens de celui de Charlemagne, et ses rapports avec son frère Carloman; et entre enfin dans le récit du règne de Charlemagne seul. La première partie de ce récit est consacrée aux guerres de ce prince, et surtout à ses guerres, contre les Saxons. Des guerres et des conquêtes; l'auteur passe au gouvernement intérieur, à l'administration de Charlemagne; enfin il aborde sa vie domestique, son caractère personnel.

Vous le voyez : ceci n'est point écrit au hasard, sans plans ni but; on y reconnaît une intention, une composition systématique : il y a de l'art en un mot; et depuis les grandes œuvres de la littérature latine, aucun travail historique ne porte de tels caractères. L'ouvrage de Grégoire de Tours lui-même, le plus curieux, sans comparaison, que nous ayons rencontré sur notre chemin; est une chronique comme les autres. La *Vie de Charlemagne* est au contraire une vraie composition littéraire, conçue et exécutée par un esprit réfléchi et cultivé.

Quant aux *Annales* d'Éginhard, elles n'ont qu'une valeur de chronique. On les lui a contestées, pour les attribuer à d'autres écrivains; mais tout porte à croire qu'elles sont de lui.

On dit qu'il avait composé une histoire détaillée des guerres contre les Saxons. Il ne nous en reste rien.

Alcuin et Éginhard, ce sont-là, Messieurs, sans

aucun doute, les deux hommes les plus distingués du règne de Charlemagne : Alcuin, lettré employé dans les affaires de gouvernement; Éginhard, homme d'affaires devenu lettré. Vous allez voir tomber cet éclat momentané du règne de Charlemagne; vous allez assister au démembrement de son empire. Le mouvement intellectuel, dont nous venons d'observer les premiers pas, ne périra point : nous le verrons se perpétuer comme il a commencé; d'une part, dans les hommes qui dirigent les affaires du monde, de l'autre, dans ceux qui se vouent à l'étude et à la science solitaire. La société changera souvent d'état et de formes; l'intelligence ranimée, traversera sans se ralentir maintenant toutes ses révolutions.

VINGT-QUATRIÈME LEÇON.

De la marche et des causes du démembrement de l'Empire de Charlemagne. — 1° État de cet Empire en 843, après le traité de Verdun. — État intérieur du royaume de France à cette époque. — 2° En 888, après la mort de Charles-le-Gros. — Sept royaumes. — Établissement définitif de l'hérédité des fiefs en France. — Vingt-neuf petits états ou fiefs importans fondés à la fin du IXe siècle. — 3° En 987, à la chute des Carlovingiens. — Quatre royaumes. — En France cinquante-cinq fiefs importans. — Explications de ce démembrement. — Leur insuffisance. — Une seule, la diversité des races, développée par M. Thierry, est vraisemblable. — Elle est encore incomplète. — La vraie cause est l'impossibilité d'un grand État à cette époque, et la naissance progressive des sociétés locales qui ont formé la confédération féodale.

Messieurs,

On lit dans un chroniqueur du siècle où mourut Charlemagne :

Charles, qui toujours était en course, arriva par hasard et inopinément dans une certaine ville maritime de la Gaule-Narbonnaise. Pendant qu'il dînait et n'était encore connu de personne, des corsaires normands vinrent pour exercer leurs pirateries jusques dans le port. Quand on aperçut les vaisseaux, on prétendit que c'étaient des marchands, juifs selon ceux-ci, africains suivant ceux-là, bretons au sentiment d'autres ; mais l'habile monarque, reconnaissant à la construction et à l'agilité des bâtimens qu'ils portaient, non des marchands, mais des ennemis, dit aux siens : « Ces vaisseaux ne sont point chargés de mar- » chandises, mais de cruels ennemis. » A ces mots, tous ses Francs, à l'envi les uns des autres, courent à leurs navires, mais inutilement. Les Normands, en effet, apprenant que là était celui qu'ils avaient coutume d'appeler Charles-le-Marteau, craignirent que toute leur flotte ne fût prise dans ce port, ou ne pérît réduite en débris, et ils évitèrent, par une fuite d'une inconcevable rapidité, non-seulement les glaives, mais même les yeux de ceux qui les poursuivaient. Le religieux Charles cependant, saisi d'une juste crainte, se levant de table, se mit à la fenêtre qui regardait l'Orient, et demeura très-long-temps le visage inondé de pleurs. Personne n'osant l'interroger, ce prince belliqueux, expliquant aux grands qui l'entouraient la cause de son action et de ses larmes, leur dit : « Savez-vous, mes fidèles, pourquoi je pleure si amère- » ment ? certes, je ne crains pas que ces hommes réussissent » à me nuire par leurs misérables pirateries ; mais je m'af- » flige profondément que, moi vivant, ils aient été près de » toucher ce rivage, et je suis tourmenté d'une violente » douleur quand je prévois de quels maux ils écraseront » mes neveux et leurs peuples ! »

---

[1] *Des faits et gestes de Charles-le-Grand*, par un moine de Saint-Gall, dans ma *Collection des Mémoires relatifs à l'Histoire de France*, T. III, p. 251.

Par un hasard singulier, nous savons la date précise de cette anecdote : elle a été écrite vers le mois de juin 884, c'est-à-dire 70 ans après la mort de Charlemagne, sur les récits d'un homme qui avait pris part à plusieurs de ses expéditions contre les Saxons, les Slaves, les Avares, etc. En retranchant l'emphase et les larmes que le chroniqueur a sans doute ajoutées, on y voit qu'à la fin de sa vie, Charlemagne était préoccupé des périls qui menaçaient de tous côtés son empire. Plusieurs autres textes, moins précis, indiquent en lui la même inquiétude. Il était cependant bien loin, à coup sûr, de prévoir combien peu cet empire lui survivrait, et jusqu'à quel point la dissolution serait poussée.

Je ne songe pas à vous en raconter les événemens; mais je voudrais en mettre sous vos yeux les principales crises, et vous en indiquer les causes.

Elle a eu lieu entre la mort de Charlemagne en 814, et l'avènement de Hugues Capet en 987. Toute cette époque a été employée à l'accomplissement de ce grand travail. C'est par la chute de la race des Carlovingiens et l'avènement des Capétiens qu'il a été définitivement consommé.

A la mort de Charlemagne, son empire s'étendait, du nord-est au sud-ouest, de l'Elbe, en Allemagne, à l'Ebre en Espagne; du nord au midi, il allait de la mer du nord jusqu'à la Calabre, presque à l'extrémité de l'Italie. Son pouvoir s'exerçait sans doute fort inégalement dans ce vaste territoire; sur beaucoup de points on ne lui obéissait pas, on n'entendait même point parler de lui, et il ne s'en inquiétait pas : cependant c'était-là son empire.

Au bout de vingt-neuf ans, en 843, après le traité de Verdun par lequel les fils de Louis-le-Débonnaire, Lothaire, Charles-le-Chauve et Louis-le-Germanique se partagèrent cet empire, voici ce qu'il était devenu : il formait trois royaumes, divisés selon ce tableau :

TABLEAU du démembrement de l'Empire de Charlemagne en 843.

1. Royaume de France. Charles-le-Chauve. (840—877).	2. Royaume de Germanie. Louis-le-Germanique. (840—876).	3. Royaume d'Italie. Lothaire Ier. Empereur. (840—855).
Il comprenait les pays situés entre l'Escaut, la Meuse, la Saône, le Rhône, la mer Méditerranée, l'Ebre et l'Océan.	Il comprenait les pays situés entre le Rhin, la mer du Nord, l'Elbe et les Alpes.	Il comprenait 1° l'Italie, sauf la Calabre; 2° les pays situés entre le Rhône, la Saône et la Meuse à l'occident, le Rhin et les Alpes à l'orient, c'est-à-dire la Provence, le Dauphiné, la Savoie, la Suisse, la Franche-Comté, une partie de la Bourgogne, la Lorraine, l'Alsace et une partie des Pays-Bas.

Et ne croyez pas que chacun de ces royaumes fût une unité bien compacte : dans celui de France, le seul dont nous ayons à nous occuper spécialement, deux princes, Pepin II en Aquitaine, (depuis l'an 835), et Noménoé en Bretagne, (depuis l'an 840), prenaient également le titre de roi, et enlevaient à Charles-le-Chauve la souveraineté d'une partie considérable du territoire.

Le démembrement poursuivit son cours : quarante-cinq ans après cette époque, en 888, à la mort de Charles le gros, le dernier des Carlovingiens qui ait paru réunir un moment tous les États de Charlemagne, voici où il en était venu. Au lieu de trois royaumes, nous en trouvons sept :

TABLEAU du démembrement de l'Empire de Charlemagne vers la fin du IXᵉ siècle.

ROYAUMES.	ROIS RÉGNANS.	Aviv. et Mort.	ÉTENDUE.
1° Royaume de France.	Charles-le-Simple.	893—929	Les pays compris entre l'Escaut, la Meuse, la Saône, le Rhône, les Pyrénées et l'Océan, et une portion de la Marche d'Espagne, au-delà des Pyrénées, formant le comté de Barcelonne.
2° Royaume de Navarre.	Fortun-le-moine.	880—905	Presque toute la Marche d'Espagne, entre les Pyrénées et l'Ebre.
3° Royaume de Provence ou Bourgogne cis-jurane.	Louis-l'Aveugle.	890—928	Les pays compris entre la Saône, le Rhône, les Alpes, le Jura et la Méditerranée.
4° Royaume de Bourgogne transjurane.	Raoul Iᵉʳ.	888—912	Les pays compris entre le Jura, les Alpes Pennines et la Reuss, c'est-à-dire la Suisse, le Valais, le pays de Genève, le Chablais et le Bugey.
5° Royaume de Lorraine.	Zwentibold.	895—900	Les pays compris entre le Rhin, la Meuse et l'Escaut.
6° Royᵐᵉ. d'Allemagne.	Arnoul.	888—899	Les pays compris entre le Rhin, la mer du Nord, l'Elbe, l'Oder et les Alpes.
7° Royaume d'Italie.	Bérenger Iᵉʳ.	888—924	Toute l'Italie, jusqu'à la frontière du royaume de Naples, alors la principauté de Bénévent et la Calabre.

Je reprends l'état intérieur du royaume de France. En 845, deux princes seulement, un roi d'Aquitaine et un duc de Bretagne en partageaient, avec Charles-le-Chauve, le territoire. En 888, le démembrement a été poussé bien plus loin, et par une cause qui n'est pas destinée à s'arrêter. Aucun de vous n'ignore que les possesseurs de domaines et d'offices royaux, c'est-à-dire, les bénéficiers, et les ducs, comtes, vicomtes, centeniers et autres gouverneurs de provinces ou de districts, avaient constamment tendu à se rendre indépendans et héréditaires, à s'assurer la propriété perpétuelle de leurs terres et de leurs gouvernemens. En 877, on trouve un capitulaire de Charles-le-Chauve ainsi conçu :

Si, après notre mort, quelqu'un de nos fidèles, saisi d'amour pour Dieu et notre personne, veut renoncer au siècle, et s'il a un fils ou tel autre parent capable de servir la chose publique, qu'il soit libre de lui transmettre ses bénéfices et honneurs comme il lui plaira [1].

Et dans un autre article :

Si un comte de ce royaume vient à mourir, et que son

---

[1] *Cap. Car. calv.* A. 877, tit. 53, § 10; Bal., T. II, p. 264.

fils soit auprès de nous, nous voulons que notre fils, avec ceux de nos fidèles qui se trouveront les plus proches parens du comte défunt, ainsi qu'avec les autres officiers dudit comté, et l'évêque dans le diocèse duquel il sera situé, pourvoient à son administration, jusqu'à ce que la mort du précédent comte nous ait été annoncée, et que nous ayons pu conférer à son fils, présent à notre cour, les honneurs dont il était revêtu. Si le fils du comte défunt est enfant, que ce même fils, l'évêque et les autres officiers du lieu veillent également à l'administration du comté, jusqu'à ce qu'informés de la mort du père, nous ayons accordé au fils les mêmes honneurs [1].

Voilà l'hérédité des bénéfices et des offices royaux légalement consacrée : et elle est écrite dans les mœurs comme dans les lois; car une foule de monumens attestent qu'à cette époque, lorsqu'à la mort d'un gouverneur de province, le roi essayait de donner son comté à quelque autre qu'à ses descendans, non-seulement il y avait résistance de l'intérêt personnel, mais qu'une telle mesure était considérée comme une violation de droit, une véritable injustice. Wilhelm et Engelschalk occupaient, sous Louis-le-Bègue, deux comtés sur les confins de la Bavière; à leur mort, leurs offices furent donnés au comte Arbo,

---

[1] *Ibid.*, § 9, § 3; Bal., T. II, p. 265, 269.

au préjudice de leurs fils : « Ces enfans et leurs » parens, prenant cela comme une grande injus- » tice, dirent que les choses devaient se passer » autrement, et qu'ils mourraient par le glaive, » ou qu'Arbo quitterait le comté de leur fa- » mille[1]. »

Ce principe a porté ses fruits : vers la fin du IXe siècle, déjà vingt-neuf provinces ou fragmens de provinces ont été érigés en petits États, dont les anciens gouverneurs sont devenus, sous les noms de ducs, comtes, vicomtes, de véritables souverains. Vingt-neuf des fiefs, en effet, qui ont joué un rôle dans notre histoire, remontent à cette époque :

---

[1] *Ann. Fuld.* a. 884; *Recueil des historiens de France*, T. VIII, p. 48.

TABLEAU du démembrement féodal du royaume de France vers la fin du IX° siècle.

N°.	TITRE DU FIEF.	DATE de l'hérédité.	NOM du possesseur à la fin du IX° siècle.	DATE de son avénement et de sa mort.
1°	Duché de Gascogne.	872	Sanche Mitarra II.	
2°	Vicomté de Béarn.	819	Un fils de Centulf II.	
3°	Comté de Toulouse.	850	Eudes.	875—918
4°	Marquisat de Septimanie.	878	Guillaume-le-Pieux.	886—918
5°	Comté de Barcelone.	864	Wifred-le-Velu.	864—906
6°	Comté de Carcassone.	819	Acfred I".	904
7°	Vicomté de Narbonne.		Mayeul.	911
8°	Comté de Roussillon.		Raoul.	Vers 905
9°	Comté d'Urgel.	884	Sunifred.	884—950
10°	Comté de Poitiers.	880	Eble-le-Bâtard.	892—932
11°	Comté d'Auvergne.	864	Guillaume-le-Pieux.	886—918
12°	Duché d'Aquitaine.	Id.	Le même.	Id.
13°	Comté d'Angoulême.	866	Alduin I".	886—916
14°	Comté de Périgord.	Id.	Guillaume.	886—920
15°	Vicomté de Limoges.	887	Adelbert.	914
16°	Seigneurie de Bourbon.		Adhémar.	Vers 921
17°	Comté du Lyonnais.	890	Guillaume II.	890—920
18°	Seigneurie de Beaujolais.	Id.	Bérauld I".	
19°	Duché de Bourgogne.	887	Richard-le-Justicier.	877—921
20°	Comté de Châlons.	886	Manassès de Vergy.	
21°	Duché de France.	830	Robert II.	898—923
22°	Comté de Vexin.	878	Aledran.	
23°	Comté de Vermandois.	Vers 880	Herbert I".	902
24°	Comté de Valois.	Id.	Pepin.	
25°	Comté de Ponthieu.	859	Helgauld II.	878—926
26°	Comté de Boulogne.	Vers 860	Régnier.	882
27°	Comté d'Anjou.	870	Foulques-le-Roux.	888—938
28°	Comté du Maine.	853	Gottfried.	
29°	Comté de Bretagne.		Alain III.	877—907

L'importance de ces États n'est pas égale, ni leur indépendance absolument pareille ; quelques-uns gardent encore, avec le roi de France, d'assez fréquentes relations ; quelques autres sont sous la protection d'un voisin puissant; de certains liens les unissent, et il en résulte certaines obligations réciproques qui deviendront la constitution de la société féodale. Mais le trait dominant n'en est pas moins l'isolement, l'indépendance ; ce sont évidemment autant de petits États, nés du démembrement d'un grand territoire, autant de gouvernemens locaux formés aux dépens du pouvoir central.

De la fin du IXe siècle je passe tout-à-coup à la fin du Xe, au terme de l'époque qui nous occupe, à la chute complète des Carlovingiens qui font place aux Capétiens.

Au lieu de sept royaumes, l'ancien empire de Charlemagne n'en comptait plus alors que quatre :

1° Les royaumes de Provence et de Bourgogne transjurane avaient été réunis, en 933, par Raoul II, roi de la Bourgogne transjurane, et avaient formé le royaume d'Arles, gouverné, de 937 à 993, par Conrad-le-Pacifique.

2° Le royaume de Lorraine, duquel s'étaient détachés plusieurs grands fiefs, n'était plus qu'un duché possédé, de 984 à 1026, par Thierri I".

3° Othon-le-Grand avait réuni, en 964, le royaume d'Italie à l'empire d'Allemagne.

Dans l'intérieur du royaume de France, le démembrement avait continué : au lieu de vingt-neuf petits États ou fiefs que nous avons rencontrés à la fin du IX° siècle, nous en trouvons, à la fin du X°, cinquante-cinq pleinement établis :

TABLEAU du démembrement féodal du royaume de France vers la fin du X siècle.

N°.	TITRE DU FIEF.	DATE de l'hérédité.	NOM du possesseur en 987.	DATE de son avénement et de sa mort.
1°	Duché de Gascogne.	872	Bernard-Guillaume.	984—1010
2°	Vicomté de Béarn.	819	Centulf-Gaston II.	984—1004
3°	Comté de Bigorre.	fin du 9e siècle.	Garcie-Arnaud I*r*.	
4°	Comté de Fezenzac.	920	Aimery I*r*.	983—1032
5°	Comté d'Armagnac.	960	Géraud-Trancaléon.	
6°	Comté de Lectoure et de Lomagne.	fin du 10e siècle.	Raymond-Arnaud.	
7°	Comté d'Astarac.	Vers 930	Arnaud II.	
8°	Comté de Toulouse.	850	Guillaume-Taillefer.	950—1037
9°	Comté de Barcelonne.	864	Borrel, comte d'Urgel.	967— 993
10°	Comté de Rouergue.	820	Raymond III.	961—1010
11°	Comté de Carcassonne.	819	Roger I*r*.	957—1012
12°	Vicomté de Narbonne.	fin du 9e siècle.	Raymond I*r*.	966—1023
13°	Comté de Melgueil.	Com. du 10e s.	Bernard II.	
14°	Seigneurie de Montpellier.	975	Guillaume I*r*.	975—1019
15°	Comté de Roussillon.	Mil. du 9e siècle	Gauffred I*r*.	
16°	Comté d'Urgel.	884	Borrel.	950— 993
17°	Comté de Poitiers.	880	Guillaume Fier-à-Bras.	963— 997
18°	Duché d'Aquitaine.	864	Le même.	
19°	Comté d'Auvergne.	Id.	Gui I*r*.	979— 989
20°	Comté d'Angoulême.	866	Arnaud-le-Bâtard.	975—1001
21°	Comté de Périgord et de la Haute-Marche.	Id.	Adalbert I*r*.	968— 995
22°	Comté de la Basse-Marche.	Id.	Boson II.	968—1032
23°	V*te* de Limoges.	887	Girard.	965—1000
24°	V*te* de Turenne.	Mil. du 9e siècle	Archambaud-Jambe-Pourrie.	

N°.	TITRE DU FIEF.	DATE de la fondation héréditaire.	NOM du possesseur en 987.	DATE de son avénement et de sa mort.
25°	Vic.^te de Bourges.	927	Geoffroi II.	1012
26°	Seigneurie de Bourbon.	Fin du 9e siècle.	Archambaud II.	
27°	Comté de Mâcon.	920	Albéric III.	979 — 995
2.°	Duché de Bourgogne.	877	Henri-le-Grand.	965 — 1002
29°	Comté de Châlons.	886	Hugues Ier	987 — 1039
30°	Seig.^rie de Salins.	920	Humbert II.	
31°	Comté de Nevers.	987	Othon-Guillaume.	987 — 1027
32°	Comté de Tonnerre.	Fin du 10e siècle.	Gui.	987 — 992
33°	Comté de Sens.	941	Renaud-le-Vieux.	951 — 996
34°	Comté de Champagne.	Fin du 9e siècle.	Herbert II.	968 — 993
35°	Comté de Blois.	834	Eudes Ier	978 — 995
36°	Comté de Réthel.	Mil. du 10e. s.	Manassès Ier	
37°	Comté de Corbeil.	Mil. du 10e. s.	Bouchard Ier	1012
38°	Baronie de Montmorency.	Id.	Bouchard II.	1020
39°	Comté de Vexin.	878	Gauthier Ier	
40°	Comté de Meulent.	959	Robert Ier	
41°	Comté de Vermandois.	880	Herbert III.	987 — 1000
42°	Comté de Valois.	Id.	Gauthier Ier, Cte de Vexin.	
43°	Comté de Soissons.	Fin du 10e siècle.	Gui.	
44°	Comté de Roucy et de Reims.	940	Gilbert.	973
45°	Comté de Ponthieu.	859	Hugues Ier	
46°	Comté de Boulogne.	860	Gui-Barbe-Blanche.	
47°	Comté de Guines.	965	Adolphe.	966
48°	Comté de Vendome.	Fin du 10e siècle.	Bouchard Ier	1007
49°	Duché de Normandie.	912	Richard-Sans-Peur.	943 — 996
50°	Comté d'Anjou.	870	Foulques-Nerra.	987 — 1040
51°	Comté du Maine.	853	Hugues Ier	955 — 1015
52°	Seig.^rie de Bellême.	940	Yves Ier	997
53°	Comté de Bretagne.		Conan Ier	987 — 992
54°	Baronie de Fougères.	Fin du 10e siècle.	Meen Ier	1020
55°	Comté de Flandres.	862	Arnould II, le jeune.	965 — 989

Et ce n'étaient point là, comme il arrivait sous les Mérovingiens, des démembremens accidentels, momentanés, fruit de l'incertitude générale des propriétés et des pouvoirs. C'étaient des résultats permanens, consommés : ces cinquante-cinq duchés, comtés, vicomtés, seigneuries, ont eu une longue existence politique; des souverains s'y sont héréditairement succédé; des lois, des usages s'y sont régulièrement établis. On pourrait écrire, on a écrit leurs histoires séparées; elles forment pendant long-temps l'histoire de France.

Tel est, Messieurs, le tableau matériel du démembrement progressif de l'empire de Charlemagne, commencé avant le milieu du IXe siècle, accompli à la fin du Xe. Cette dissolution fut, pour quelques-uns des contemporains, un grand sujet de deuil et d'effroi : comme dans la chute de l'empire romain, les esprits élevés crurent y voir une nouvelle invasion de la barbarie et du chaos. Un homme d'esprit, Florus, diacre de l'église de Lyon, sous les règnes de Louis-le-Débonnaire et de Charles-le-Chauve, l'a déplorée dans une sorte de complainte dont voici la traduction littérale :

> Un bel empire florissait sous un brillant diadème; il n'y avait qu'un prince et qu'un peuple ; toutes les villes

avaient des juges et des lois. Le zèle des prêtres était entretenu par des conciles fréquens; les jeunes gens relisaient sans cesse les livres saints, et l'esprit des enfans se formait à l'étude des lettres. L'amour d'un côté, de l'autre la crainte, maintenaient partout le bon accord. Aussi la nation franque brillait-elle aux yeux du monde entier. Les royaumes étrangers, les Grecs, les Barbares et le Sénat du Latium lui adressaient des ambassades. La race de Romulus, Rome elle-même, la mère des royaumes, s'était soumise à cette nation; c'était là que son chef, soutenu de l'appui du Christ, avait reçu le diadème par le don apostolique. Heureux s'il eût connu son bonheur, l'empire qui avait Rome pour citadelle, et le porte-clef du Ciel pour fondateur ! Déchue maintenant, cette grande puissance, a perdu à la fois son éclat et le nom d'Empire; le royaume naguère si bien uni est divisé en trois lots; il n'y a plus personne qu'on puisse regarder comme empereur; au lieu de roi, on voit un roitelet, et au lieu de royaume, un morceau de royaume. Le bien général est annulé; chacun s'occupe de ses intérêts; on songe à tout; Dieu seul est oublié. Les pasteurs du Seigneur, habitués à se réunir, ne peuvent plus tenir leurs synodes au milieu d'une telle division. Il n'y a plus d'assemblée du peuple, plus de lois; c'est en vain qu'une ambassade arriverait là où il n'y a point de cour. Que vont devenir les peuples voisins du Danube, du Rhin, du Rhône, de la Loire et du Pô? Tous, anciennement unis par les liens de la concorde, maintenant que l'alliance est rompue, seront tourmentés par de tristes dissensions. De quelle fin la colère de Dieu fera-t-elle suivre tous ces maux? A peine est-il quelqu'un qui y songe avec effroi, qui médite sur ce qui se passe et s'en afflige : on se réjouit plutôt du déchirement de l'Empire, et l'on appelle paix un ordre de choses qui n'offre aucun des biens de la paix[1].

Deux faits paraissent clairement dans ce petit poëme : d'une part, le chagrin que causait aux hommes éclairés le démembrement de l'empire, d'autre part, la satisfaction populaire; les peuples se sentaient comme rendus à eux-mêmes et débarrassés d'un fardeau. Évidemment la dissolution fut amenée par des causes générales, nécessaires. Le lien que la volonté et les conquêtes de Charlemagne avaient établi entre tant de nations différentes, tant de territoires éloignés, l'unité de patrie et de pouvoir étaient factices et ne pouvaient subsister.

Quelles furent, en y regardant de plus près, les causes du phénomène dont nous venons de suivre les principales crises? Comment s'opéra le démembrement, et quelle transformation intérieure subit alors en Occident la société?

On a donné, de ce problème, une foule de solutions également insuffisantes. On s'en est pris, de la décadence de l'empire de Charlemagne, à

---

[1] *Recueil des historiens des Gaules et de la France*, T. VII, p. 302 et suiv.

l'incapacité de ses successeurs, de Louis-le-Débonnaire, de Charles-le-Chauve, de Charles-le-Gros, de Charles-le-Simple; s'ils avaient eu le génie et le caractère du fondateur de l'empire, l'empire, a-t-on dit, aurait glorieusement subsisté. D'autres ont imputé sa chute à l'avidité des ducs, comtes, vicomtes, bénéficiers, et autres officiers royaux de toute sorte : ils ont voulu se rendre indépendans, souverains ; ils ont usurpé le pouvoir, démembré l'État. Selon d'autres, ce sont les Normands qui doivent répondre de sa ruine : la continuité de leurs invasions et la misère où sont tombés les peuples ont fait tout le mal. Explications évidemment étroites et puériles. Une seule a plus de valeur et mérite un sérieux examen ; c'est celle qu'a récemment développée M. Augustin Thierry, dans ses *Lettres sur l'Histoire de France*, et surtout dans la seconde édition[1]. Je ne l'adopte pas complètement ; je ne crois pas qu'elle suffise à rendre raison des faits; mais elle est ingénieuse, élevée, et contient, sans nul doute, beaucoup de vérités.

Selon M. Thierry, le démembrement de l'empire de Charlemagne a été amené par la diver-

---

[1] Lettres XI et XII ; p. 191--247.

sité des races. A la mort de Charles, quand la main terrible qui retenait forcément ensemble tant de peuples différens, s'est desserrée, ils se sont d'abord séparés, ensuite groupés selon leur vraie nature, c'est-à-dire, selon l'origine, la langue, les mœurs; et sous cette influence s'est accomplie la formation des nouveaux États. Telle est la physionomie et l'explication générale qu'assigne M. Thierry à ce grand événement. Voici comment il y ramène les faits particuliers, et dans quelles crises successives il croit reconnaître le développement de cette cause. Je donnerai peut-être à ses idées une forme un peu plus précise, plus systématique qu'elles n'ont dans ses lettres mêmes; mais au fond, je n'y ajouterai et n'en retrancherai rien.

Entre la mort de Charlemagne et l'avénement de Hugues Capet, M. Thierry distingue deux grandes époques. La première s'étend de la mort de Charlemagne à celle de Charles-le-Gros, après lequel sept royaumes (M. Thierry en compte neuf) se partagèrent le territoire de l'empire. La seconde va de la fin du IXe siècle à la fin du Xe, à l'avénement de Hugues Capet. A ces deux époques correspondent deux phases du démembrement, deux révolutions diverses d'objet et de caractère, quoique provenant des mêmes causes et tendant au même but.

A la première époque appartient la lutte nationale des races : par là les grands événemens qui la remplissent s'expliquent tout naturellement. Les deux principaux sont sans contredit la querelle de Louis-le-Débonnaire avec ses fils, et celle des fils de Louis-le-Débonnaire entre eux. Quel est le vrai sens de ces deux crises? Écoutons M. Thierry lui-même :

> Dès le commencement des guerres civiles entre l'empereur Louis Ier et ses enfans...... une grande divergence d'opinion politique se laisse apercevoir entre les Franks vivant au milieu de la population gauloise, et ceux qui sont demeurés sur l'ancien territoire germanique. Les premiers, ralliés, malgré leur descendance, à l'intérêt du peuple vaincu par leurs ancêtres, prirent en général parti contre l'empereur, c'est-à-dire contre l'empire qui était, pour les Gaulois indigènes, un gouvernement de conquête. Les autres s'unirent dans le parti contraire avec toutes les peuplades tudesques, même anciennement ennemies des Franks. Ainsi tous les peuples teutons, ligués en apparence pour les droits d'un seul homme, défendaient leur cause nationale en soutenant, contre les Gallo-Franks et les *Welskes*, une puissance qui était le résultat des victoires germaniques.... Selon le témoignage d'un contemporain, l'empereur Lodewig se défiait des Gallo-Franks et n'avait de confiance que dans les Germains. Lorsqu'en l'année 83o, les partisans de la réconciliation entre le père et les fils proposèrent, comme moyen d'y parvenir, une assemblée générale, les malintentionné-

travaillèrent pour que cette assemblée eût lieu dans une ville de la France romane. « Mais l'empereur, dit le même » historien, n'était pas de cet avis; et il obtint, selon ses » désirs, que le peuple fût convoqué à Nimègue : toute la » Germanie s'y rendit en grande affluence, afin de lui prê» ter secours. [1] »

Peu de temps après, la Germanie elle-même, jusqu'alors si fidèle à l'empire, sépara sa cause nationale de celle des nouveaux Césars. Lorsque Lodewig Ier, en mourant, eut laissé la domination Franke partagée entre ses trois fils Lother, Lodewig et Karle, quoique le premier eût le titre d'empereur, les nations teutoniques s'attachèrent davantage au second qui n'était que roi. Bientôt la question de la prééminence de l'empire sur les royaumes se débattit à main armée entre les frères; et dès le commencement de la guerre, les Franks orientaux, les Alamans, les Saxons et les Thuringiens, prirent parti contre le *Keisar* (l'empereur).

Réduit en fait au gouvernement de l'Italie, de l'Helvétie, de la Provence, et d'une petite portion de la Gaule-Belgique, l'empereur Lother eut aussi peu de partisans sur les bords du Rhin et de l'Elbe que sur ceux de la Seine et de la Loire : « Sachez, mandait-il à ses frères qui le priaient de les laisser en paix chacun dans son royaume, sachez que le titre d'empereur m'a été donné par une autorité supérieure, et considérez quelle étendue de pouvoir et quelle magnificence doivent accom-

---

[1] *Recueil des historiens des Gaules, et de la France*, t. VI. p. 5.

pagner un pareil titre. » Cette réponse altière était, à proprement parler, un manifeste contre l'indépendance nationale dont les peuples sentaient le besoin; ils y répondirent d'une manière terrible par cette fameuse bataille de Fontanet, près d'Auxerre, où les fils des *Welskes* et des *Teutskes* combattirent sous les mêmes drapeaux pour le renversement du système politique fondé par Karle le grand. [1]

Malgré la diversité des combinaisons, l'une et l'autre querelle ont donc le même caractère : et dans cet effort continu contre l'unité de l'empire, c'est toujours selon les races que le démembrement tend à s'opérer.

Dans tous les événemens compris entre 814 et 888, comme dans ces deux-là, M. Thierry croit reconnaître l'action de la même cause, et il arrive ainsi à la formation des neuf royaumes qu'elle éleva sur les ruines de l'empire. Il en compte neuf, parce qu'il considère l'Aquitaine et la Bretagne comme des royaumes, quoiqu'à la fin du IX° siècle les comtes de Bretagne et les ducs d'Aquitaine ne portassent point le titre de roi. Alors commencent la seconde époque et la seconde révolution.

---

[1] *Lettre* xi, pag. 195-199.

Dans celle-ci, ce n'est plus de la dislocation des États selon les races qu'il s'agit ; cette œuvre est consommée. Mais la Gaule-Franque reste sous l'empire de souverains étrangers : la population qui l'habite est mixte ; les Gaulois y dominent même ; et les descendans de Charlemagne sont de purs Germains. Les expulser, mettre à leur place des princes d'une origine plus nationale, tel a été, selon M. Thierry, de 888 à 987, l'effort constant de la France proprement dite : tel est le secret de toutes les vicissitudes, de toutes les luttes du X° siècle, et spécialement :
1° De la lutte du roi électif Eudes contre le roi légitime Charles-le-Simple ; 2° de celle de Hugues-le-Grand, duc de France, contre Louis d'Outremer ; 3° de la chute définitive de Louis V et de l'élévation de Hugues-Capet.

La race de Karle le grand, dit M. Thierry, toute germanique et se rattachant, par le lien des souvenirs et les affections de parenté, aux pays de langue tudesque, ne pouvait être regardée par les Français que comme un obstacle à la séparation sur laquelle venait de se fonder leur existence indépendante. L'idiome de la conquête, tombé en désuétude dans les châteaux des seigneurs, s'était conservé dans la maison royale. Les descendans des empereurs Franks se faisaient honneur de comprendre cette langue de leurs ancêtres et accueillaient des piè-

ces de vers composées par les poëtes d'outre-Rhin.....
Sans doute, dans les événemens qui suivirent en 987 la
mort prématurée de Lodewig, fils de Lother, il faut faire
une grande part à l'ambition personnelle et au caractère
du fondateur de la troisième dynastie... Néanmoins on
peut affirmer que cette ambition, héréditaire depuis un
siècle dans la famille de Robert-le-Fort, fut entretenue
et servie par le mouvement de l'opinion nationale. Les
expressions mêmes des chroniques, toutes sèches qu'elles
sont à cette époque de notre histoire, donnent à entendre que la question du changement de dynastie n'était
point regardée alors comme une affaire personnelle. Selon
elles, il s'agissait d'une haine invétérée, d'une entreprise
commencée depuis long-temps dans la vue de *déraciner* du
royaume de France la postérité des rois Franks....... L'avénement de la troisième race est l'accomplissement de
cette entreprise; c'est à proprement parler, la fin du règne des Franks, et la substitution d'une royauté nationale au gouvernement fondé par la conquête. [1]

De Charlemagne à Hugues Capet, l'histoire de
France se réduit donc à deux grands faits : 1° la
séparation des peuples selon la diversité des
races; 2° l'expulsion des souverains de race
purement germaine, pour faire place à des
souverains d'origine gallo-franque, c'est-à-dire
nationale.

---

[1] *Lettre* xii. pag. 220, 235, 287.

Tel est le système : une rare intelligence des événemens, un vif sentiment des situations et des mœurs y éclatent à chaque pas. Mais quelques observations suffiront, si je ne m'abuse, pour montrer qu'il est incomplet et trop exclusif.

1° Dans les diverses alliances et combinaisons qui ont eu lieu sous les règnes de Louis-le-Débonnaire et de ses enfans, il s'en faut beaucoup que les peuples se soient toujours rapprochés ou séparés selon les races : beaucoup d'autres causes ont déterminé leurs mouvemens, et la considération de la race n'y paraît souvent que fort subordonnée. Je n'en veux pour preuve que les faits dont M. Thierry lui-même a parlé. Dans les guerres de Louis contre ses enfans, les peuples de race purement germanique paraissent défendre l'Empereur et l'Empire; dans les guerres des fils de Louis, ce sont ceux-là qui le combattent; et parmi ceux qui le défendent à la suite de Lothaire, il y a des Romains, des Gaulois, des Goths, des Bourguignons, des Francs; et tous les royaumes ne sont point ralliés contre les prétentions impériales de Lothaire, car le roi d'Aquitaine, Pepin II, s'allie avec lui contre Louis-le-Germanique et Charles-le-Chauve. Évidemment la position géographique, les intérêts personnels, une foule de causes mobiles et spéciales exercent sur ces alliances une influence souvent plus décisive que l'origine et la parenté des nations.

2° Cette parenté ne décide pas davantage de la formation des royaumes : ceux de Bourgogne cis-jurane et trans-jurane le démontrent clairement ; toutes les races y sont mêlées, et la délimitation en est déterminée par de tout autres motifs.

3° La considération de la race est encore plus étrangère à la formation de ces petits États, duchés, comtés, seigneuries, etc., entre lesquels se partage chaque royaume. Il n'y a ici point de lutte d'origine, de nationalité, et pourtant il y a séparation, démembrement, tout comme entre les grandes masses de populations dont les royaumes sont formés.

D'autres causes que la diversité des races présidèrent donc à la dissolution de l'empire de Charlemagne, et à la formation des États nouveaux. Celle-là y contribua sans doute : mais on ne saurait la regarder comme la cause générale, dominante, car les mêmes faits s'accomplissent là où elle n'agit point, aussi bien que là où elle agit. Or c'est la cause générale et dominante que nous cherchons. Puisque la variété des races ne nous la fournit point, essayons de la trouver ailleurs.

Vous vous rappelez, je l'espère, qu'en exposant l'état de la Gaule-Romaine et de ses habitans, anciens et nouveaux, après la grande invasion,[1] j'ai établi que les deux associations primitives des peuples Germains, la tribu, régie selon des principes de liberté, et la bande guerrière, où prévalait le patronage militaire et aristocratique, furent également dissoutes en passant sur le sol romain, car leurs institutions ne convenaient plus à la nouvelle situation des conquérans à la fois propriétaires et dispersés sur un vaste pays.

Vous avez vu aussi la société romaine, son organisation générale du moins et la force qui y présidait, l'administration impériale, se dissoudre après l'invasion. En sorte qu'au commencement du VIIIe siècle, la société romaine et la société germaine avaient également péri dans la Gaule-Franque, livrée à la plus hétérogène anarchie.

La tentative de Charlemagne fut de les ressusciter ensemble; il entreprit de relever l'empire et son unité, en rétablissant d'une part l'administration romaine, de l'autre les assemblées nationales germaniques et le patronage militaire. Il ressaisit en quelque sorte tous les

---

[1] VIIIe leçon, t. 1, p. 289.

modes d'association, tous les moyens de gouvernement qu'avaient connus l'empire et la Germanie, et qui gissaient désorganisés, impuissans, pour les remettre en vigueur à son profit. Il fut à la fois chef de guerriers, président des assemblées nationales et empereur. Il réussit un moment et pour son propre compte. Mais c'était-là une résurrection pour ainsi dire galvanique; appliqués à une grande société, les principes de l'administration impériale, et ceux de la bande errante, et ceux de la tribu libre de la Germanie, étaient également impraticables. Aucune grande société ne pouvait être maintenue. Il faut en trouver les élémens d'une part dans l'esprit des hommes, de l'autre dans les relations sociales. Or, l'état moral et l'état social des peuples, à cette époque, répugnaient également à toute association, à tout gouvernement unique et étendu. Les hommes avaient peu d'idées et des idées fort courtes. Les relations sociales étaient rares et étroites. L'horizon de la pensée et celui de la vie étaient extrêmement bornés. A de telles conditions, une grande société est impossible. Quels en sont les liens naturels, nécessaires? d'une part le nombre et l'étendue des relations, de l'autre le nombre et l'étendue des idées par lesquelles les hommes communiquent et se tiennent. Dans un pays et un temps où il n'y a ni relations ni idées nombreuses et étendues, évidemment les liens d'une grande société, d'un grand État, sont impossibles. C'était-là précisément le caractère de l'époque dont nous nous occupons. Les conditions fondamentales d'une grande société n'y existaient donc pas. De petites sociétés, des gouvernemens locaux, des sociétés et des gouvernemens taillés en quelque sorte là à mesure des idées et des relations humaines, cela seul était possible. Cela seul en effet réussit à se fonder.

Les élémens de ces petites sociétés, de ces petits gouvernemens locaux, étaient tout trouvés. Les possesseurs de bénéfices tenus du roi ou de domaines occupés par la conquête, les comtes, les ducs, les gouverneurs de provinces étaient semés çà et là sur le territoire. Ils devinrent les centres naturels d'associations correspondantes. Autour d'eux s'agglomérèrent, de gré ou de force, les habitans, libres ou esclaves, des environs; et ainsi se formèrent ces petits États, ces fiefs dont je parlais tout à l'heure, et une multitude d'autres moins importans, et qui n'ont pas eu la même existence historique. C'est-là, Messieurs, la cause dominante, la vraie cause de la dissolution de l'empire de Charlemagne. Le pouvoir et la nation se démembrèrent parce que l'unité du pouvoir et de la nation était impossible; tout devint local parce que toute généralité était bannie des intérêts, des existences, des esprits. Les lois, les jugemens, les moyens d'ordre, les guerres, les tyrannies, les libertés, tout se resserra dans de petits territoires, parce que rien ne pouvait se régler ni se maintenir dans un plus vaste cercle. Quand cette grande fermentation des diverses conditions sociales et des divers pouvoirs qui couvraient la France se fut accomplie, quand les petites sociétés, qui en devaient naître, eurent revêtu une forme un peu régulière, et déterminé, tant bien que mal, les relations hiérarchiques qui les unissaient, ce résultat de la conquête et de la civilisation renaissante prit le nom de régime féodal. C'est vers la fin du Xe siècle, et lorsque la race des Carlovingiens disparaît, qu'on peut regarder cette révolution comme consommée. Nous venons de la suivre dans les monumens historiques; samedi prochain nous étudierons les monumens législatifs de la même époque, et, si je ne m'abuse, nous l'y reconnaîtrons également.

FIN DU TOME SECOND.

www.ingramcontent.com/pod-product-compliance
Lightning Source LLC
Chambersburg PA
CBHW070204240426
43671CB00007B/541